改訂版
徹底攻略
仏検 準2級
これさえあればすべてわかる！

塚越敦子 / 太原孝英 /
大場静枝 / 佐藤淳一 / 余語毅憲

SURUGADAI-SHUPPANSHA

Design:　　　◈die
Illustrations:　Eriko MAE

公益財団法人フランス語教育振興協会許諾出版物

はじめに

　本書は，仏検準 2 級の合格を目指す方のための受験参考書です.

　2013 年の刊行以来，準 2 級の受験を目指す多くの方から，ご好評をいただいて来ました. これは，その後の 7 年間に出題された問題も分析対象に加えた改訂版です.

　著者たちは，長年，仏検の受験対策の指導をして来た経験から，実際に準 2 級を受けようとする方が間違いやすいところや不安に感じているところをよく知っています. それを踏まえた分かりやすい解説を心がけていますので，読者の方は，自ずと教室で語りかけられているような印象を持たれると思います.

　さらに，合格するための重要ポイントをすべて網羅していますので，本書の通りに勉強を重ねていくことで，短期間で合格がねらえます.

　また，筆記問題だけではなく，書き取り問題，聞き取り問題，2 次試験対策にも力を入れました. 特に 2 次試験の対策は，自学自習ではなかなか難しいものです. そこで，試験場の雰囲気を感じられる数多くの練習問題を用意しました.

　何よりも最大の特徴は，練習問題の解答と解説を，別冊にしたことです. 練習問題を解いたあとに，別冊になっている解答・解説と照らし合わせれば，きっとその使いやすさを実感されることでしょう. また，別冊は独立して作られていますので，別冊だけでも十分学習できるように構成されています.

　本書は，「この程度を押さえておけば，受かるかもしれない」というような安易な発想ではなく，「これをやっておけば必ず受かる」ことを目標に掲げています. この本をくまなく勉強すれば，準 2 級に合格することはもちろん，いつの間にか，フランス語の基礎学力がしっかりと身についていることでしょう. そして，準 2 級合格を通して，みなさんのフランス語力向上の礎となることを強く願っています.

　本書の合い言葉は，副題にある通り，「これさえあればすべてわかる！」です. さあ，これから仏検準 2 級の合格を目指して頑張りましょう.

2020 年春　著者

本書の使い方

本書は，本冊・別冊・付属 MP3 CD-ROM の 3 つから成り立っています．

本冊は，仏検準 2 級試験の設問の形式に対応した 11 章（1 次試験の筆記第 1 問から第 7 問，書き取り試験，聞き取り試験第 1 問，第 2 問，そして 2 次試験）と，模擬試験問題（1 次試験と 2 次試験）から構成されています．

本 冊

[過去問題]

各章とも，まず初めに，近年に出題された過去問題を取り上げています．そのあとに，解答と解説そして全訳を掲載し，各章の学習のポイントが分かるようになっています．

[学習のポイント]

それぞれの章の傾向と対策に応じたポイントを示しています．各章はそれぞれ特徴が違うので，章ごとの内容に対応した構成になっています．

[練習問題]

学習項目ごとの練習問題です．繰り返し解いてみて下さい．

[総合練習問題]

学習項目ごとの練習問題が細分化されている筆記第 1 問から第 4 問の章と書き取り試験の章では，さらに実践的な力をつけるための総合練習問題がついています．

[模擬試験問題]

実際の試験と同じ形式の模擬試験問題が載せてあります．2 次試験の個人面接の模擬試験も収録してあります．

別冊は，本冊の全章の練習問題および総合練習問題の解答・解説・全訳，そして模擬試験の解答・解説・全訳が載せてあります．

　付属 MP3 CD-ROM には，1 次試験については，書き取り試験と聞き取り試験の過去問題，同練習問題の音声と読みのルール，2 次試験については，過去問題の再現の音声と総合練習問題の音声，質問とその応答例，そして模擬試験問題のすべての音声部分が収録されています．

別　冊

　書き取り試験の章の一部を除いて，練習問題・総合練習問題・模擬試験問題の解答・解説・全訳がすべて別冊になっています．独立した構成ですので，別冊のみでも学習できます．

付属 MP3 CD-ROM

　音声に関わる問題が収録されているので，本冊のそれぞれの問題のトラック番号を確認して再生して下さい．模擬試験問題はそのまま試験の形式で吹き込まれています．

「実用フランス語技能検定試験」について

　「実用フランス語技能検定試験」(仏検) は, 国内のフランス語教育関係者によって, 在日フランス大使館文化部の協力のもとで 1981 年に創設されました. 以来, その実績はわが国の外国語学習の分野で高い評価を受けています.

　フランス語は, フランス本国だけでなく, 多くの国・地域・国際機関で使われている言語です. また, 学術的, 芸術的な分野で普遍的な価値を担い, 独創的な文化を作り上げている言語でもあります. そして観光大国であるフランスには毎年多くの日本人が訪れています. このように学術面, 芸術面, 観光面においてフランス語を使いこなせれば, より豊かな経験ができるということは言うまでもありません.

　仏検は, そうした日本の学習者を対象として, フランス語の能力を客観的に測るために始められた日本独自の検定試験です. 試験は, 1 級, 準 1 級, 2 級, 準 2 級, 3 級, 4 級, 5 級の 7 段階で, 1 級と準 1 級を除いて年 2 回実施され, 1981 年の創設以来, すでにのべ 65 万人もの人が受験しています.

　現在は, 学校で学ぶフランス語の学習成果の判定の基準としても用いられ, 単位修得や編入学試験の資格認定の条件となるケースも年々増加し, 2013 年より, 仏検 1 級合格者には, 国家資格「通訳案内士」の外国語筆記試験（フランス語）が免除されています.

　仏検を主催している APEF（フランス語教育振興協会）の公式サイトには, 仏検の詳しい情報が載っています. 本書の対象となる準 2 級について最新の情報を入手したい方は, このサイトにアクセスしてみて下さい.

https://apefdapf.org

公益財団法人　フランス語教育振興協会

〒102-0073　東京都千代田区九段北 1-8-1　九段 101 ビル
TEL.03-3230-1603　FAX.03-3239-3157

準 2 級の程度と内容

程　度
　日常生活における平易なフランス語を，読み，書き，聞き，話すことができる.

標準学習時間：300 時間

試験内容

読　む	一般的な内容で，ある程度の長さの平易なフランス語の文章を理解できる.
書　く	日常生活における平易な文や語句を正しく書ける.
聞　く	日常的な平易な会話を理解できる.
話　す	簡単な応答ができる.
文法知識	基本的文法事項全般についての十分な知識.

語彙：約 2,300 語

試験形式
1 次試験（100 点）

筆　記	問題数 7 問，配点 70 点，試験時間 75 分．マークシート方式，一部記述式.
書き取り	問題数 1 問，配点 12 点．試験時間（下記聞き取りと合わせて）約 25 分.
聞き取り	問題数 2 問，配点 18 点．語記入，マークシート方式.

2 次試験（30 点）

個人面接試験	提示された文章を音読し，その文章とイラストについての簡単なフランス語の質問にフランス語で答える．試験時間約 5 分.

目　次

2 筆記試験

第1問は示されたフランス語文の（　）内に入れるのに最も適切な前置詞を下に与えられた選択肢のなかから選ぶ問題です．問題数は4つ，選択肢数は6つで，配点は1問2点となっています．

過去問題

次の (1) ～ (4) の（　）内に入れるのに最も適切なものを，下の①～⑥のなかから1つずつ選び，解答欄のその番号にマークしてください．ただし，同じものを複数回用いることはできません．なお，①～⑥では，文頭にくるものも小文字にしてあります．

(配点 8)

(1) Avancez tout droit (　　　) vous.

(2) Ces livres sont (　　　) lire.

(3) Voulez-vous plier cette feuille (　　　) quatre ?

(4) (　　　) vingt invités, seulement dix sont venus.

① à	② dans	③ de
④ devant	⑤ en	⑥ sur

解答番号	解　答　欄
(1)	① ② ③ ④ ⑤ ⑥
(2)	① ② ③ ④ ⑤ ⑥
(3)	① ② ③ ④ ⑤ ⑥
(4)	① ② ③ ④ ⑤ ⑥

(2018 年度秋季)

(1) ④   (2) ①   (3) ⑤   (4) ⑥

(1) Avancez tout droit (devant) vous.
「ひたすらまっすぐに進んでください.」
　devant の場所としての「〜の前に」という意味は基本ですね. avancer [aller, marcher] tout droit devant soi は「自分の前をまっすぐに進む」ということになります. また「〜の前方に」という意味から「前途に」というニュアンスも生まれ, この文は比喩的に「障害などがあってもそれにめげず進みなさい」という意味になる場合もあります. devant は 2011 年秋に Cet artiste a un bel avenir devant lui.「この芸術家は前途洋々である.」という文でも出題されています.

(2) Ces livres sont (à) lire.
「これらの本は読む価値があります.」
　« être à + 不定詞 » は, 通常, 物を主語として,「〜されなければならない, されることになっている, される価値がある」という意味で使われます. Ce travail est à refaire. なら「この仕事はやり直さなければならない.」です. また à + 不定詞は, 名詞の後について「〜すべき…」となる形も過去に出題されています. J'ai beaucoup de lettres à écrire.「私には書かなければいけない手紙がたくさんある.」が 2007 年春に出題されました. à + 不定詞の形は注意しておく必要があります.

(3) Voulez-vous plier cette feuille (en) quatre ?
「この紙を 4 つに折ってくれませんか.」
　en は, 何かの動作の「変化の結果」を表す場合があります. ここでは, 紙を折った結果, 四枚重ねになっているということですね. ものを切る場合も同じで, couper un gâteau en quatre で「ケーキを 4 つに切る」です. また traduire un texte en français なら「文章をフランス語に翻訳する」です. 翻訳した結果, フランス語になると考えればわかりやすいでしょう.

(4) (Sur) vingt invités, seulement dix sont venus.
「20 人の招待者のうち, 10 人しか来なかった.」
　sur は比率を表して,「〜のうちで, 〜に対して, 〜につき」の意味を表すことがあります. avoir quinze sur vingt で「20 点満点のうち 15 点を取る」, un élève sur cent「100 人に 1 人の生徒」などです. 2015 年秋に Ce magasin est ouvert 24 heures sur 24.「この店は 24 時間営業だ.」が出題されていますが, つまり「24 時間のうち 24 時間」営業するということです.

　この問題は, 4 つの問題文の空欄に, 下に提示されている 6 つの選択肢のなかから適切な前置詞を選んで入れるものです.
　今までに以下のような前置詞が出題されています.

à, après, avant, avec, chez, contre, dans, de, depuis, derrière, dès, devant, en, entre, hors, jusque, malgré, par, parmi, pendant, pour, sans, sauf, selon, sous, sur, vers

それでは, 出題頻度の多いものから, 順に覚えていきましょう.

à, de, en, sur

このなかで特に出題回数の多いのは, à, de, en, sur です. まずは, この前置詞の用法をしっかり確認しましょう.

1) à
à の基本は, 場所や時間での一点を示して「〜に, 〜で」, 方向を示して「〜へ」ですが, 準2級では特に以下の用法に注意しましょう.

J'ai beaucoup de choses **à** faire.	私にはすることがたくさんある. （対象, 目的, 用途）
un fer **à** repasser	アイロン（用途）
Une voiture roule **à** grande vitesse.	車がすごいスピードで走っている. （数量, 単位）
À ce qu'il dit	彼の言うところによると（準拠）
Ce vélo est **à** moi.	この自転車は私のだ.（帰属）
un ami **à** moi	私の友達（所属・所有）
une idée **à** lui	彼のアイデア（所属・所有）
C'est **à** ... de + 不定詞	…が〜する番だ
C'est **à** lui de demander pardon.	彼があやまるべきだ.
chambre **à** deux lits	ツインベッドの部屋（付属・特徴）
apprendre **à** + 不定詞	〜することを習う（動作の対象）
commencer **à** + 不定詞	〜し始める（動作の対象）

2) de
de は「〜から, 〜の, 〜について」が基本ですが, 準2級ではその意味での用法が出題されることは少なく, 以下のような用法を押さえておく必要があります.

Il y a un million **de** livres dans cette bibliothèque.	この図書館には, 100万冊の本がある.（数量）

un million **de** 〜「100万もの〜」のように，《数を表す名詞＋ de ＋無冠詞名詞》の形は，ほかにも une douzaine **de** 〜「約12の〜」，une vingtaine **de** 〜「約20の〜」，une centaine **de** 〜「約100の〜」などがあります．

Il a pleuré **de** joie.	彼はうれし泣きした．（原因）
mourir **de** froid	寒さで死ぬ→凍死する（原因）
Ma montre avance **de** 5 minutes.	私の時計は5分進んでいる．（差）
Cet arbre fait dix mètres **de** haut.	この木は高さが10メートルある．（程度）
un manteau **de** cuir	革製のコート（材料）
se lever **de** bonne heure	朝早く起きる（時間）
de quoi ＋不定詞	〜するのに必要なもの
de quoi manger	食べるもの

3) en

　en は「〜に，〜で」のような場所の用法が基本ですが，以下の用法がよく出題され，2013 年以降，出題頻度が増えています．en は，あとに続く名詞が無冠詞になるのが原則です．

Il est très **en** colère.	彼はひどく怒っている．（様態）
Il est déjà **en** pyjama.	彼はすでにパジャマに着替えている．（身なり）
en moins de deux heures	2 時間以内で（所要時間）
transformer une chambre **en** atelier	寝室をアトリエに改造する（変化の結果）
couper le fromage **en** huit	チーズを8つに切る（変化の結果）
une statue **en** bronze	ブロンズ像（材質・組成）
aller de ville **en** ville	町から町へと渡り歩く（移行）
être fort **en** mathématiques	数学がよくできる（抽象的場所，領域）

4) sur

　sur は位置関係を示し，「〜の上に」のほか，「〜に向かって，〜に対して，〜に面して」の意味があります．

Je suis **sur** cet ouvrage depuis un an.	私は1年前からこの著作に取り組んでいる．（対象）
discuter **sur** un problème	ある問題について議論する（主題）

Notre chambre a vue **sur** la mer.	私たちの部屋からは海が見渡せる. （対象, 方向）
Appuyez **sur** ce bouton.	このボタンを押してください.（対象, 方向）
Cette chambre donne **sur** la cour.	この部屋は中庭に面している. （対象, 方向）
Je n'ai pas d'argent **sur** moi.	お金の持ち合わせがありません.（付帯）
Il va **sur** ses quarante ans.	彼はまもなく 40 歳になる.（時間帯）
une fois **sur** deux	2 回に 1 回は（比率）
Sur vingt candidats, deux seulement ont été reçus.	
	20 人の受験者のうち, 2 人だけが合格した.（比率）
agir **sur** le conseil de ～	～の忠告にしたがって行動する（根拠）
sur le lac	湖面に（表面）
sur place	その場で, 現地で（熟語表現）

次の (1) ～ (12) の （　） 内に入れるのに最も適切なものを，下の①～
④のなかから 1 つずつ選びなさい．同じものを複数回用いることができ
ます．また，文頭にくるものも小文字にしてあります．

(1)　Marie s'habille toujours (　　　　) blanc.

(2)　Il apprend (　　　　) conduire.

(3)　Sa chambre donne (　　　　) la rue.

(4)　La population de cette ville a augmenté (　　　　) 15 pour
　　cent.

(5)　On peut changer des yens (　　　　) euros ici.

(6)　Il a couru (　　　　) toutes ses forces.

(7)　Elle peut le faire (　　　　) trois jours.

(8)　Ils sont d'accord (　　　　) ce point.

(9)　Il s'est levé (　　　　) bonne heure ce matin.

(10) (　　　　) ce qu'on raconte, il s'est marié avec une jeune fille.

(11) Quatre élèves (　　　　) dix ont été reçus à l'examen.

(12) J'ai deux rapports (　　　　) rédiger aujourd'hui.

　　　① à　　　② en　　　③ sur　　　④ de

par, contre, sous, avec

1) par

　par の基本の意味は「～を通って」（通過する場所）と「～によって」（動作主）
ですが，準 2 級では特に以下の用法に注意しましょう．

> Il a dit cela **par** bonté.　　　　　　彼は善意からそれを言った．
> 　　　　　　　　　　　　　　　　　　　（原因・動機）

par amour 愛から,	**par** crainte 恐れから,	**par** haine 憎しみから

On commence le dîner **par** un apéritif.	夕食はまず食前酒から始める. (出発点)
Il a fini **par** s'en aller.	彼はようやく帰って行った. (到達点)
Il m'a saisie **par** le bras.	彼は私の腕をつかんだ. (動作が及ぶ部分)

＊ saisir, prendre, tenir では《動詞＋人＋ par ＋定冠詞＋身体の部分》の形で用いられますが, 上記のように目的語（人）が代名詞になったときは動詞の前にくることに気をつけましょう. 2018 年春にも出題されています.

2) contre

contre は「～に対して, ～に逆らって, ～に反対して」というように, 対立するものや敵対するものを示すのが基本です. さらに「対策, 予防」を示して, 「～を避けて, ～に備えて」という意味にもなります. また物を寄せたり, くっつけたりする「接触」の用法もあります.

J'ai poussé le lit **contre** le mur.	私はベッドを壁にぴったりつけた. (接触)
Sa maison est **contre** la mienne.	彼の家は私の家に隣接している. (接触)
On doit protéger les tableaux **contre** l'humidité.	
	絵は湿気から守らなければならない. (対策, 予防)
Vous êtes pour ou **contre** ce projet de loi ?	
	あなたはこの法案に賛成ですか, 反対ですか? (対立)

＊ contre「～に反対して」の反意は pour「～に賛成して」です. なお, この pour と contre は名詞の用法もあり, le pour et le contre で「賛否」や「得失」という意味になります.

3) sous

sous の基本は「～の下に」という意味ですが, そこから「～のもとに」というように, あるものの支配や保護のもとに置かれる場合や, あることの制約や条件のもとに置かれる場合に使われます. またもちろん, 身体の部分に関する位置や状況も表します.

sous l'Empire	帝政下において (支配・保護)
sous Louis XIV	ルイ 14 世の時代に (支配・保護)
sous peine de	(違反すれば) ～という罰を受けるものとして (制約・条件)
porter ～ **sous** son bras	～を小脇に抱える (位置)
marcher **sous** la pluie	雨のなかを歩く (状況)

4) avec

avec は「〜と一緒に，〜を持って」というように，「〜をプラスして」ということが基本の意味です．特に，様態と条件を表す形に気をつけて下さい．

avec plaisir	喜んで（様態）
avec amabilité	愛想良く，親切に（様態）
avec difficulté	苦労して，かろうじて（様態）
avec ce temps orageux	このような嵐の天気では（条件）
se marier **avec** 〜	〜と結婚する（対人関係）
faire connaissance **avec** 〜	〜と知り合う（対人関係）

 練習問題

次の (1) 〜 (4) の（　）内に入れるのに最も適切なものを，下の①〜④のなかから 1 つずつ選びなさい．同じものを複数回用いることはできません。

(1) Le camion s'est heurté (　　　　) un arbre.

(2) La mère tient son enfant (　　　　) la main.

(3) Défense de fumer, (　　　) peine d'amende.

(4) Il a conduit la voiture (　　　) prudence.

　　① par　　② sous　　③ avec　　④ contre

dans, après, derrière, dès

1) dans

dans は空間的に「〜のなかで」というのが基本の意味ですが，準 2 級では時間に関わる用法がよく出題されます．

dans la matinée	午前中に（期間）
dans le passé [**dans** le présent]	過去［現在］において（期間）

dans huit jours   1週間後に（現在を起点とした未来）

Qu'est-ce qu'il fait **dans** la vie ?   彼の仕事は何ですか？（様態）

2) après

après については，« après ＋複合不定詞（＝ avoir または être ＋過去分詞）»「～をしてしまったあと」という完了を表す形がよく出題されます．また，「～に次いで」や「～を過ぎたら」という用法にも気をつけて下さい．

après avoir fini le travail   仕事を終えたあと（完了）

Après l'or et le platine, l'argent est le plus cher des métaux précieux.

金とプラチナに次いで，銀は高価な貴金属だ．（順位）

Tournez à droite **après** le pont.   橋を過ぎたら右に曲がって下さい．（順序）

Les chiens aboient **après** le facteur.   犬たちは郵便配達員に吠えつく．（対象）

＊ただし，この après の代わりに contre を
用いることもできます．

3) derrière

derrière は「～の後ろで」が基本の意味ですが，そこから après と同様「～のあとに続いて，～の次に」という意味があり，そちらも出題されます．

marcher **derrière** ～   ～の後ろを歩く

courir **derrière** ～   ～を追いかける

4) dès

dès は「（早くも）～から」が基本の意味です．

dès le début   最初から，のっけから

dès maintenant [à présent]   今から，今後は

dès la fin de XIXe siècle   早くも 19 世紀末から

dès Yokohama   早くも横浜から

練習問題 ③

次の (1) ～ (4) の (　) 内に入れるのに最も適切なものを, 下の①～④のなかから 1 つずつ選びなさい. 同じものを複数回用いることはできません. また, 文頭にくるものも小文字にしてあります.

(1) (　　　　) avoir mangé, nous sommes allés au cinéma.

(2) Mon fils s'est caché (　　　　) un grand arbre.

(3) Je reviens (　　　　) dix minutes.

(4) Il a paru sur la scène (　　　　) l'enfance.

　① dès 　　② derrière 　　③ dans 　　④ après

devant, parmi, pendant, pour

1) devant

devant の基本の意味は, 場所として「～の前に」ですが, 比喩的に時間についても「～の前途に」の意味で使われます.

avoir du temps **devant** soi	（自分の前に）時間のゆとりがある
devant la loi	法の前に
devant un danger	危険を前にして

2) parmi

parmi は「～のなかで」ですが, 3 つ以上のものについて述べます. 2 つの場合は entre を用います.

parmi les arbres	木々の間で
se perdre **parmi** la foule	人混みのなかに消える

3) pendant

pendant は「～の間に」で, 基本の意味を押さえておけば大丈夫です.

pendant un instant	つかの間
pendant la semaine	平日の間

4) pour

pour の基本の意味は「〜に向かって」で，そこから「〜のために，〜に対して，〜用の」の意味が生まれます．準 2 級の問題で気をつけたいのは「〜の割には，〜にしては」の意味と，contre の対義語としての「〜に賛成して」の意味，さらに « pour ＋不定詞複合形 » で「〜したために」と原因・理由をあらわす場合です．

Il fait chaud **pour** la saison.	この季節にしては暑い．（対立・譲歩）
être **pour** 〜	〜に賛成である
voter **pour** 〜	〜に投票する
prendre A **pour** B	A を B と間違える
Elle a été punie **pour** avoir menti.	彼女は嘘をついて罰せられた．

練習問題

次の (1) ～ (4) の （　） 内に入れるのに最も適切なものを，下の①～④のなかから 1 つずつ選びなさい．同じものを複数回用いることはできません．また，文頭にくるものも小文字にしてあります．

(1) (　　　　) la semaine, les écoliers vont en classe.

(2) Elle a un brillant avenir (　　　　) elle.

(3) Y a-t-il quelqu'un (　　　　) vous qui parle japonais ?

(4) Il a voté (　　　　) l'actuel maire.

①　pour　　　②　devant　　　③　parmi　　　④　pendant

sans, chez, depuis, entre, malgré

1) sans

sans は「～なしに」，あるいは不定詞を伴って「～することなしに」という意味ですが，二重否定や仮定の用法にも注意しましょう．

entrer **sans** frapper	ノックをせずに部屋に入る
être **sans** nouvelles de ＋人	～の消息を聞いていない
Elle est sortie **sans** argent.	彼女はお金を持たずに出かけた．
Elle s'est fâchée non **sans** raison.	彼女は怒ったが，それには道理がある（理由がないわけではない）．（二重否定）
Travaille plus. **Sans** cela, tu vas échouer.	もっと勉強しなさい．さもないと落第しますよ．（仮定）

2) chez

chez は「～の家で（に）」が基本の意味ですが，「～の店で（に）」で使うことも多く，また国民を表す語とともに「～の国では」の意味で使われる用法にも注意しましょう．

chez le coiffeur	美容院で
Chez les Japonais, on roule à gauche comme **chez** les Anglais.	日本ではイギリスと同様，車は左側通行です．

3) depuis

depuis は「～以来」と「～前から」という時間に関わる用法が基本ですが，準2級ではむしろ場所についての「～から」という意味が出題されています．

depuis le début jusqu'à la fin	はじめから終わりまで
Ce chien nous suit **depuis** la ferme.	その犬は農場から私たちについて来ている．

4) entre

entre は2つのものの「～の間に（で）」が基本の意味です．3つ以上の場合は，先ほど挙げた parmi を使います．場所だけではなく，時間でも使います．

Pierre est assis **entre** Julie et Juliette.	ピエールはジュリーとジュリエットの間に座っている．
Elle arrivera **entre** huit et neuf heures.	彼女は8時から9時の間には着くでしょう．

13

5) malgré

malgré は「〜にもかかわらず」または「〜の意に反して」というのが基本の意味です．いくつか成句的な表現を覚えておきましょう．

malgré la tempête	嵐にもかかわらず
J'ai consenti **malgré** moi.	私はしぶしぶ同意した．
malgré tout	それでもなお，やはり

練習問題 ⑤

次の (1) 〜 (5) の（ ）内に入れるのに最も適切なものを，下の①〜⑤のなかから 1 つずつ選びなさい．同じものを複数回用いることはできません．また，文頭にくるものも小文字にしてあります．

(1) Dépêche-toi !（   ）ça, tu manqueras l'autobus.

(2) Depuis longtemps, il est de coutume de manger de la baleine
（   ）les Japonais.

(3)（   ）ma fenêtre, on peut voir la tour de Tokyo.

(4) Je serai chez moi（   ）onze heures et midi.

(5) Ce match de baseball a eu lieu（   ）la pluie.

① chez   ② sans   ③ entre   ④ depuis   ⑤ malgré

⌒ sauf, selon, vers, avant, hors, jusque

1) sauf

sauf は「〜を除いて，〜以外は」が基本の意味です．原則としてマイナス要素を除外する場合に用います．

Tout le monde parle anglais, **sauf** moi.	私以外は皆英語が話せる．
Ce café est ouvert tous les jours, **sauf** le dimanche.	
	このカフェは日曜日以外は毎日開いている．

2) selon

selon は「～によれば」や「～に従って」が基本の意味で，この用法を覚えておけば大丈夫でしょう．

selon la météo	天気予報によれば
selon les règles	規則通りに
selon moi	私に言わせれば
selon vos désirs	あなたの望む通りに

3) vers

vers は方向を表す「～のほうへ（に）」と，時間について「～頃に」という2つの用法を覚えておけばよいでしょう．

Il est venu **vers** moi.	彼は私のほうに向かって来た．
Je me suis levé **vers** midi.	私はお昼頃起きた．

4) avant

avant は後に日時や時点を表す語がくれば，「～以前に」「～前に」となりますが，期間を表す語を伴うと「～以内に」という意味になります．準2級ではこちらに気をつけてください．

Le malade sera guéri **avant** trois jours.	病人は3日以内に治るだろう．
avant longtemps	まもなく

5) hors

hors は hors de ～の形で「～の外に」が基本の意味ですが，状態や範囲を表す語を伴って「～を脱した」「～をはずれた」という意味で使われます．

Le malade est **hors de** danger.	病人は危機を脱した．
Ce distributeur est **hors de** service.	この販売機は使用中止になっている．
	（慣用的に **hors service** と de を省略することがある．）

6) jusque

jusque は「～まで」の意味で，jusqu'à と à を伴う場合が多いですが，その他の前置詞や副詞とともに使われることがあり，そうした用法に注意をしておく必要があります．

> Je l'ai attendue **jusque** vers minuit.　私は彼女を深夜近くまで待った.
>
> Il travaille toujours **jusque** très tard.　彼はいつもとても遅くまで働いている.

 練習問題 ⑥

　次の (1) 〜 (6) の (　) 内に入れるのに最も適切なものを，下の①〜⑥ のなかから 1 つずつ選びなさい. 同じものを複数回用いることはできません.

(1) Ce supermarché est ouvert tous les jours, (　　　　) le premier janvier.

(2) Le malade sera guéri (　　　　) un mois.

(3) Il l'a accompagnée (　　　　) chez elle.

(4) Il est (　　　　) de doute que vous réussirez.

(5) Les écoliers sont séparés en plusieurs groupes, (　　　　) leur âge.

(6) Elle s'est tournée (　　　　) son mari.

① hors　　② selon　　③ sauf
④ vers　　⑤ jusque　　⑥ avant

総合練習問題 ①

次の (1) ～ (4) の （ ） 内に入れるのに最も適切なものを，下の①～⑥のなかから 1 つずつ選びなさい．同じものを複数回用いることはできません．また，文頭にくるものも小文字にしてあります．

(1) J'ai acheté des tasses (　　　) café.

(2) Il a une chance (　　　) mille de réussir.

(3) (　　　) ce brouillard épais, on ne voit rien.

(4) Je l'ai prise (　　　) sa mère.

　　① sur　　② pour　　③ avec
　　④ de　　⑤ vers　　⑥ à

総合練習問題 ②

次の (1) ～ (4) の （ ） 内に入れるのに最も適切なものを，下の①～⑥のなかから 1 つずつ選びなさい．同じものを複数回用いることはできません．また，文頭にくるものも小文字にしてあります．

(1) Il a été félicité (　　　) avoir sauvé un enfant.

(2) Il a allumé une cigarette (　　　) avoir terminé son repas.

(3) (　　　) les Français, les vacances sont un acquis social.

(4) Vous ne devez pas juger les gens (　　　) leur apparence.

　　① sous　　② chez　　③ pour
　　④ à　　⑤ sur　　⑥ après

総合練習問題 ❸

　次の (1) ～ (4) の (　) 内に入れるのに最も適切なものを，下の①～⑥
のなかから 1 つずつ選びなさい．同じものを複数回用いることはできま
せん．

(1) Elle a consenti (　　　　　) elle.

(2) Il y a des statues (　　　　　) marbre dans ce parc.

(3) J'ai reconnu mon vieil ami (　　　　　) les invités.

(4) Ici, on doit se conduire (　　　　　) les règles de la politesse.

① en　　　② selon　　　③ derrière
④ sur　　　⑤ malgré　　　⑥ parmi

総合練習問題 ❹

　次の (1) ～ (4) の (　) 内に入れるのに最も適切なものを，下の①～⑥
のなかから 1 つずつ選びなさい．同じものを複数回用いることはできま
せん．

(1) Il a neigé (　　　　　) le 21 novembre.

(2) Posez les cartons (　　　　　) le mur.

(3) J'ai fini (　　　) lui pardonner.

(4) Je vous répondrai (　　　　　) une semaine.

① avant　　　② en　　　③ par
④ avec　　　⑤ dès　　　⑥ contre

 総合練習問題 5

　次の (1) 〜 (4) の（　）内に入れるのに最も適切なものを，下の①〜⑥のなかから 1 つずつ選びなさい．同じものを複数回用いることはできません．

(1) Tout le monde est d'accord, (　　　　) Pierre.

(2) Elle s'est assise (　　　　) ses parents.

(3) Il s'est fortifié le corps (　　　　) sa jeunesse.

(4) De nos jours, cette expression est (　　　　) d'usage.

　　① en　　　② sauf　　　③ entre
　　④ hors　　　⑤ dans　　　⑥ contre

総合練習問題 6

　次の (1) 〜 (4) の（　）内に入れるのに最も適切なものを，下の①〜⑥のなかから 1 つずつ選びなさい．同じものを複数回用いることはできません．

(1) Ne reste pas (　　　　) rien faire !

(2) Les marins sont (　　　　) mer.

(3) Il s'est classé troisième (　　　　) Nicolas.

(4) Est-ce que tu peux garder mon chien (　　　　) mon absence ?

　　① en　　　② derrière　　　③ sur
　　④ sans　　　⑤ de　　　　　⑥ pendant

次の (1) ～ (4) の (　　) 内に入れるのに最も適切なものを，下の①～⑥のなかから 1 つずつ選びなさい．同じものを複数回用いることはできません．

（1）Je voudrais le menu (　　　　　) vingt euros, s'il vous plaît.

（2）La Révolution française s'est passée (　　　　　) Louis XVI.

（3）Il ne recule (　　　　) rien.

（4）Il a marché (　　　　) l'Opéra jusqu'à la place de la Concorde.

①　à 　　　　　②　sur 　　　　③　dans

④　devant 　　　⑤　sous 　　　⑥　depuis

総合練習問題 8

次の (1) ～ (4) の (　　) 内に入れるのに最も適切なものを，下の①～⑥のなかから 1 つずつ選びなさい．同じものを複数回用いることはできません．

（1）Elle est venue (　　　　) cinq heures.

（2）Elle a cherché sa bague perdue (　　　　) sous son lit.

（3）Il l'a épousée (　　　　) amour.

（4）Mon grand-père va (　　　　) ses quatre-vingts ans.

①　sur 　　　②　de 　　　③　jusque

④　dans 　　　⑤　vers 　　　⑥　par

記述式の穴埋め問題です．（　）内に最も適切なフランス語を1語入れて，日本語文に対応するフランス語文を完成させる問題です．1問2点の配点ですが，部分点はありませんので，つづりは正確に書きましょう．つづり字記号の間違いも誤答になります．

過去問題

　　次のフランス語の文 (1) ～ (5) が，それぞれあたえられた日本語の文が表す意味になるように，（　）内に入れるのに最も適切な語（各1語）を，**示されている最初の文字とともに**，解答欄に書いてください． （配点 10）

(1) C'est un vol (d　　　　　　　)?
　　それは直行便ですか．

(2) Il n'y a pas de (q　　　　　　　).
　　どういたしまして．

(3) La (c　　　　　　　), s'il vous plaît.
　　メニューを見せてください．

(4) Permettez-moi de me (p　　　　　　　).
　　自己紹介をさせていただきます．

(5) Tu fais quelle (t　　　　　　　)?
　　服のサイズはいくつ？

(1)		(4)	
(2)		(5)	
(3)			

（2018 年度秋季）

(1) direct　　(2) quoi　　(3) carte　　(4) présenter　　(5) taille

(1)　C'est un vol (direct)？「それは直行便ですか.」
　　　語彙力を問う問題です. vol には 2 つの異なる意味があります. 一つは「盗み」で, もう一つはこの「便, フライト」です. direct には「直接の」のほかに「まっすぐな」という意味があります. この機会に, la route directe「まっすぐな道」や le chemin le plus direct「一番の近道」などの表現も覚えておきましょう. なお動詞 voler にも「盗む」,「飛行する」という異なる意味があります.

(2)　Il n'y a pas de (quoi).「どういたしまして.」
　　　この表現は, まったく同じフランス語文・日本語訳で 2007 年度春季に一度出題されたことがあります.「何でもありません, 礼にはおよびません」という日本語訳もあります.「どういたしまして」から「何でもありません」が思いつけば, 成句表現の Il n'y a pas de quoi. が思い浮かぶはずです. この表現では, 省略形の Pas de quoi. や Il n'y a pas de quoi me remercier. なども一緒に覚えておくとよいでしょう.「どういたしまして.」という日本語訳の表現には, 他に Je vous en prie. や De rien. などがあります.

(3)　La (carte), s'il vous plaît.「メニューを見せてください.」
　　　carte の一般的な意味は「カード」,「地図」ですが,「お品書き, メニュー」の意味ももっています.「メニュー」という日本語訳を見ると, すぐに英語の menu が思い浮かびますね. フランス語にも同じスペルの単語がありますので, うっかり menu と解答したくなりますが, ここでの解答は c から始まりますので, menu は当てはまりません. menu はフランス語の場合は「コース料理」の意味で使われる場合がほとんどです. また carte には「(カード状の) 証明書」の意味もあります. この機会に carte d'identité「身分証明書」, carte d'étudiant「学生証」, carte de séjour「滞在許可証」などに加え, carte de crédit「クレジット・カード」, carte de visite「名刺」, carte postale「絵葉書」なども覚えておくとよいでしょう.

(4)　Permettez-moi de me (présenter).「自己紹介をさせていただきます.」
　　　この表現は, まったく同じフランス語文・日本語訳で 2009 年度秋季に 1 度出題されたことがあります. これは « permettre à ＋人＋ de ＋不定詞 » で,「〜に〜することを許す」の形から来ています. これを「私に〜させてください」という命令形 Permettez-moi にし, それに続く de 以下に代名動詞 se présenter「自己紹介をする」をつけたものです. そもそも présenter の最初の意味は「紹介する」なので, 代名動詞で覚えていなくても présenter を類推するのは, それほど難しくはないでしょう. se présenter には,「(物事が) 起こる, 生じる」という意味もありますので, この機会に覚えておくと第 3 問の対策にもなります. 良く使われる表現に si l'occasion se présente「機会があれば」があります. また Permettre を使った会話表現として, Permettez. や Vous permettez. を覚えておきましょう. その日本語訳は「失礼ですが, すみませんが.」や「かまいませんか, よろしいですか.」など文脈によって変わりますので, 注意しましょう.

(5)　Tu fais quelle (taille)？「服のサイズはいくつ？」
　　　taille の一般的な意味は「身長」という意味ですが,「服のサイズ」としてよく使

われます．この問題では faire の部分が問われる可能性もありますので，Quelle taille faites-vous？や Tu fais quelle taille？のように表現として覚えておくとよいでしょう．また taille は服のサイズの他に物の大きさを表現することもありますので，la valise de grande taille「大型のスーツケース」のような言い方もあわせて暗記しておきましょう．

　この問題は，日常的によく使われる成句表現，熟語表現が出題されるので，日頃から会話表現には注意を払って，努めて暗記するようにしましょう．
　以下に，過去に複数回出題された問題をはじめ，構文ごとによく使われる表現を集めました．まずは，ここで紹介した表現から覚えるようにしましょう．過去に複数回出題された表現には，「＊」をつけてあります．

**過去に３回以上
出題された表現**

avoir l'air ＋形容詞	～のようにみえる
Ça [Cela] m'est égal.	どちらでもかまいません．どちらでもいいです．
Ça [Cela] ne fait rien.	かまいません．たいしたことはありません．
de toute façon	いずれにしても，どちらにしても，ともかく

練習問題①

　（　　）内に最適な語を，示された最初の文字とともに書き入れて下さい．

(1) De toute (f　　　　　　　　　), on doit y aller.
　ともかく行かなければならないよ．

(2) Cela ne fait (r　　　　　　　　).
　かまいません．

(3) Tes biscuits ont l'(a　　　　　　　　) vraiment bons !
　君のビスケットは本当においしそうだね！

(4) Cela m'est complètement (é　　　　　　　　) !
　そんなことはまったくどうでもいいよ！

🍃 bon や bien を使った表現

Bon courage ! *	がんばってね！
Bon retour !	気をつけて帰って！
Bonne année !	あけましておめでとう！
Bonne route !	道中，気をつけて！　よい旅をしてね！
Bonnes vacances !	よい休暇を過ごしてね！
Bon appétit !	たっぷり召し上がれ！　おいしく召し上がれ！
(à) bon marché	安い，安く
de bonne heure	早く，早くから
Entendu !	承知したよ！　わかったよ！
bien sûr [entendu]	もちろん
bien du [de la, des] ＋名詞	たくさんの〜
bel et bien	まったく，本当に
mener à bien	首尾よく行う
tomber bien	タイミングがよい　*cf.*tomber mal タイミングが悪い

（　　）内に最適な語を，示された最初の文字とともに書き入れて下さい．

(1) Bonne (r　　　　　　　　　)!
   道中，気をつけてね！

(2) Il a (b　　　　　　　　) et bien dit ça.
   彼は本当にそう言ったよ．

(3) Tu viens avec nous ? ─ Bien (s　　　　　　　　).
   ぼくたちと一緒にくる？　─　もちろん．

(4) Elle se lève de bonne (h　　　　　　　).
   彼女は早起きだ．

(5) Mon frère a mené à (b　　　　　　) son examen.
   兄は首尾よく試験に合格した．

☞ C'est ～や Ce n'est pas ～を使った表現

C'est à vous de jouer.	今度はあなたの番ですよ.
C'est (bien) dommage. *	(とても) 残念です.
C'est bon à savoir.	それは知っていていいことだよ.
C'est déjà beaucoup.	それだけでもたいしたことです.
C'est mieux que rien.	ないよりはましだ.
C'est (du) nouveau.	それは初耳だ.
C'est pareil.	それは同じことです.
C'est pour rire.	冗談だよ.
C'est tout.	それでおしまいです. これで全部です. 以上です.
Ce n'est pas (de) ma faute. *	私のせいではありません.
Ce n'est pas la peine. *	それにはおよびません. その必要はありません.
Ce n'est pas grave.	たいしたことではない.
Ce n'est pas rien.	たいしたことだ. 相当なものだ.
C'est pas vrai !	まさか! うそ!

 練習問題 ❸

( ) 内に最適な語を, 示された最初の文字とともに書き入れて下さい.

(1) Ce sera (t), madame ?
(店で) ほかにございませんか?

(2) Ce n'est pas la (p).
それにはおよびません.

(3) C'est à vous de (j).
次はあなたの番ですよ.

(4) C'est bien (d).
とても残念です.

(5) Ce n'est pas sa (f).
それは彼女のせいではありません.

○ Ça を使った表現

Ça arrive. ＊	そういうこともあるさ.
Ça dépend. ＊	それは場合によるよ.
Ça fait longtemps.	もう（あれから）だいぶ経つね.
Ça marche ?	うまくいっているかい?
Ça me fait plaisir. ＊	うれしいです.
Ça m'étonne [me touche].	驚いたよ［感激だよ］.
Ça me plaît.	好きです. 気に入っています.
Ça [Cela] n'a pas d'importance.	どちらでもかまいません. 問題になりません.
Ça ne fait rien.	たいしたことないよ. 構わないよ.
Ça [Cela] ne vous regarde pas.	あなたには関係がありません.
Ça suffit ! ＊	いい加減にしろ! たくさんだ!
Ça te [vous] dit ?	それには興味がある［ありますか］?
Ça va bien [mieux] ? ＊	元気かい［調子はよくなったかい］?
Ça y est.	よし. できた. やった.

 練習問題 4

（　　）内に最適な語を, 示された最初の文字とともに書き入れて下さい.

(1) La machine à laver ne (m　　　　　　　　) pas !
　　洗濯機が壊れているよ!

(2) La littérature, ça te (d　　　　　　　) ?
　　文学には興味ある?

(3) Ça fait (l　　　　　　　　) qu'on ne s'est pas vus.
　　しばらくぶりだね.

(4) Ça y (e　　　　　　　) !
　　やった!

(5) Les enfants, ça (s　　　　　　　) !
　　子どもたち, いい加減にしなさい!

⤷ tout や comme を使った表現

après tout	要するに，結局
avant tout	何よりもまず，とりわけ
comme d'habitude, comme toujours	いつものように
comme tout	とても，非常に
considérer A comme B	A を B とみなす
de toute façon ＊	いずれにしても
en tout	全部で，合わせて
en tout cas	いずれにしても，とにかく
faire comme chez vous ＊	くつろぐ
faire comme vous voudrez	好きなようにする
tout à coup, tout d'un coup	突然，いきなり
tout à fait	まったく，その通り
tout de suite ＊	すぐに，ただちに
tout le temps	いつも，絶えず，しじゅう，休みなく

（　）内に最適な語を，示された最初の文字とともに書き入れて下さい．

(1) Comme (t　　　　　　　　　), j'ai mangé à la cantine.
いつものように，ぼくは社員食堂で食事をした．

(2) Tout d'un (c　　　　　　　　　), une idée m'est venue à l'esprit.
突然，ある考えが頭に浮かんだ．

(3) Fais (c　　　　　　　) chez toi.
くつろいでね．

(4) Il faut partir tout de (s　　　　　　　　　).
すぐに発たなくっちゃ．

(5) Pour lui, les économies passent (a　　　　　　　　) tout.
彼には，何よりもまず節約が大事だ．

🌜 疑問代名詞を使った表現

Qu'avez-vous ?	何があったのですか？　どうしたのですか？
Qu'en dites-vous ?	それをどう思いますか？
Qu'allons-nous devenir ?	どうなることだろう？
(Qu'est-ce que) vous désirez ?＊	何にいたしましょうか？
Qu'est-ce que tu deviens ?	どうしているの？
Qu'est-ce que ça veut dire ?	それはどういう意味ですか？
Qu'est-ce que vous faites dans la vie ?	お仕事は何ですか？
Qu'est-ce qui te prend ?	君はいったいどうしたの？
Qu'est-ce qui se passe ?	何があったのですか？　どうしたのですか？
Que faire [dire] ?	何をす [何を言う] べきか？　どうした [どう言った] ものか？
Qui est à l'appareil ?	（電話で）どちら様ですか？
Quoi de neuf [nouveau] ?＊	何か変わったことはありますか？
quoi qu'il arrive	何が起ころうとも，どちらにしても
ne pas savoir quoi dire	何を言っていいか分からない

（　　）内に最適な語を，示された最初の文字とともに書き入れて下さい．

(1) Qu'est-ce qui se (p　　　　　　　) ?
どうしたの？

(2) Qu'est-ce que vous faites dans la (v　　　　　　　) ?
お仕事は何ですか？

(3) Salut, Paul. (Q　　　　　　　) de neuf ?
やぁ，ポール．何か変わったことはあるかい？

(4) Allô, qui est à l'(a　　　　　　　) ?
もしもし，どちら様ですか？

(5) Qu'est-ce que vous (d　　　　　　　) ?
（店で）何にいたしましょうか？

疑問詞や関係代名詞を使った表現

après quoi	そのあとで，それから
à quoi bon ＋不定詞？	～して何になるのか？
faute de quoi	さもないと
Il n'y a pas de quoi.＊	どういたしまして．何でもありません．
il y a de quoi ＋不定詞	～する理由がある
Comment faire [dire]？＊	どうしたら［どう言ったら］いいだろう？
d'où	だから，それで，以上のことから
n'importe quand	いつでも
Pour quoi faire？	何をするために？
Pourquoi pas？＊	いいですね．当然です．もちろん．
quand même	それでも，やはり，いくらなんでも
Quell taille faites-vous？	服のサイズはいくつですか？
tous les combien	どれぐらいおきに，何日おきに

( ) 内に最適な語を，示された最初の文字とともに書き入れて下さい．

(1) On va au cinéma？ー (P   ) pas？
　　映画に行かない？　ーいいね．

(2) Les bus partent tous les (c   ) ?
　　バスはどれぐらいの間隔で運行しているの？

(3) Venez n'importe (q   ).
　　いつでもいらっしゃい．

(4) Merci beaucoup. ー Il n'y a pas de (q   ).
　　どうもありがとう．　ーどういたしまして．

(5) C'est quand (m   ) exagéré de dire ça !
　　そんなことを言うなんて，いくらなんでも大げさだ！

⌒ de や en を使った表現

d'après 〜	〜によれば，〜にもとづいて，〜にならって
de beaucoup	はるかに，ずっと
de bonne [mauvaise] qualité	良質の ［質の悪い］
de bouche à oreille	ひそひそと，口コミで
de la part de ＋人	〜からの，〜の代理で
de marque	著名な，ブランド品の，一流メーカーの
de plus en plus	ますます多く
de temps à autre	時々，時おり
de toute son âme	全身を打ち込んで，全力を尽くして
d'habitude	ふだんは，いつもは
en cas de besoin	必要な場合には，必要なときに
en tant que	〜として
en temps normal	ふだんは
en vain	無駄に，むなしく

 練習問題 ❽

　（　　　）内に最適な語を，示された最初の文字とともに書き入れて下さい．

(1) De la (p　　　　　　　　　) de qui ?
　　どちら様ですか？

(2) Je téléphone à mes parents de temps à (a　　　　　　　　).
　　時々，両親に電話します．

(3) D'(a　　　　　　　) ce que j'ai entendu dire, il est très riche.
　　噂では，彼はとてもお金持ちだそうだ．

(4) On parle d'un vin de grande (m　　　　　　　).
　　有名な銘柄ワインの話をしているんだ．

(5) Elle l'aime de toute son (â　　　　　　　).
　　彼女は彼を心から愛している．

à を使った表現 1

à ce moment(-là)	そのときに
à bon prix	安く
à haute voix	大声で，大きな声で
à l'aise, à son aise	気楽に
à l'heure	時間どおりに，定刻に
à première vue	見たところ，一見
à présent	今は
à sa place [à la place de ＋人]＊	彼(女)[人]の代わりに，彼(女)[人]の立場なら
à son arrivée	彼（女）が到着したとき
à son avis	彼（女）の考えでは
au bout d'un moment	少し経って
au choix	好みに応じて，任意に
(bien) au contraie	（全く）反対に，それどころか
à vrai dire	実を言うと

 練習問題 9

（　　）内に最適な語を，示された最初の文字とともに書き入れて下さい．

(1) Ne parlez pas ici à (h　　　　　　　) voix !
ここで大声で話さないで下さい！

(2) Elle a acheté ce sac à (b　　　　　　　) prix.
彼女はそのかばんを安く買った．

(3) Les trains partent toujours à l' (h　　　　　　　) au Japon.
日本では電車はいつも定刻に発車する．

(4) À (v　　　　　　　) dire, je n'ai pas envie d'aller au concert.
本当は，コンサートには行きたくないのよ．

(5) Je suis mal à l'(a　　　　　　　) ici.
ここは，気づまりだわ．

筆記試験 2

日常よく使われる表現の問題

31

À bientôt.	では，また（後ほど）．
À la prochaine (fois).	またお会いしましょう．
À table.	ごはんですよ，食事にしましょう．
À tout à l'heure !	また後で！
À tout de suite.	またすぐね，すぐ行きます．
À vos marques.	位置について．
À votre santé !	乾杯！
Au feu !	火事だ！
À un de ces jours !	では，近いうちに！
Au(x) pied(s) !	（犬に向かって）おいで！
Au secours !	助けて！
Au voleur !	泥棒！

練習問題 10

（　　）内に最適な語を，示された最初の文字とともに書き入れて下さい．

(1) À (t　　　　　　　　) !

ごはんですよ！

(2) À un de ces (j　　　　　　　　) !

では，また近いうちに！

(3) Au (s　　　　　　) !

助けて！

(4) À tout à l'(h　　　　　　　　) !

また後でね！

(5) À la (p　　　　　　　) fois.

またお会いしましょう．

Je や Vous を使った表現

J'arrive.	(店で) ただいま，まいります．
J'en ai assez.	ウンザリだ．飽き飽きした．
Je vous écoute. *	お聞きします．お話をうかがいます．
Je (ne) vous dérange (pas) ?	お邪魔ですか（じゃないですか）？
Je vous dois combien ?	おいくらですか？
Je vous en prie.	どういたしまして．お願いします．
Je ne vous entends pas bien.	よく聞こえません．
Je peux vous aider ?	お手伝いしましょうか？　何かお探しですか？
Je vous [t'] invite.	ご馳走します．おごります．
Je vous laisse.	(お先に) 失礼します．
Je vous [te] le [la] passe.	(電話で) 彼 [彼女] に代わります．
Je vous remercie de ～ *	～をありがとうございます．
Vous avez de quoi écrire ?	書くものはありますか？
Vous voyez ?	お分かりですか？

（　　）内に最適な語を，示された最初の文字とともに書き入れて下さい．

(1) Je ne vous (d　　　　　　) pas ?
お邪魔じゃないですか？

(2) Je vous (l　　　　　　) ici.
ここで，失礼します．

(3) Allô, allô, je ne vous (e　　　　　　) pas bien.
もしもし，もしもし，お電話が遠いようです．

(4) Je vous (d　　　　　　) combien en tout ?
全部でおいくらですか？

(5) Alors, je vous (é　　　　　　) maintenant.
では，これからあなたのお話をうかがいます．

33

avoir beaucoup à faire	することがたくさんある，忙しい
avoir envie de ＋名詞／不定詞	～が欲しい／～がしたい
avoir du mal à ＋不定詞	～するのに苦労する
avoir lieu	開催される
avoir mal à ＋定冠詞＋体の部位	～が痛い
avoir raison [tort]	～は正しい［間違っている］
être à la mode	流行っている
être en forme＊	元気である
être en panne	故障している
être en train de ＋不定詞	～している最中だ
être sûr(e) de	～は確かである，～に確信がある

練習問題 12

（　　）内に最適な語を，示された最初の文字とともに書き入れて下さい．

(1) Thomas est toujours en pleine (f　　　　　　　).
トマはいつも元気いっぱいだ．

(2) Marie, tu en es (s　　　　　　　) ?
マリ，それは確かかい？

(3) Je n'ai (e　　　　　　　) de rien.
何もいらないよ．

(4) Tu as (r　　　　　　　).
もっともね．

(5) J'ai du (m　　　　　　　) à trouver le travail.
仕事がなかなか見つからないんだ．

その他の熟語表現 2

aller au lit	就寝する
apprendre par cœur	暗記する
devoir ＋名詞＋ à ＋人	～のおかげで～できた
donner un coup de main	手伝う
faire de son mieux	ベストを尽くす，できるだけのことをする
ne pas en croire ses oreilles [yeux]	[耳] 目を疑う
parler (plus) fort	(もっと) 大きな声で話す
passer pour ＋名詞	～で通る，～とみなされる
prendre son temps ＊	ゆっくり時間をかける
rendre (un) service	役に立つ，手伝う
se mettre à ＋名詞／不定詞	～に着手する／～を始める
se porter bien	元気である
se sentir bien [mal]	気分がよい [悪い]

 練習問題 13

( ) 内に最適な語を，示された最初の文字とともに書き入れて下さい.

(1) Je vous donne un coup de (m) ?
　　お手伝いしましょうか？

(2) Les enfants, allez au (l) tout de suite !
　　子どもたち，すぐに寝なさい！

(3) Bon, je vais me (m) au travail.
　　じゃ，これから仕事に取りかかるよ.

(4) C'est vrai ? Je n'en (c) pas mes oreilles.
　　それは本当かい？　耳を疑うよ.

(5) Mon grand-père se (p) toujours bien.
　　祖父はいつも元気だ.

35

en attendant de ＋不定詞	～するまで
en passant	通りすがりに，ついでに
entrée libre ＊	入場無料
dans le temps	かつては，昔は
dans peu (de temps)	まもなく
faute de ＋名詞／不定詞	～がないので／～しないので
hors (-) service	故障中の，使用中止の，くたくたに疲れた
il est temps de ＋不定詞	今が～すべき時だ
par hasard	偶然に，ひょっとして
par ici	こちらから，このあたりに
par moments	時々
pas possible ＊	ありえない，不可能だ，まさか
pour le moment	今のところは，当面は，さしあたりは
vol direct	直行便

練習問題 14

（　　）内に最適な語を，示された最初の文字とともに書き入れて下さい．

(1) Cet ascenseur est (h　　　　　　　　) service.
こちらのエレベーターは故障中です．

(2) Je suis venue te voir en (p　　　　　　　　).
通りがかりに寄ってみたわ．

(3) En (a　　　　　　　　) de prendre le train, on va boire un café.
電車に乗るまでの間，コーヒーを飲みましょう．

(4) On dit qu'ils habitent (p　　　　　　　　) ici.
彼らはこの辺りに住んでいるそうだ．

(5) (F　　　　　　　　) de temps, je n'ai pas pu l'appeler.
時間がないので，彼女に電話できませんでした．

その他の会話表現 1

Après vous. *	お先にどうぞ.
Encore un effort !	もうひと頑張りしましょう!
et ainsi de suite	以下同様にして,以下同様
De quoi s'agit-il ?	何のこと(話)ですか?
Dites bonjour à vos parents.	ご両親によろしくお伝え下さい.
Il n'y a rien à faire !	どうしようもない!
L'addition, s'il vous plaît.	お勘定をお願いします.
Laissez-moi tranquille !	邪魔しないで下さい! ほうっておいて下さい!
Le nom m'échappe.	どうも名前が思い出せない.
On va voir [On verra].	様子をみましょう. 検討しましょう.
Rien de particulier [spécial] !	特に何もないよ!
Suivez-moi, s'il vous plaît.	こちらへどうぞ.
Un instant, s'il vous plaît.	少々お待ち下さい.

 練習問題 15

( )内に最適な語を,示された最初の文字とともに書き入れて下さい.

(1) (A   ) vous.
お先にどうぞ.

(2) On va (v   ) pour le moment.
今のところは様子を見ましょう.

(3) Tu me gènes. (L   )-moi tranquille !
邪魔だよ,かまわないで!

(4) De quoi s'(a   )-il ?
何の話ですか?

(5) Quoi de neuf ? — Rien de (p   ) !
何か変わったことはある? — 別に!

その他の会話表現 2

Aucune idée.	何も思いつかない.
Certainement !	もちろんだよ！
Enchanté(e) !	はじめまして！
Gardez la monnaie.	おつりは取っておいてください.
On vous [te] demande au téléphone.	あなたに電話ですよ.
Pas mal [tellement] !	いいね [それほどじゃないよ]！
Permettez-moi de me présenter.	自己紹介をさせてください.
Posez [Ne laissez pas] vos affaires ici.	持ち物はこちらに置いて [置き忘れないようにして] ください.
Pour une autre fois !	また今度ね！
Quel âge me donnez-vous ?	私を何歳だと思いますか？
Quelle chaleur !	なんて暑いんだ！
Servez-vous.	ご自由にお取りください.
Un aller simple [aller-retour], s'il vous plaît.	片道切符 [往復切符] をください.

練習問題 16

（　　）内に最適な語を，示された最初の文字とともに書き入れて下さい.

- -

(1) Pas (m　　　　　　　) !
いいね！

(2) Ce sera pour une autre (f　　　　　　).
また今度にしよう.

(3) Un (a　　　　　　) pour Paris, s'il vous plaît.
パリまでの往復切符をください.

(4) Pourras-tu me prêter ton stylo ? — Mais (c　　　　　　).
ペンを貸してもらえる？　— もちろんだよ.

(5) Ne laisse pas tes (a　　　　　　) en descendant !
降りるときに，荷物を忘れないようにね！

総合練習問題 ❶

( ) 内に最適な語を，示された最初の文字とともに書き入れて下さい．

(1) Ma mère est malade. C'est (p   ) je fais la cuisine.
母が病気なの．だから私が料理をするの．

(2) Il n'y a pas de (q   ).
どういたしまして．

(3) Cet appareil-photo est vraiment bon (m   ).
このカメラは本当に安い．

(4) C'est (t   ) de ma part.
私からは以上です．

(5) Paul est en retard comme d'(h   ).
いつものように，ポールは遅刻だ．

総合練習問題 ❷

( ) 内に最適な語を，示された最初の文字とともに書き入れて下さい．

(1) Ils disent vraiment n'importe (q   ).
彼らは本当にいい加減なことを言う．

(2) Ça (a   ) souvent.
よくあることだよ．

(3) Comment (f   ) ?
どうしたものか．

(4) Bonnes (v   ) ! ― Merci, vous aussi !
よい休暇を！ ―ありがとう，あなたもね！

(5) (P   ) votre temps.
どうぞごゆっくり．

( ) 内に最適な語を，示された最初の文字とともに書き入れて下さい．

. . . .

(1) C'est (n   )!
それは初耳だ！

(2) Ce n'est pas (g   ).
大したことはありません．

(3) Après (t   ), c'est la même chose.
結局，同じことだよ．

(4) Ça me fait (p   ).
うれしいです．

(5) Bon (a   )!
たっぷり召し上がれ！

総合練習問題 ❹

( ) 内に最適な語を，示された最初の文字とともに書き入れて下さい．

. . . .

(1) Il est (t   ) d'aller au lit, les enfants !
子どもたち，寝る時間ですよ！

(2) Qu'est-ce qu'il (d   )?
彼はどうしている？

(3) Elle a raté son examen. — Pas (p   )!
彼女は試験に落ちたよ．—まさか！

(4) Il n'y a (r   ) à faire.
どうしようもないさ．

(5) Ne prends pas ça au sérieux. C'est (p   ) rire.
まじめに取るなよ．冗談だよ．

( ) 内に最適な語を，示された最初の文字とともに書き入れて下さい．

(1) Bon (c   ) !
　　がんばってね！

(2) Je peux vous (a   ) ?
　　（お店で）何かお探しですか？

(3) Tu vas (m   ) ?
　　調子はよくなった？

(4) Ça (d   ).
　　場合によるね．

(5) Encore un (e   ) !
　　もうひと頑張りして！

( ) 内に最適な語を，示された最初の文字とともに書き入れて下さい．

(1) C'est (p   ).
　　同じだよ．

(2) Enrée (l   ).
　　入場無料．

(3) Au (f   ) !
　　火事だ！

(4) Ce garçon mange tout le (t   ).
　　この男の子は食べてばかりいる．

(5) Ça (t   ) mal.
　　間が悪いね．

同じ意味の文を作る問題

第3問は，示された2つの文の一方に動詞を1つ加えることによって両者を同じ意味にする問題です．AとBの2つの文のうち，Bの空欄に選択肢の動詞を適切な形にして入れます．問題は5つ，選択肢は7つで，配点は1問2点です．

過去問題

次の (1) ～ (5) について，A，Bがほぼ同じ意味になるように，（ ）内に入れるのに最も適切なものを，下の語群から1つずつ選び，必要な形にして解答欄に書いてください．ただし，同じものは1度しか用いてはいけません．

(配点 10)

(1) A Il faudra avoir de la patience pour faire ce travail.

    B Ce travail (　　　　) de la patience.

(2) A Il ne t'est pas permis de fumer chez moi.

    B Je te (　　　　) de fumer chez moi.

(3) A Je te conseille de ne rien cacher.

    B Il vaut mieux que tu (　　　　) tout.

(4) A Nadine faisait des efforts inutiles pour persuader ses parents.

    B Nadine (　　　　) en vain de persuader ses parents.

(5) A Pourquoi il n'a pas pu venir chez moi ?

    B Qu'est-ce qui l'(　　　　) de venir chez moi ?

arriver	défendre	demander	dire
empêcher	essayer	perdre	

(1)		(4)	
(2)		(5)	
(3)			

(2018 年度秋季)

(1) demandera　　　(2) défends　　　(3) dises　　　(4) essayait
(5) a empêché

　　まず，選択肢の動詞の一般的な意味を確認しましょう．

arriver：到着する，（できごとが）起こる　　　défendre：守る，禁じる
demander：尋ねる，必要とする　　　dire：言う
empêcher：妨げる　　　essayer：試す，試みる
perdre：失う

　　では，各問の解説に移りましょう．

(1)　A　Il faudra avoir de la patience pour faire ce travail.
　　　B　Ce travail (demandera) de la patience.
　　　A「その仕事をするには忍耐力が必要だろう．」
　　　B「その仕事は忍耐力を（必要とするであろう）．」
　　　Aの文はilを形式的な主語とし，動詞にfalloir「～が必要だ」を用いた非人称構文
　　です．falloirは単純未来形になっていますので，文の意味は「その仕事をするには忍
　　耐力が必要だろう」となります．一方，Bの文は動詞が入る（　　）の前後がそれぞれ
　　ce travail「その仕事」，de la patience「忍耐力」ですので，「その仕事は忍耐力を
　　（　　）」という内容であると考えられます．選択肢のうちdemander「必要とする」
　　を単純未来形にして（　　）に入れれば正解となります．

(2)　A　Il ne t'est pas permis de fumer chez moi.
　　　B　Je te (défends) de fumer chez moi.
　　　A「わが家でタバコを吸うことは許されないよ．」
　　　B「わが家でタバコを吸うことを（禁止するよ）．」
　　　この問題では，2つの文においてde以下の「わが家でタバコを吸う（こと）」が全
　　く同じです．Aには« il est ＋形容詞＋ de ＋不定詞 »「～（不定詞）するのは…（形
　　容詞）だ」という非人称構文が用いられ，これに否定や間接目的語 t'(<te)「君に」な
　　どが加わり，「君には～するのは許されていない」と述べています．対するBは，（　　）
　　の前がJe te「私は君に」ですので，（　　）には「許さない」ことを意味する動詞が
　　入ります．défendre「禁じる」が適切で，これを現在形にします．

(3)　A　Je te conseille de ne rien cacher.
　　　B　Il vaut mieux que tu (dises) tout.
　　　A「何も隠し立てしないのがいいよ．」
　　　B「全て言った（ほうがいいよ）．」
　　　Aの文は« conseiller à ＋人＋ de ＋不定詞 »「～に…するよう勧める」という構文
　　を含みます．conseillerは，話し手であるje / nousが主語で，聞き手であるte / vous
　　が« à ＋人 »のときには，「君／あなた（がた）は～するのがよい」の意味で，Bで
　　用いられているil vaut mieux ～「～のほうがよい」とほぼ同義になります．Aは不
　　定詞cacher「隠す」にne ～ rien「何も～ない」が加わり「何も隠さない」という言
　　いかたです．一方，Bは（　　）の前後がtu「君は」とtout「全て」ですので「君は
　　全てを（　　）」という言いかたです．そこで（　　）には「言う」を意味するdireが
　　入れば「君は全てを言う」となりAと同じことが述べられます．現在形でよいので

すが，il vaut mieux のあとの従属節ですので，接続法の現在形になります．

(4)　A Nadine faisait des efforts inutiles pour persuader ses parents.
　　 B Nadine (essayait) en vain de persuader ses parents.
　　 A「ナディーヌは両親を説得しようと無駄な努力をしていた．」
　　 B「ナディーヌは両親を説得しようと（試みていた）が，無駄だった．」

　　 A，B ともに文の主語は Nadine「ナディーヌ」であり，後半も前置詞の pour / de の違いはあるものの，persuader ses parents「両親を説得する」で同じです．そのあいだの述語動詞の部分が，A では faire ses efforts inutiles「無駄な努力をする」となっています．一方，B には，（　）のあとに「無駄に〜する」という意味を持つ en vain が含まれていますので，（　）には A の faire ses efforts「努力する」に類似した意味の動詞が入ればよいことになります．選択肢から essayer「試みる」を選び，A の faisait に合わせて半過去形にできれば正解です．

(5)　A Pourquoi il n'a pas pu venir chez moi ?
　　 B Qu'est-ce qui l'(a empêché) de venir chez moi ?
　　 A「彼はなぜ私の家に来られなかったのですか？」
　　 B「彼が私の家に来るのを何が（妨げた）のですか？」

　　 2 つの文は後半の venir chez moi「私の家に来る」が同じです．まず，A は il「彼」を主語とし，疑問詞 pourquoi「なぜ」を用いて「彼」が n'a pas pu「できなかった」のは「なぜ？」と尋ねています．一方 B は，qu'est-ce qui「何」を主語とし，「彼」を目的語代名詞 l'(<le) の形で含んでいますので，「何」が「彼」を妨げて「来ることができないようにした」のかを尋ねていると考えられます．B の（　）に入るのは，この「妨げて，来ることができないようにした」を意味する動詞ですので empêcher です．これを複合過去にします．なお，この場合，過去分詞は前にある直接目的語代名詞 l' と性数の一致をします．といっても，この l' はそもそも「彼」を示す男性単数の le であったものですので，過去分詞も男性単数形の empêché になります．

　　 2013 年度春季〜 2018 年度秋季の 12 回の試験において，各問題の B の文の（　）に入る候補として登場した動詞は 64 個でした．そのうち，2 回以上見られたのは以下の 15 個で，残りの 4 分の 3 以上は 1 度限りの登場でした．
　　 donner「与える」（登場数 4 回／正解となった数 3 回（以下同じ）），
　　 avoir「持つ」（3 回／2 回），mettre「置く」（3 回／1 回），
　　 prendre「とる」（3 回／1 回），devoir「〜しなければならない」（2 回／2 回），
　　 dire「言う」（2 回／2 回），empêcher「妨げる」（2 回／2 回），
　　 rester「とどまる」（2 回／2 回），tenir「つかむ」（2 回／2 回），
　　 aller「行く」（2 回／1 回），cesser「止む」（2 回／1 回），
　　 comprendre「わかる」（2 回／1 回），rendre「返す」（2 回／1 回），
　　 faire「する」（2 回／0 回），perdre「失う」（2 回／0 回）
　　 実際には，残りの 49 の動詞に加え，A の文にもさまざまな動詞が用いられています．日頃より動詞については，その意味はもちろん，動詞を含む熟語表現なども積極的に覚えるよう心がけてください．

さて，この問題は自分で以上のような動詞の活用形を書かなければなりません．**つづりを間違えては0点になってしまう**ので，まずその復習をしておきましょう．

第3問では，過去に直説法現在，直説法複合過去，直説法半過去，直説法単純未来，命令法，接続法現在，不定詞が出題されています．

それぞれの時制の語尾変化の特徴と代表的な動詞の活用形を示しておきます．

直説法現在

-er 動詞の語尾変化

je	**-e**	nous	**-ons**
tu	**-es**	vous	**-ez**
il	**-e**	ils	**-ent**

profiter (利用する)

je	profi**te**	nous	profi**tons**
tu	profi**tes**	vous	profi**tez**
il	profi**te**	ils	profi**tent**

-ir 動詞の語尾変化 ①

je	**-is**	nous	**-issons**
tu	**-is**	vous	**-issez**
il	**-it**	ils	**-issent**

réfléchir (よく考える)

je	réfléch**is**	nous	réfléch**issons**
tu	réfléch**is**	vous	réfléch**issez**
il	réfléch**it**	ils	réfléch**issent**

-ir 動詞の語尾変化 ②

je	**-s**	nous	**-ons**
tu	**-s**	vous	**-ez**
il	**-t**	ils	**-ent**

tenir (つかんでいる)

je	tien**s**	nous	ten**ons**
tu	tien**s**	vous	ten**ez**
il	tien**t**	ils	tien**nent**

-re 動詞の語尾変化

je	**-s**	nous	**-ons**
tu	**-s**	vous	**-ez**
il	—	ils	**-ent**

prendre (とる)

je	prend**s**	nous	pren**ons**
tu	prend**s**	vous	pren**ez**
il	prend	ils	pren**nent**

一部の **-oir** 動詞の語尾変化

je	**-x**	nous	**-ons**
tu	**-x**	vous	**-ez**
il	**-t**	ils	**-ent**

vouloir (欲しい，〜したい)

je	veu**x**	nous	voul**ons**
tu	veu**x**	vous	voul**ez**
il	veu**t**	ils	veul**ent**

être (〜である)

je	**suis**	nous	**sommes**
tu	**es**	vous	**êtes**
il	**est**	ils	**sont**

avoir (持つ)

j'	**ai**	nous	**avons**
tu	**as**	vous	**avez**
il	**a**	ils	**ont**

aller (行く)

je **vais**	nous **allons**
tu **vas**	vous **allez**
il **va**	ils **vont**

faire (する, 作る)

je fais	nous fais**ons**
tu fais	vous faite**s**
il fait	ils **font**

se souvenir (覚えている)

je me souvien**s**	nous nous souven**ons**
tu te souvien**s**	vous vous souven**ez**
il se souvien**t**	ils se souvien**nent**

s'inquiéter* (心配する)

je m'inqui**ète**	nous nous inquiét**ons**
tu t'inqui**ètes**	vous vous inquiét**ez**
il s'inqui**ète**	ils s'inqui**ètent**

*アクサンの向きに注意.

直説法半過去

すべての動詞の語尾変化

je **-ais**	nous **-ions**
tu **-ais**	vous **-iez**
il **-ait**	ils **-aient**

finir (終える, 終わる)

je finiss**ais**	nous finiss**ions**
tu finiss**ais**	vous finiss**iez**
il finiss**ait**	ils finiss**aient**

avoir

j'av**ais**	nous av**ions**
tu av**ais**	vous av**iez**
il av**ait**	ils av**aient**

être

j'ét**ais**	nous ét**ions**
tu ét**ais**	vous ét**iez**
il ét**ait**	ils ét**aient**

直説法単純未来

すべての動詞の語尾変化

je **-rai**	nous **-rons**
tu **-ras**	vous **-rez**
il **-ra**	ils **-ront**

pouvoir (〜できる)

je pour**rai**	nous pour**rons**
tu pour**ras**	vous pour**rez**
il pour**ra**	ils pour**ront**

être

je se**rai**	nous se**rons**
tu se**ras**	vous se**rez**
il se**ra**	ils se**ront**

avoir

j'au**rai**	nous au**rons**
tu au**ras**	vous au**rez**
il au**ra**	ils au**ront**

aller

je				
j'irai	nous	irons
tu iras	vous	irez
il ira	ils	iront

faire

je ferai	nous	ferons
tu feras	vous	ferez
il fera	ils	feront

過去分詞

-er 動詞　→ -é　　　　　　　　　　　　-ir 動詞の多く　→ -i

その他の動詞　→ -s, -t, -u（être, naître など一部を除く）

être（〜である）	→ été	naître（生まれる）	→ né
mettre（置く）	→ mis	prendre（とる）	→ pris
dire（言う）	→ dit	écrire（書く）	→ écrit
faire（する，作る）	→ fait	mourir（死ぬ）	→ mort
offrir（贈る）	→ offert	ouvrir（開く）	→ ouvert
avoir（持つ）	→ eu	courir（走る）	→ couru
entendre（聞こえる）	→ entendu	falloir（必要である）	→ fallu
lire（読む）	→ lu	pleuvoir（雨が降る）	→ plu
pouvoir（〜できる）	→ pu	rendre（返す）	→ rendu
venir（くる）	→ venu	voir（見える，見る）	→ vu
devoir	→ dû	vouloir（欲しい，〜したい）	→ voulu

（〜しなければならない，〜にちがいない）

直説法複合過去

基本形（助動詞 **avoir** の場合）

j'ai	過去分詞	nous	avons	過去分詞
tu as	過去分詞	vous	avez	過去分詞
il a	過去分詞	ils	ont	過去分詞
elle a	過去分詞	elles	ont	過去分詞

基本形（助動詞 **être** の場合）

je suis	過去分詞(e)	nous	sommes	過去分詞(e)s
tu es	過去分詞(e)	vous	êtes	過去分詞(e)(s)
il est	過去分詞	ils	sont	過去分詞s
elle est	過去分詞e	elles	sont	過去分詞es

ouvrir (開ける)

j'ai	ouvert	nous	avons	ouvert
tu as	ouvert	vous	avez	ouvert
il a	ouvert	ils	ont	ouvert
elle a	ouvert	elles	ont	ouvert

venir (くる)

je	suis venu(e)	nous	sommes	venu(e)s
tu	es venu(e)	vous	êtes	venu(e)(s)
il	est venu	ils	sont	venus
elle	est venue	elles	sont	venues

s'informer* (問い合わせる)

je	me suis	informé(e)	nous	nous	sommes	informé(e)s
tu	t'es	informé(e)	vous	vous	êtes	informé(e)(s)
il	s'est	informé	ils	se	sont	informés
elle	s'est	informée	elles	se	sont	informées

*再帰代名詞 se が直接目的語の場合，過去分詞と性・数の一致をする．

se rappeler** (思い出す)

je	me suis	rappelé	nous	nous	sommes	rappelé
tu	t'es	rappelé	vous	vous	êtes	rappelé
il	s'est	rappelé	ils	se	sont	rappelé
elle	s'est	rappelé	elles	se	sont	rappelé

**再帰代名詞 se が間接目的語の場合，過去分詞と性・数の一致はしない．

条件法現在

すべての動詞の語尾変化

je	**-rais**	nous	**-rions**
tu	**-rais**	vous	**-riez**
il	**-rait**	ils	**-raient**

être

je	se**rais**	nous	se**rions**
tu	se**rais**	vous	se**riez**
il	se**rait**	ils	se**raient**

vouloir

je	voud**rais**	nous	voud**rions**
tu	voud**rais**	vous	voud**riez**
il	voud**rait**	ils	voud**raient**

aimer

j'aime**rais**		nous	aime**rions**
tu	aime**rais**	vous	aime**riez**
il	aime**rait**	ils	aime**raient**

命 令 法

arrêter（止める）	**obéir**（従う）	**être**	**avoir**
arrête*	obéis	sois	aie
arrêtons	obéissons	soyons	ayons
arrêtez	obéissez	soyez	ayez

se dépêcher 急ぐ

dépêche-toi**

dépêchons-nous**

dépêchez-vous**

* -er 動詞，aller，ouvrir などの tu に対する命令法では，直説法現在形の末尾にあった s がとれる.

**代名動詞の肯定の命令法では，再帰代名詞が動詞の後ろに移り，te は強勢形 toi になる.

接続法現在

ほとんどの動詞の語尾変化

je	-e	nous	-ions
tu	-es	vous	-iez
il	-e	ils	-ent

rester（とどまる）

je	reste	nous	restions
tu	restes	vous	restiez
il	reste	ils	restent

être

je	sois	nous	soyons
tu	sois	vous	soyez
il	soit	ils	soient

avoir

j'	aie	nous	ayons
tu	aies	vous	ayez
il	ait	ils	aient

aller

j'	aille	nous	allions
tu	ailles	vous	alliez
il	aille	ils	aillent

venir

je	vienne	nous	venions
tu	viennes	vous	veniez
il	vienne	ils	viennent

partir（出発する）

je	parte	nous	partions
tu	partes	vous	partiez
il	parte	ils	partent

prendre

je	prenne	nous	prenions
tu	prennes	vous	preniez
il	prenne	ils	prennent

　この第 3 問は，A-B 両者を比較してその 2 つの文の内容が同じになる動詞を選択肢から見つけ，適切な形にして B の空欄に補うものです．原則として，**A と B の文の時制は同じになります**．

　つまり A と B の 2 つの文がどのように違うかに着目することが重要になりま

す．その相違にはいくつかのタイプがあるので，そのタイプごとに解説していきます．

まず，補うべき空欄以外の語句がほぼ同じ場合を見てみましょう．このときにはAの動詞の同義語を選択肢から選びます．つまり，**同じ意味になる動詞をどれほど知っているかがカギ**になります．

以下に代表的な例を挙げておきます．

・conseiller「勧める」— recommander「勧める」— proposer「勧める」

Je vous (conseille) de visiter les musées de la ville.

Je vous (recommande) de visiter les musées de la ville.

Je vous (propose) de visiter les musées de la ville.

私はあなたにその街の美術館を訪れることを勧めます．

・être「在る」— se trouver「位置する」— se situer「位置する」

Nous ne savons pas exactement où (est) son bureau.

Nous ne savons pas exactement où (se trouve) son bureau.

Nous ne savons pas exactement où (se situe) son bureau.

私たちは彼のオフィスがどこにあるのかを正確には知らない．

・écouter「（人のいうことを）きく」— suivre「従う」— obéir à 〜「〜に従う」

Tu dois bien (écouter) tes parents.

Tu dois bien (suivre) tes parents.

Tu dois bien (obéir) à tes parents. （前置詞 à に注意）

君は両親のいうことをきかなければならない．

では，過去の例も含めて，出題されそうな同義語のグループを示します．

occuper	（位置を）占める	confondre avec	混同する
se situer à	いる，ある	prendre pour	取り違える
demander à 〜 de...	〜に…を頼む	négliger	無視する
dire à 〜 de...	〜に…するように言う	se moquer de	軽視する
prier 〜 de...	〜に…を頼む	ignorer	無視する
éteindre	（機器を）止める，消す	annoncer	知らせる
couper	切る，消す	prédire	予告する
fermer	（機器を）停止させる，消す	avertir de	警告する
arrêter	止める	prévenir	知らせる

trouver	思う	laisser	置いてくる
penser	思う	oublier	置き忘れる
convaincre	納得させる	suivre	（道を）たどる
persuader	説得する	continuer	（道を）進み続ける
partager	分ける	passer	立ち寄る
couper	切る	venir	くる
diviser	分ける		
montrer	見せる	passer sur	（橋などを）越える
présenter	提示する	traverser	（橋などを）渡る
reconnaître	覚えている，見知っている	suivre	沿う
se souvenir de	覚えている	longer	沿う
se rappeler	覚えている	border	沿う
obtenir	手に入れる	utiliser	使う
gagner	獲得する，稼ぐ，勝つ	se servir de	使う，利用する
arrêter	やめる，逮捕する	arriver	起こる，到着する
quitter	やめる，離れる，立ち去る	se passer	起こる，（時が）過ぎる

筆記試験

3

同じ意味の文を作る問題

51

A，B がほぼ同じ意味になるように，下の語群から 1 つずつ選び，必要
な形にして（　）内に書き入れて下さい．同じものは 1 度しか使えません．

(1) A Ils viendront nous voir après-demain.

　　B Ils (　　　　　　　) nous voir après-demain.

(2) A Avant, ils négligeaient tous mes conseils.

　　B Avant, ils (　　　　　　　) de tous mes conseils.

(3) A Tu peux lui demander de partir tout de suite ?

　　B Tu peux lui (　　　　　　　) de partir tout de suite ?

(4) A La météo annonçait une forte tempête.

　　B La météo (　　　　　　　) d'une forte tempête.

(5) A En me répondant, Paul a éteint la radio.

　　B En me répondant, Paul (　　　　　　　) la radio.

adorer　　　dire　　　passer　　　laisser
se moquer　avertir　　couper

練習問題 ②

A，B がほぼ同じ意味になるように，下の語群から 1 つずつ選び，必要
な形にして（　）内に書き入れて下さい．同じものは 1 度しか使えません．

(1) A Tu vas couper ce gâteau en trois.

    B Tu vas (　　　　　　　) ce gâteau en trois.

(2) A Pour aller au musée, elles ont traversé un vieux pont.

    B Pour aller au musée, elles (　　　　　　　) sur un vieux pont.

(3) A Dans le train, on présente son billet au contrôleur.

    B Dans le train, on (　　　　　　　) son billet au contrôleur.

(4) A Continuez cette rue jusqu'au deuxième carrefour.

    B (　　　　　　　) cette rue jusqu'au deuxième carrefour.

(5) A Vous les convaincrez de terminer ce travail d'ici trois jours.

    B Vous les (　　　　　　　) de terminer ce travail d'ici trois jours.

suivre	avoir	montrer	faire
partager	passer	persuader	

空欄のあとが異なる場合

　A と B の 2 つの文の間で，動詞を補足する語句が大きく異なっている場合で
す．共通の語句を取り除いて，2 つの文の違いを見極めて B の動詞を選ぶこと
が重要です．

> ・ranger 「かたづける」― mettre en ordre 「整理する」
> Nous (avons rangé) la chambre en une heure.
> Nous (avons mis) la chambre en ordre en une heure.
> 私たちは 1 時間かけてその部屋をかたづけた．

この 2 文の同一部分を取り除き，残りの部分だけに注目してみましょう．

筆記試験

3

同じ意味の文を作る問題

Nous (avons rangé) la chambre en une heure.
Nous (avons mis) la chambre en ordre en une heure.

上下の文は ranger ＝ mettre en ordre で同じ意味になっています．

・montrer「見せる」 — faire voir「見せる」
Nous (avons montré) notre passeport à la réception de l'hôtel.
Nous (avons fait) voir notre passeport à la réception de l'hôtel.
私たちはホテルのフロントで自分たちのパスポートを見せた．

ここでは，montrer ＝ faire voir で同じ意味になっています．montrer の代わりに présenter が使われることもあります．

・s'inquiéter de 〜「〜を気にかける」 — se faire du souci pour 〜「〜を心配する」
— être anxieux de 〜「〜を案ずる」
Paul (s'inquiète) de ton avenir.
Paul (se fait) du souci pour ton avenir.
Paul (est) anxieux de ton avenir.
ポールは君の将来を気にかけている．

以下に，このようなケースに含まれる同義的表現のグループを示します．

---

appeler	電話する	informer de	通知する
téléphoner à	電話する	faire part à	知らせる
donner un coup de téléphone à	電話する	annoncer	知らせる
donner un coup de fil à	電話する	faire savoir	知らせる
maigrir	やせる	enseigner	教える
perdre du poids	体重が減る	donner des cours	授業をする
mincir	やせる	apprendre	教える
réussir	合格する	aider	手伝う
passer 〜 avec succès	合格する	rendre service à	役立つ
craindre	恐れる	saluer	あいさつする
avoir peur de	恐れる	dire bonjour à	あいさつする

adresser	差し向ける	fâcher	怒らせる
dire d'aller	行くように言う	mettre en colère	怒らせる

acheter	買う	boire un coup	一杯飲む
faire l'achat de	買い物をする	prendre un pot	一杯やる
prendre	買う	boire	飲む

savoir	～できる	ne rien dire	気をひかない
être capable de	～できる	ne pas intéresser	関心をひかない
pouvoir	～できる	laisser indifférent	関心をひかない

sembler	～に思われる	devoir	～するべきである
avoir l'air	～のようである	avoir besoin de	～する必要がある

mourir	死ぬ	nettoyer	掃除をする
finir sa vie	生涯を終える	faire le ménage	（掃除などの）家事をする

vivre en paix	静かに暮らす	rendre visite à	訪ねる
mener une vie tranquille	平穏な生活を送る	aller voir	会いに行く

faire confiance à	信頼する	se porter bien	体の調子が良い
compter sur	あてにする	être en bonne santé	健康である

では，上のグループを使った練習問題にチャレンジしましょう．

A, B がほぼ同じ意味になるように，下の語群から 1 つずつ選び，必要
な形にして（ ）内に書き入れて下さい．同じものは 1 度しか使えません．

(1) A On nous a adressés au guichet d'à côté.

B On nous (   ) d'aller au guichet d'à côté.

(2) A Appelle-moi à ton arrivée à Paris.

B (   )-moi un coup de téléphone à ton arrivée à Paris.

(3) A Pouvez-vous m'aider un peu ?

B Pouvez-vous me (   ) un petit service ?

(4) A Marie était capable de jouer du violon à l'âge de trois ans.

B Marie (   ) jouer du violon à l'âge de trois ans.

(5) A S'il travaille sérieusement, il réussira à son examen.

B S'il travaille sérieusement, il(   )son examen avec

succès.

rendre   dire   passer   enseigner
donner   savoir   craindre

56

練習問題 **4**

A，Bがほぼ同じ意味になるように，下の語群から1つずつ選び，必要な形にして（　）内に書き入れて下さい．同じものは1度しか使えません．

(1) A　Voulez-vous boire avec nous ?

　　 B　Voulez-vous (　　　　　　　　) un pot avec nous ?

(2) A　Nicolas leur a fait part de votre arrivée.

　　 B　Nicolas les (　　　　　　　) de votre arrivée.

(3) A　L'histoire, ça ne me dit rien.

　　 B　L'histoire, ça ne m'(　　　　　　) pas.

(4) A　Son attitude a fâché tout le monde.

　　 B　Son attitude (　　　　　　) tout le monde en colère.

(5) A　Annoncez-lui l'arrivée de Monsieur Leblanc.

　　 B　(　　　　　　)-lui savoir l'arrivée de Monsieur Leblanc.

　　　intéresser　　rendre　　mettre　　　prendre
　　　savoir　　　　faire　　informer

一方が肯定文で他方が否定文の場合

　AとBの2つの文で使われる動詞が，いわゆる対義語になっていて，一方が否定文になることで，2つの文が同等の意味を表す場合です．Bの文の空欄に入る動詞を選ぶには，**Aの動詞の対義語を探せばよい**ことになります．

> ・réussir (à)「成功する」— ne pas échouer à「失敗しない」
> 　En travaillant beaucoup, tu (réussiras) aux examens.
> 　En travaillant beaucoup, tu n' (échoueras) pas aux examens.
> 　たくさん勉強しているから，君は試験に失敗しないだろう．

上の文では réussir「成功する」が使われています．一方，下の文においては「成功する」と反対の意味を持つ動詞＝「失敗する」échouer を否定形にすることで「失敗しない」となり，上の文とほぼ同等の意味になっています．

> ・ignorer「無視する」— ne jamais respecter「けっして尊重しない」
> Avant, ils ne (respectaient) jamais tous mes avis.
> Avant, ils (ignoraient) tous mes avis.
> 以前は，彼らは私の意見をすべて無視したものだった．

　上の文では respecter「尊重する」が ne と jamais に挟まれて否定形で使われて「けっして尊重しない」という意味になっています．下の文では，肯定形で「けっして尊重しない」とほぼ同じ意味になるために「無視する，軽視する」という意味の ignorer を使っています．

　このタイプの問題に備えるには，まず「成功する」⇔「失敗する」，「出席する」⇔「欠席する」など，ちょうど対になる動詞の組み合わせをできるだけ覚えておくことです．そして，こうした動詞を使って，肯定文が示されているときは，否定文で，否定文が示されているときは肯定文で，同等の意味の文が考えられるように練習することです．以下によく出題される動詞の組み合わせを挙げておきます．

continuer à / de 〜	〜し続ける	manquer	欠席する
ne pas cesser de 〜	〜するのをやめない	ne pas assister à	出席しない
ne pas arrêter de 〜	〜するのをやめない	s'absenter à	欠席する
se souvenir de	覚えている	garder	（場所に）留まる
ne pas oublier	忘れない	ne pas quitter	（場所を）離れない
se rappeler	思い出す	rester	（場所に）留まる
hésiter à 〜	〜するのをためらう	se moquer de	ばかにする
ne pas oser 〜	あえて〜しない	ne pas respecter	尊敬しない
refuser	拒む	empêcher de 〜	〜するのを妨げる
ne pas accepter	受け入れない	ne pas laisser 〜	（自由に）〜させない
interdire	禁止する	éviter	（事故などを）避ける
défendre	禁止する	ne pas avoir	（事故などに）遭わない
ne pas permettre	許可しない		
ne pas autoriser	許可しない		
tenir	保持する，守る	rater	失敗する
ne pas manquer	欠かさない	ne pas réussir	成功しない

それでは，これらを頭に入れて，以下の問題を解いてみましょう．

 練習問題 **5**

A，Bがほぼ同じ意味になるように，下の語群から1つずつ選び，必要な形にして（　）内に書き入れて下さい．同じものは1度しか使えません．

(1) A　Sur le chemin du retour, nous n'avons cessé de bavarder.

　　B　Sur le chemin du retour, nous (　　　　　　　) à bavarder.

(2) A　Marie refusera l'invitation de son camarade.

　　B　Marie n'(　　　　　　) pas l'invitation de son camarade.

(3) A　N'oublie jamais mes paroles.

　　B　(　　　　　　　) toujours de mes paroles.

(4) A　Il n'a assisté à aucun cours la semaine dernière.

　　B　Il (　　　　　　　) tous les cours la semaine dernière.

(5) A　Il me semble qu'elle hésite à dire la vérité.

　　B　Il me semble qu'elle n'(　　　　　　) pas dire la vérité.

      accepter　　　oser　　　　voir　　　manquer
      se souvenir　continuer　poser

A，B がほぼ同じ意味になるように，下の語群から１つずつ選び，必要な形にして（ ）内に書き入れて下さい．同じものは１度しか使えません．

. . . .

(1) A Le bruit des voitures ne m'a pas laissé dormir hier soir.

　　 B Le bruit des voitures m'(　　　　　　　) de dormir hier soir.

(2) A Le bateau reste dans le port depuis le mois dernier.

　　 B Le bateau ne (　　　　　　) pas le port depuis le mois dernier.

(3) A Faites attention à éviter les accidents.

　　 B Faites attention à ne pas (　　　　　) d'accidents.

(4) A Sa mère ne lui a pas permis de sortir ce matin.

　　 B Sa mère lui (　　　　　) de sortir ce matin.

(5) A Les gens se moquaient alors de ce docteur.

　　 B Les gens ne (　　　　　) pas alors ce docteur.

refuser	quitter	respecter	mettre
empêcher	avoir	interdire	

主語と目的語等が入れ替わっている場合

　2 つの文の間で主語と目的語等が入れ替わっている場合です．つまり，一方の文で目的語等だったものが，もう一方の文で主語になる場合で，大きく 3 つのパターンに分けられます．以下 (a), (b), (c) のパターンを解説していきますので，よく理解した上で，パターン別に動詞の組み合わせを覚えましょう．

(a)
oublier「忘れる」— échapper à「〜（人）の記憶から抜ける」

　J'(oublie) souvent le nom de cet homme.
　　私はしばしばその男の人の名前を忘れる．

　Le nom de cet homme m'(échappe) souvent.
　　その男の人の名前はしばしば私の記憶から抜けてしまう．

上の文で，oublier「忘れる」という他動詞の目的語の le nom de cet homme「この男の名前」が，下の文では主語になって同じ意味を表しています．échapper は，échapper à ～ で「～から逃げていく」という形で使う自動詞で，ここは「（名前が）私から逃げていく」m'échappe となっています．

　この échapper のように無生物を主語とする動詞を使って，一方の文で目的語だった無生物を主語にする場合が (a) のパターンです．フランス語では，日本語と違って，**「無生物」を主語とする構文がよく用いられるので，そのようなときに使われる動詞を覚え，「人」を主語とする構文との書き換えの練習をしておく**とよいでしょう．以下にいくつか例を挙げておきます．

・rétablir「治す」— guérir「治る」
　Ce remède (rétablira) leur père.
　Leur père (guérira) avec ce remède.
　彼らの父はその治療薬により健康を回復するであろう．

・améliorer「改善する」— aller mieux「よくなる」
　La nouvelle politique (a amélioré) la situation économique.
　La situation économique (est allée) mieux grâce à la nouvelle politique.
　経済状況は新たな政策のおかげでよくなった．

・développer「発展させる」— évoluer「発展する」
　Cette découverte (développera) davantage la technologie informatique.
　La technologie informatique (évoluera) davantage avec cette découverte.
　情報技術はその発見とともに大いに発展するであろう．

・divertir「楽しませる」— s'amuser à「楽しむ」
　Les jeux vidéo (divertissent) bien les enfants dans le train.
　Les enfants (s'amusent) bien aux jeux vidéo dans le train.
　子どもたちは列車のなかでテレビゲームをとても楽しんでいる．

・rendre「（状態に）する」— devenir「（状態に）なる」
　Les séjours à la campagne (rendent) Léa très calme.
　Léa (devient) très calme grâce aux séjours à la campagne.
　レアは田舎での滞在のおかげでとても落ち着く．

・trouver「～（名詞）を…（形容詞）と思う」— sembler「…（形容詞）と思われる」
　Léa (a trouvé) cette villa très charmante.
　Cette villa (a semblé) très charmante à Léa.
　レアはこの別荘をとてもすてきだと思った．

61

・aimer「好きである」— plaire à「〜（人）の気に入る」

Léa (aime) beaucoup <u>cette robe bleue</u>.

<u>Cette robe bleue</u> (plaît) beaucoup à Léa.

レアはこの青いドレスが大好きである.

・posséder「所有している」— appartenir à「所属している」

Théo (possède) <u>ce bateau</u>.

<u>Ce bateau</u> (appartient) à Théo.

テオはこの船を所有している.

・payer cher「高額を払う」— coûter cher「高くつく」

Nous (avons payé) très cher <u>ce voyage</u>.

<u>Ce voyage</u> nous (a coûté) très cher.

私たちはこの旅行に大変な高額を払った.

・publier「出版する」— sortir「世に出る」

Monsieur Dubois (a publié) <u>un roman</u> l'année dernière.

<u>Le roman</u> de Monsieur Dubois (est sorti) l'année dernière.

デュボワ氏の小説は昨年出版された.

・acheter「買う」— se vendre「売れる」

Au Japon, beaucoup de gens (achèteront) <u>ce smartphone</u>.

<u>Ce smartphone</u> (se vendra) bien au Japon.

そのスマートフォンは日本でよく売れるだろう.

(b)

construire「建築する」— être bâti「建てられる」

Un architecte japonais (a construit) <u>cet hôtel</u>.

ある日本人の建築家がこのホテルを建てた.

<u>Cet hôtel</u> (a été bâti) par un architecte japonais.

このホテルはある日本人の建築家により建造された.

　これは受動態を用いて書き換えるパターンです．上の文は「建築家がホテルを建てた」で，下の文は上の文で目的語だったホテルが主語となっていて，さらに（　　）のあとに動作主を表わす par があります．ですので，受動態を作ればいいと考えられますね．ただ問題の性質上，上下同じ動詞を使うことはないので，**同義語の受動態に置き換える**ということがポイントです．

　上の文の動詞は construire の能動態ですから，それを受動態にすれば être construit という基本形ができます．そして construire の同義語の bâtir に置き換えて être bâti とし，それを複合過去形にして a été bâti としたものが下の文です．

また，逆に bâtir が能動態で construire が受動態 a été construit という形をとることもあります．

　このパターンになる組み合わせを以下に挙げておきますので，ぜひ覚えておいて下さい．

> ・arrêter「捕まえる」— être capturé「捕まる」
> La police (a arrêté) les coupables hier soir.
> Les coupables (ont été capturés) par la police hier soir.
> 警察は容疑者たちを昨晩捕まえた．
>
> ・permettre「許可する」— être autorisé「許可される」
> Le médecin (a permis) à Paul de sortir de l'hôpital.
> Paul (a été autorisé) par le médecin à sortir de l'hôpital.
> 医者はポールに退院を許可した．
>
> ・surprendre「驚かせる」— être étonné de「驚く」
> La visite soudaine de sa tante l' (a surpris).
> Il (a été étonné) de la visite soudaine de sa tante.
> 彼はおばの突然の訪問に驚いた．

(c)

remettre「渡す」— recevoir「受け取る」
Georges vient de (remettre) un cadeau à Françoise.
ジョルジュはフランソワーズに贈り物を渡したところだ．

Françoise vient de (recevoir) un cadeau de Georges.
フランソワーズはジョルジュから贈り物を受け取ったところだ．

　これは，主語と目的語等が入れ替わったときに，(b) のように同義語の受動態を使うのではなく，対の意味になる動詞を用いる場合です．上の文では remettre 〜 à ... を使って「ジョルジュがフランソワーズに贈り物を渡す」となっているのに対し，下の文では主語がフランソワーズになり，前置詞も de に変わって，(ジョルジュから贈り物を)「受け取る」という意味の recevoir を使っています．この「渡す」「受け取る」や「売る」「買う」のように，基本的には人同士が**互いに相手に対して物を介して「ある行為」をするとき，立場によって動詞が変化する場合**があります．**その動詞をペアで覚えておく**ことがここでの問題のカギとなります．

　以下に，そのパターンの代表例を挙げておきます．

・prêter「貸す」— emprunter「借りる」

    Théo (prête) ce vélo à Léa.

    Léa (emprunte) ce vélo à Théo.

    テオはこの自転車をレアに貸す.

・parler de「話す」— apprendre「知る」

    Théo (a parlé) à Léa de cet événement.

    Léa (a appris) cet événement par Théo.

    テオはレアにその出来事について話した.

・vendre「売る」— acheter「買う」

    Théo (vendra) cette villa à Léa.

    Léa (achètera) cette villa à Théo.

    テオはこの別荘をレアに売るであろう.

・profiter de「利用する」— aider à「〜（人）に役立つ」

    Nous (avons profité) de ces documents.

    Ces documents nous (ont aidés).

    これらの資料は私たちに役立った.

　それでは，この３つのパターンの書き換えを実践する練習問題にチャレンジしてみましょう.

練習問題 7

A，B がほぼ同じ意味になるように，下の語群から１つずつ選び，必要な形にして（　）内に書き入れて下さい．同じものは１度しか使えません．

(1) A Le projet qu'ils ont conçu développera cette ville.

   B Cette ville (　　　　　　　　) à l'aide du projet qu'ils ont conçu.

(2) A Vous allez bientôt guérir avec ce médicament.

   B Ce médicament va bientôt (　　　　　　　　) votre santé.

(3) A Jouer à la poupée divertissait toujours Alice.

   B Alice (　　　　　　　) toujours à jouer à la poupée.

(4) A Cet oiseau a été capturé par Alain dans son jardin.

   B Alain (　　　　　　　) cet oiseau dans son jardin.

(5) A C'est par ce jeune architecte que le musée a été bâti.

   B C'est ce jeune architecte qui (　　　　　　　) le musée.

   rétablir   envoyer   participer   s'amuser
   construire   attraper   évoluer

3

同じ意味の文を作る問題

65

A，B がほぼ同じ意味になるように，下の語群から 1 つずつ選び，必要な形にして（　）内に書き入れて下さい．同じものは 1 度しか使えません．

(1) A À cette époque-là, mes parents possédaient cette villa.

　　B À cette époque-là, cette villa (　　　　　　　) à mes parents.

(2) A Mon oncle me prêtera sa voiture.

　　B J' (　　　　　　　) sa voiture à mon oncle.

(3) A J'aime beaucoup voyager seul.

　　B Ça me (　　　　　　　) beaucoup de voyager seul.

(4) A C'est Jacques qui nous a donné de leurs nouvelles.

　　B C'est de Jacques que nous (　　　　　　　) de leurs nouvelles.

(5) A On n'utilise plus ces expressions ces derniers temps.

　　B Ces expressions ne (　　　　　　　) plus ces derniers temps.

plaire	envoyer	appartenir	apprendre
s'employer	emprunter	recevoir	

4 つのタイプが複合している場合

　これまで学んできた 4 つのタイプの要素を 2 つ以上あわせ持っている場合があります．ここを押さえれば，第 3 問の対策は完成です．今までで学んだパターンを思い出しながら，書き換えのための語彙力を増強していけばよいでしょう．また，ここに挙げられている表現は，第 5 問以降の長文問題の理解にも役立ちますので，ぜひ覚えておきましょう．

・ne pas bavarder「おしゃべりをしない」── garder le silence「静粛を保つ」
　On ne doit pas (bavarder) à la bibliothèque.
　Il faut (garder) le silence à la bibliothèque.
　図書館でおしゃべりをしてはならない．

ここでは on doit ～と il faut ～はともに「～しなければならない」ということ
で同等の意味となっていて，上の文は否定形，下の文では肯定形ですから，反対
の意味の動詞を選ぶタイプの1つです．ただ，「おしゃべりする (bavarder)」に
否定 (ne + pas) を加えて「おしゃべりしない」という内容を，1語の動詞では
なく garder le silence「静粛を保つ」と他動詞＋直接目的語という形で置き換え
ているところに気をつければよいだけです．

> ・fatiguer「疲れさせる」— épuiser「疲れさせる」
> Ses plaisanteries nous (fatiguaient) souvent.
> Elle nous (épuisait) souvent avec ses plaisanteries.
> 彼女の冗談は，しばしば私たちを疲れさせた．

　上の文が ses plaisanteries「彼女の冗談」が主語になっているのに対し，下の
文は elle「彼女」が主語になっています．いわゆる「無生物」が主語となる構文と，
「人」が主語となる構文との書き換えの問題です．60 ～ 62 ページでも無生物を
主語とする文とその書き換えを学びましたが，それと違う点は，上の文の
fatiguer「疲れさせる」の直接目的語である nous が下の文で主語にならず，elle
が主語となって，やはり「疲れさせる」という意味の épuiser という別の他動詞
を使っている点です．
　通常の日本語の話し言葉では，「彼女は私たちを疲れさせる」などとは言いま
せんが，épuiser のような動詞はよく出題されます．ただ，出題される動詞は限
られているので，例文や練習問題に挙がっているものを覚えておけば大丈夫で
す．
　以下に，これまで学んだタイプが複合している例文を挙げておきます．しっか
り確認しておきましょう．

> ・neiger beaucoup「大雪が降る」— avoir beaucoup de neige「多くの雪が降る」
> Dans notre région, il (neigera) beaucoup cet hiver.
> Nous (aurons) beaucoup de neige cet hiver dans notre région.
> 私たちの地方では，この冬は大雪が降るであろう．
>
> ・obliger「強いる」— devoir「～しなければならない」
> Une affaire urgente m'(oblige) à partir tôt demain matin.
> Je (dois) partir tôt demain matin à cause d'une affaire urgente.
> 私は急用のために明朝早く出発しなければならない．
>
> ・pouvoir「～できる」— permettre「～するのを可能にする」
> Comme il fait beau, nous (pourrons) déjeuner à la terrasse.
> Le beau temps nous (permettra) de déjeuner à la terrasse.
> 天気がよいから，テラスで昼食をとることができるだろう．

・ne pas marcher「機能しない」— être en panne「故障している」

L'horloge ne (marche) pas depuis trois jours.

L'horloge (est) en panne depuis trois jours.

大時計は 3 日前から故障している.

・échapper à「〜（人）の記憶から抜ける」— ne pas se souvenir de「思い出せない」

Son nom m'(échappe) complètement.

Je ne (me souviens) plus du tout de son nom.

私はもはや彼の名前がまったく思い出せない.

・se terminer「終わる」— mettre fin à「〜を終わらせる」

La grève (s'est terminée) à midi.

On (a mis) fin à la grève à midi.

ストは正午に終わった.

・interdire「禁じる」— être défendu「禁じられている」

On (interdit) de fumer en marchant.

Il (est défendu) de fumer en marchant.

歩きながらタバコを吸うのは禁じられている.

・dire la vérité「真実を言う」— ne pas mentir「嘘をつかない」

Ils (disent) toujours la vérité.

Ils ne (mentent) jamais.

彼らは決して嘘をつかない.

・dormir jusqu'à「〜まで眠る」— se réveiller à「〜に目覚める」

Tous les matins, Émilie (dort) jusqu'à sept heures.

Tous les matins, Émilie (se réveille) à sept heures.

毎朝, エミリーは 7 時に目を覚ます.

それでは, 4 つのタイプが複合している問題にチャレンジしましょう.

A，B がほぼ同じ意味になるように，下の語群から 1 つずつ選び，必要な形にして ( ) 内に書き入れて下さい. 同じものは 1 度しか使えません.

(1) A Le président a fait quitter son poste au Premier ministre.

   B Le président (   ) le Premier ministre.

(2) A Pouvez-vous aller à la gare avec eux ?

   B Pouvez-vous les (   ) à la gare ?

(3) A Le chauffage était en panne depuis la veille.

   B Le chauffage ne (   ) pas depuis la veille.

(4) A Le nombre d'étrangers augmentera dans ce quartier.

   B Les étrangers (   ) de plus en plus nombreux dans
      ce quartier.

(5) A Ce jour-là, Éric ne pouvait pas sortir à cause du mauvais temps.

   B Ce jour-là, le mauvais temps (   ) Éric de sortir.

    être   renvoyer   marcher   voir
    sortir   empêcher   accompagner

A, B がほぼ同じ意味になるように，下の語群から 1 つずつ選び，必要な形にして（ ）内に書き入れて下さい．同じものは 1 度しか使えません．

(1) A L'avion est arrivé en retard en raison du brouillard épais.

   B Le brouillard épais (　　　　　　　) l'arrivée de l'avion.

(2) A Nous partageons vos idées.

   B Nous (　　　　　) de votre avis.

(3) A Indiquez-moi le chemin pour aller à la gare de Lyon.

   B (　　　　　)-moi comment aller à la gare de Lyon.

(4) A À ce moment-là, j'avais besoin de 10 000 euros pour mes affaires.

   B À ce moment-là, il me (　　　　　) 10 000 euros pour mes affaires.

(5) A L'orage a interrompu temporairement la parade.

   B On (　　　　　) la parade temporairement à cause de l'orage.

falloir　　　ouvrir　　　être　　　montrer
retarder　　rester　　　cesser

A, B がほぼ同じ意味になるように, 下の語群から 1 つずつ選び, 必要な形にして ( ) 内に書き入れて下さい. 同じものは 1 度しか使えません.

(1) A Elles ont pu faire une bonne promenade grâce au temps agréable.

B Le temps agréable leur (   ) de faire une bonne promenade.

(2) A Pour vous, il sera facile d'achever ce travail avant ce soir.

B Vous (   ) facilement ce travail avant ce soir.

(3) A Le froid n'était pas sévère à la fin du mois dernier.

B Il ne (   ) pas très froid à la fin du mois dernier.

(4) A Je vais partager un appartement avec une camarade.

B Je vais (   ) dans un appartement avec une camarade.

(5) A Ton frère dort bien. Laisse-le tranquille.

B Ton frère dort bien. Ne le (   ) pas.

vivre   rendre   permettre   échapper
déranger   terminer   faire

　これで第 3 問に出題される 5 つのタイプをすべて学びました. それでは最後に, すべてのタイプを網羅した総合練習問題にチャレンジして, 実力を確かなものにしましょう. この第 3 問を実際に解くときには, まずわかるものから埋めていくことが大事です. ある問いですぐに答えが思いつかなくても, 慌てずに他の問いの答えを埋めていけば, 選択肢の動詞は限られていますから, 消去法で答えが見えてくるはずです. また, ふだんの勉強では, 他の問題の解答や解説のなかに同義語や反意語が挙がっていたら, 第 3 問に役立つかもしれないということを考えて, 必ずチェックをしておきましょう. さらにここで動詞の使い方を熟知しておけば, 第 5 問以降の長文問題にも必ず役に立ちます.

A，B がほぼ同じ意味になるように，下の語群から 1 つずつ選び，必要
な形にして（ ）内に書き入れて下さい．同じものは 1 度しか使えません．

(1) A L'augmentation du coût de la vie ne s'arrêtera pas.

　　 B Le coût de la vie ne (　　　　　　) pas d'augmenter.

(2) A Montre-moi ces photos, s'il te plaît.

　　 B (　　　　　　)-moi voir ces photos, s'il te plaît.

(3) A Le climatiseur est en panne depuis ce matin.

　　 B Le climatiseur ne (　　　　　) pas depuis ce matin.

(4) A Sa santé allait mieux grâce à un rythme de vie régulier.

　　 B Un rythme de vie régulier (　　　　　) sa santé.

(5) A Combien as-tu payé cette voiture ?

　　 B Ça t'(　　　　　) combien, cette voiture ?

　　　　　rester　　cesser　　améliorer　　coûter
　　　　　devoir　　marcher　　faire

72

総合練習問題 2

A, B がほぼ同じ意味になるように，下の語群から 1 つずつ選び，必要
な形にして ( ) 内に書き入れて下さい．同じものは 1 度しか使えません．

(1) A Je lui ai téléphoné hier soir.

　　B Je lui (　　　　　　　　) un coup de téléphone hier soir.

(2) A Comment trouvez-vous ce tableau ?

　　B Qu'est-ce que vous (　　　　　　　) de ce tableau ?

(3) A Le médecin m'a conseillé un régime.

　　B Le médecin m' (　　　　　　　) un régime.

(4) A N'éteins pas la lampe. Il fait encore noir.

　　B (　　　　　　) la lampe allumer. Il fait encore noir.

(5) A Le nom de ce restaurant échappait toujours à Pierre.

　　B Pierre (　　　　　　) toujours le nom de ce restaurant.

oublier　　　　donner　　laisser　　permettre
recommander　　savoir　　dire

A, B がほぼ同じ意味になるように，下の語群から 1 つずつ選び，必要な形にして（ ）内に書き入れて下さい．同じものは 1 度しか使えません.

(1) A Il a beaucoup plu le mois dernier.

 B Nous (　　　　　　　) beaucoup de pluie le mois dernier.

(2) A Vous avez besoin d'écouter les autres.

 B Il vous (　　　　　　) écouter les autres.

(3) A Lorsqu'il est entré dans la salle, personne ne bavardait.

 B Lorsqu'il est entré dans la salle, on (　　　　　　) le silence.

(4) A Les films de ce réalisateur ne nous intéressent pas.

 B Les films de ce réalisateur ne nous (　　　　　　) rien.

(5) A Tout le monde a été étonné de ton départ soudain.

 B Ton départ soudain (　　　　　　) tout le monde.

    tenir   avoir   dire   surprendre
    falloir   voir   garder

A，B がほぼ同じ意味になるように，下の語群から 1 つずつ選び，必要な形にして（　）内に書き入れて下さい．同じものは 1 度しか使えません．

(1) A Les enfants sont de moins en moins nombreux au Japon.

　　 B Le nombre d'enfants (　　　　　　) au Japon.

(2) A Indiquez-moi où est le bureau de change, s'il vous plaît.

　　 B Savez-vous où (　　　　　　) le bureau de change ?

(3) A La grève nous a obligés à reporter notre voyage.

　　 B Nous (　　　　　　) reporter notre voyage en raison de la grève.

(4) A Il n'écoutait pas ses parents quand il était petit.

　　 B Il n'(　　　　　　) pas à ses parents quand il était petit.

(5) A Elles ne font que ce qui leur plaît.

　　 B Elles ne font que ce qu'elles (　　　　　　).

mener　　　　obéir　　　　diminuer　　aimer
se trouver　　se porter　　devoir

A，B がほぼ同じ意味になるように，下の語群から 1 つずつ選び，必要な形にして（　）内に書き入れて下さい．同じものは 1 度しか使えません．

(1) A Éric est allé à l'aéroport dans la voiture de Nicolas.

 B Nicolas (　　　　　　　　) Éric à l'aéroport.

(2) A Passe sur un pont, s'il te plaît.

 B (　　　　　　　　) un pont, s'il te plaît.

(3) A Les gens du monde entier achètent ce nouveau modèle.

 B Ce nouveau modèle (　　　　　　　　) partout dans le monde.

(4) A Il vous faudrait changer d'idée.

 B Vous (　　　　　　　) changer d'idée.

(5) A J'étais sûr de ta parole.

 B Je ne (　　　　　　　) pas de ta parole.

conduire devoir   douter   envoyer
jeter   se vendre traverser

A，B がほぼ同じ意味になるように，下の語群から 1 つずつ選び，必要な形にして（　）内に書き入れて下さい．同じものは 1 度しか使えません．

(1) A L'arrivée du train a été retardée d'un quart d'heure.

　B Le train (　　　　　　　　) avec 15 minutes de retard.

(2) A Sophie sera très contente de cette nouvelle.

　B Cette nouvelle (　　　　　　　　) Sophie très contente.

(3) A La pluie a déjà cessé.

　B Il ne (　　　　　　) plus.

(4) A Personne ne comprenait ce mot allemand.

　B Personne ne (　　　　　　) ce que voulait dire ce mot allemand.

(5) A Mes grands-parents sont en bonne santé.

　B Mes grands-parents (　　　　　　) bien.

arriver	pleuvoir	rendre	savoir
se mettre	se porter	tomber	

筆記試験 3

同じ意味の文を作る問題

第4問は，対話を完成させるために，選択肢のなかから適切な語（句）を選ぶ問題です．問題5つに対して，選択肢が7つあります．1問2点の配点です．この章では，どの語（句）が与えられたシチュエーションに最もふさわしいのかを見極める力を養います．まずは，過去問題を確認しましょう．

過去問題

次の対話(1)〜(5)の（　）内に入れるのに最も適切なものを，下の①〜⑦のなかから1つずつ選び，解答欄のその番号にマークしてください．ただし，同じものを複数回用いることはできません．なお，①〜⑦では，文頭にくるものも小文字にしてあります．　　　　　　(配点10)

(1) — Elle est vraiment très riche, n'est-ce pas ?
　　 — Oui. Elle achète tout (　　　) qu'elle veut.

(2) — Il reste encore beaucoup de gâteaux ?
　　 — Non, il n'(　　　) reste qu'un.

(3) — Mes ciseaux sont cassés.
　　 — Tenez, utilisez (　　　).

(4) — Monsieur, vous allez prendre quel pantalon ?
　　 — (　　　) qui se trouve au milieu.

(5) — Qui a réussi, Anne ou Marie ?
　　 — Ni l'(　　　) ni l'autre.

① aucune　　② ce　　③ celui　　④ en
⑤ les miens　　⑥ une　　⑦ y

解答番号	解答欄
(1)	① ② ③ ④ ⑤ ⑥ ⑦
(2)	① ② ③ ④ ⑤ ⑥ ⑦
(3)	① ② ③ ④ ⑤ ⑥ ⑦
(4)	① ② ③ ④ ⑤ ⑥ ⑦
(5)	① ② ③ ④ ⑤ ⑥ ⑦

(2018年度秋季)

78

(1) ②　　　(2) ④　　　(3) ⑤　　　(4) ③　　　(5) ⑥

(1)　Elle est vraiment très riche, n'est-ce pas ? — Oui. Elle achète tout (ce) qu'elle veut.
　　「彼女は本当にすごい金持ちじゃない？ — うん．欲しいものはすべて買ってしまうんだ.」
　　　まず，問題の空欄に続く qu'elle veut の動詞 veut に直接目的語が見当たりません．ですので，que (qu') は関係代名詞であり，問題の空欄は que の直前ですから，問われているのは qu'elle veut の先行詞になるものである，と理解できます．選択肢の中から探すと，ce と celui の 2 つに絞ることができます．celui は「すでに登場した，単数の男性名詞」を受けるのに対し，ce は「（〜な）もの／こと」といったように，漠然とした内容を受けます．ですので，本問では ce が正解になります．なお，tout ce que 〜「〜なもの／ことすべて」という表現はよく使われる表現ですので，覚えておきましょう．

(2)　Il reste encore beaucoup de gâteaux ? — Non, il n' (en) reste qu'un.
　　「ケーキはまだたくさん残っているかい？ — いや，1 つしか残ってないんだ.」
　　　まずは，空欄の直前が n' とエリジョンになっていますね．さらにこの空欄は，非人称構文 il reste ＋名詞「〜が残っている」の動詞 rester の直前に位置しています．これだけで解答が④ en か⑦ y に絞られます．次に，質問文中にある gâteaux が応答文に現れていないことから，これの繰り返しを避けるために使われている代名詞が問題になっていることに気づきます．この gâteaux に数量表現の beaucoup de が付いていることから，応答文の中でこの語句の繰り返しを避けるには，「数・量を表わす語句＋名詞」を受けることができる代名詞，つまり中性代名詞 en が入ることが分かります．

(3)　Mes ciseaux sont cassés. — Tenez, utilisez (les miens).
　　「私のハサミは壊れてしまっているんですよ．— どうぞ，私のものをお使いなさい.」
　　　質問文で ciseaux「ハサミ」が話題になっていて，しかもそれが「壊れた」と言っています．応答文で「使ってください」と言っているのですから，空欄には当然 mes ciseaux「私のハサミ」が入るでしょう．つまり，繰り返しを避けるために「ハサミ」を言い換える代名詞を探すことになります．問題の ciseaux「ハサミ」は男性名詞であり，また複数形なので，選択肢の中から探すと，les miens「私のもの」が見つかります．

(4)　Monsieur, vous allez prendre quel pantalon ? — (Celui) qui se trouve au milieu.
　　「お客さま，どのズボンになさいますか？ — 真ん中にあるもので（お願いします).」
　　　まず注目したいのは，応答文にある qui 以降の文に主語が欠けていることです．この qui が関係代名詞であることはすぐわかりますね．その直前が空欄になっていることから，ここでは qui の先行詞に入る語が問われていることに気づきます．それは② ce と③ celui のどちらかしかありません．やりとりの内容を見ると，そもそも代名詞を用いないのならば，（　　　）には le pantalon が入ると考えられます．この le pantalon のように関係詞節を伴い，特定化された名詞の繰り返しを避けるために用いられるのは，男性・女性および単数・複数の区別があり，具体的なものを受ける指示代名詞の celui の方ですので，これを選びましょう．

(5) Qui a réussi, Anne ou Marie ? — Ni l' (une) ni l'autre.
「誰がうまくいったの，アンヌ？それともマリー？ ― どちらもうまくいきませんでした.」

　　質問の内容から考えると，応答文は「（アンヌかマリーか）どちらか一方がうまくいった」「どちらもうまくいった」「どちらもうまくいかなかった」のどれかになるでしょう．応答文を見ると，ni A ni B「A も B も～ない」の形が使われ，さらに（一方に対する）「他方」を意味する l'autre があります．とすると ni A にあたる空欄には「（アンヌかマリーのどちらか）一方」という意味の語が入るはずです．l'un(e) ～ l'autre（「一方」「他方」）という対称表現を知っていれば，アンヌもマリーも女性であることから，正解を導けます．また，このように空欄の直前がエリジョンになっていることも大きなヒントとなり得ます．本文でも示したように，ni A ni B のような対称構造をとって相互関係を表す表現としては，l'un(e) et l'autre「どちらも」，l'un(e) ou l'autre「どちらか」，ni l'un(e) ni l'autre「どちらも～ない」，l'un(e) l'autre「互いに」，les un(e)s les autres「互いに」などがあります．

　　過去問題を解いてみていかがでしたか．出題範囲が 3 級までの範囲よりもさらに広がっています．そして問題の難易度もあがっていますが，その内容はほとんどが代名詞に関する問題です．この準 2 級における出題は代名詞の文法的な集大成といえるでしょう．「習うより慣れろ！」をモットーに，練習問題の数をこなしていきましょう．でもその前に，さまざまな代名詞を簡潔に説明しますので，確認や復習に役立てて下さい．

↻ 不定代名詞

　　漠然と不特定な内容を示す代名詞のことをいいます．ほとんど名詞的に使われます．性・数の変化をするものとしないものがあります．変化しないものは常に単数扱いです．準 2 級では，特にこの不定代名詞が出題されるケースがめだちますので，しっかり把握しておきましょう．それぞれの用法に合わせて 3 つのグループに分けて紹介します．

1) 否定の ne (n') とともに使われるグループ
　　問題文に否定の ne (n') を見つけたら，すぐに選択肢の中から，このグループの不定代名詞を探し出しましょう．

aucun(e)	誰ひとり～ない／何ひとつ～ない	
personne	誰も～ない	**rien** 何も～ない

- aucun(e)：「誰も～ない」,「どれも～ない」　ne (n') や sans とともに.

  Aucune d'elles *n'*est venue.　　彼女たちのうちの誰も来なかった.

- personne：「誰も～ない」　人に対して. ne (n') や sans とともに.

  Tu *n'*as vu personne ?　　誰も見なかった？

  注：後ろに de (d') ＋形容詞を伴う場合は,「～のような人は誰も…ない」という意味になります.

- rien：「何も～ない」　ものに対して. ne (n') や sans とともに.

  Il *n'*y a rien à ajouter.　　何も付け加えることはない.

  Il *n'*y a rien de nouveau ici.　　ここには目新しいものは何もない.

  注：後ろに de (d') ＋形容詞を伴う場合は,「～のようなものは何も…ない」という意味になります.

2) 不定の数量を示すグループ

　不特定の一部分を示す代名詞のグループです. 後ろに de ＋複数名詞を伴って「～のうちの…」というように使われます.

un(e)	1人／1つ	certain(e)s	何人か／いくつか
chacun(e)	それぞれ／各自	quelques-un(e)s	何人か／いくつか
		plusieurs	何人も／いくつも
quelqu'un(e)	誰か	quelque chose	何か

- un(e)：「～の1人」,「～の1つ」

  Un *de mes amis* est venu me voir.　　友人の1人が私に会いに来た.

- certain(e)s：「～のなかのある人たち」,「～のなかのいくつかのもの」

  Certains *d'entre eux* sont contre.　　彼らのうち何人かは反対している.

- chacun(e)：「～のなかのそれぞれ」

  Chacun *de vous* a fait votre devoir.　　あなたがたはめいめい義務を果たした.

  注：1. 文脈によって後ろの de (d') ＋複数名詞が省略されることがあります.
  2. 初めて話題になった場合, de (d') ＋複数名詞を伴わない chacun, certains, quelques-uns, plusieurs は, 男性形で人に対してのみ使われます.

- quelques-un(e)s：「～のなかの何人か」,「～のなかのいくつか」

  Tu as vu quelques-uns *des films de Godard* ?

  ゴダールの映画をいくつか見たの？

- plusieurs：「～のなかの何人も」,「～のなかのいくつも」

  J'ai lu plusieurs *de vos livres*.　　あなたの本を何冊も読みました.

- quelqu'un：「誰か」

    Il y a quelqu'un ?　　　　　　　　　　　誰かいますか？

    C'est quelqu'un *de très sympa.*　　　　彼はとても感じのいいやつだよ.

> 注：後ろに de (d') ＋形容詞あるいは関係代名詞を伴う場合は,「～のような人」という意味になります.

- quelque chose：「何か」

    Tu as quelque chose à faire ?　　何かすることあるの？

    Il y a quelque chose *d'intéressant* ?　　何かおもしろいことはありますか？

> 注：後ろに de (d') ＋形容詞あるいは関係代名詞を伴う場合は,「何か～のようなもの」という意味になります.

3) その他のグループ

　残りは, ほかの語との組合せでよく使われる autre(s) と「全体」を表す tout, tous, toutes です.

autre	ほかの１人／ほかの１つ	autres	ほかの人たち／ほかのいくつか
tout	すべて	tous / toutes	みんな, 全員

注：tout はものに, tous / toutes は人に対して使います.

- autre(s)：「ほかの人, ほかの人々」 人を指します.

    Elle ne dit que du mal des autres.　　　彼女は他人の悪口しか言わない.

    L'un rit, l'autre pleure.　　　　　　　ある人は笑い, ほかの人は泣く.

> 注：1. autre(s) は, 次のような組合せでよく用いられます. l'un(e) ... , l'autre ... / les un(e)s ... , les autres ... / certains ... , d'autres ... など.（p.83 参照）
> 2. autre chose「別のもの, 別のこと」 ものやことを示します.
> 3. 不定形容詞としてもよく使われます.
> Donnez-moi un autre café.　「もう１杯コーヒー下さい.」

- tout：「すべて, 全部」 ものごとを指します.

    Tout va bien.　すべて順調です. / J'ai tout compris.　すべて分かった.

- tous, toutes：「みんな, 全員」 人を指します.

    Ils sont tous présents.　　彼らは全員出席している.

次の（　）内に入れるのに最も適切なものを，下の①〜⑧のなかから1つずつ選びなさい．ただし，同じものを複数回用いることはできません．なお，①〜⑧では，文頭にくるものも小文字にしてあります．

(1) Elles sont (　　　　) heureuses.

(2) Il n'y a (　　　　) de nouveau chez nous.

(3) Tu as (　　　　) à manger ?

(4) (　　　　) d'entre eux n'a été sélectionné pour l'équipe nationale de football.

(5) Est-ce que vous avez élevé vos deux fils de la même façon ?

— Oui, j'ai donné à (　　　　) la même éducation.

(6) Elle raconte sa vie privée aux uns et aux (　　　　).

① autres　　② quelque chose　③ toutes　　④ rien
⑤ plusieurs　⑥ aucun　　　　⑦ chacun　　⑧ quelqu'un

不定代名詞を使う熟語

rien du tout	まったく何も	rien à faire	どうしようもない
sans rien +不定詞	何も〜せずに	rien de spécial	別に何もない
l'un(e) et l'autre	どちらも	quelqu'un d'autre	誰かほかの人
l'un(e) ou l'autre	どちらか	ni l'un(e) ni l'autre	どちらも〜ない
l'un(e) l'autre	互いに	les un(e)s les autres	互いに
avant tout	何よりも	après tout	要するに
en tout	全部で	de tout	何でもひととおり
malgré tout	それでもなお	C'est tout.	それがすべてだ．以上
de quoi +不定詞	〜するもの，〜するのに必要なもの		

⌒ 指示代名詞

　人やものについて「これ」、「それ」、「あれ」と示す代名詞です．指示する名詞によって性・数の変化をするものとしないものがあります．また，関係代名詞の先行詞として使われる指示代名詞もあります．特に，後者の指示代名詞が準2級で出題されるケースが多いです．

1) 性・数の変化をしない指示代名詞

ce　　ceci　　cela　　ça

・**ce**：être の主語／関係代名詞の先行詞
　C'est une voiture.　　　　　　　　これは1台の車です．
　C'est ce à quoi je pensais !　　　それが考えてたことだよ！

・**ceci, cela**：「これ」、「あれ」の対比
　J'aime mieux ceci que cela.　　　あれよりこれのほうが好きです．

・**cela, ça**：「これ」　一般的に使う指示代名詞　（ça は cela の口語形）
　Cela va sans dire.　　　　　　　　言うまでもない．
　Cela n'a pas d'importance.　　　　そんなことはどうでもいい．
　Ça va bien ?　　　　　　　　　　　お元気ですか？
　Ça te plaît ?　　　　　　　　　　　気に入ったかい？

2) 性・数の変化をする指示代名詞

男性単数	女性単数	男性複数	女性複数
celui	celle	ceux	celles

・既出の名詞を指す場合：単独で用いられず，de (d') ＋名詞か関係代名詞を伴います．
　Ces lunettes sont celles *de ma mère*.　　このメガネは私の母のものです．
　De ces livres, lequel est celui *que tu préfères* ?
　これらの本のなかで，好きなのはどれ？

・-ci, -là を伴って，遠近の対比を示します．
　De ces deux tableaux, lequel préférez-vous, celui-*ci* ou celui-*là* ?
　この2枚の絵のうちでどちらをお好きですか，こちらですか，それともあちらですか？

・不特定な人を表す場合：人だけを指します.

Ceux qui travaillent bien avec ce livre réussissent aux examens.

この本でしっかり勉強する人は，試験に合格します.

練習問題 ❷

次の（　）内に入れるのに最も適切なものを，下の①〜⑥のなかから1つずつ選びなさい．ただし，同じものを複数回用いることはできません．なお，①〜⑥では，文頭にくるものも小文字にしてあります.

(1) De ces cravates, prends (　　　) qui te plaît.

(2) (　　　) qui ont vu ce film ont tous été émus.

(3) Je fais (　　　) que je veux !

(4) Ils sont tous arrivés ?　— Oui, mais (　　　) qui est arrivé le dernier avait 20 minutes de retard.

① celui　　② cela　　③ ce　　④ celle
⑤ ceux　　⑥ celles

関係代名詞

関係代名詞は，複文で先行詞を修飾する関係節をつくります．3級では，qui, que, dont, où が出題対象になっています．準2級では，主に複合形と呼ばれる« 前置詞＋qui »や« 前置詞＋quoi »と，先行詞の性・数によって使い分ける« 前置詞＋lequel, laquelle, lesquels, lesquelles »に注目して下さい.

単純形：先行詞の働きによって使い分けます.

qui	先行詞が関係節の主語になる人・ものを表す
que	先行詞が関係節の直接目的語になる人・ものを表す
dont	先行詞が関係節の名詞や動詞や数量表現と de (d') を伴って関係する
où	先行詞が関係節の場所や時，状態を表す

複合形：先行詞の性質によって使い分け，先行詞の働きは関係節の間接目的語や
状況補語を表します．

先行詞	関係代名詞の形
人	**前置詞＋ qui**
不定のことがら	**前置詞＋ quoi**
もの（稀に人）	**前置詞＋ lequel, laquelle, lesquels, lesquelles**
à ⇒	**auquel, à laquelle, auxquels, auxquelles**
de ⇒	**duquel, de laquelle, desquels, desquelles**

1) 前置詞＋ qui

先行詞が関係節と前置詞を伴って関係する場合に使います．前置詞が単独の
de (d') のときは dont を使います．

> Je connais la fille *avec* qui il est sorti hier.
> 彼が昨日一緒に出かけた女の子を知っています．

2) 前置詞＋ quoi

先行詞が関係節と前置詞を伴って関係する場合に使います．先行詞は，ce,
quelque chose, rien など不定のものやこと，そして前文の内容になります．

> Tu comprends ce *à* quoi je pense ?　　　私が考えていることが分かる？
>
> 注：« de quoi ＋不定詞 » は，「〜するもの」を意味する熟語表現として覚えましょう．例えば，de
> quoi écrire「何か書くもの」や de quoi boire「何か飲むもの」というような表現がよく使わ
> れます．

3) 前置詞＋ lequel, laquelle, lesquels, lesquelles

先行詞の性・数によって使い分けます．先行詞が人の場合は，その曖昧さを避
けるためなどに使います．

> Voici le stylo *avec* lequel mon grand-père écrivait.
> これが私の祖父が使っていたペンです．
>
> Voilà le projet auquel je pense toujours.
> これがいつも私が考えている計画です．

86

Où se trouve la station de métro *près de* laquelle Marie habite ?
マリーが住んでいるところの近くの地下鉄の駅はどこにあるの？

練習問題❸

　次の（　）内に入れるのに最も適切なものを，下の①〜⑥のなかから１つずつ選びなさい．ただし，同じものを複数回用いることはできません．

(1) C'est la raison pour (　　　　) Jeanne est absente.

(2) Voilà les questions (　　　　) je dois répondre.

(3) Est-ce que vous avez de (　　　　) boire ?

(4) Je me souviens de ce café à côté (　　　　) il y avait une librairie avant.

(5) C'est une amie en (　　　　) j'ai confiance.

① auxquelles　　② qui　　③ dont　　④ duquel
⑤ laquelle　　⑥ quoi

　疑問代名詞は，人について問う「誰」やものについて問う「何」を表します．人とものとで形が区別され，性・数で使い分けるものもあります．関係代名詞と同じ形なので気をつけてください．準2級では性・数によって使い分けるものと quoi（que の強勢形）が出題対象となるでしょう．

4

対話完成穴埋め問題

87

1) 前置詞のない場合

対象	形態	主語	直接目的語
人	単純形	Qui	Qui
	複合形	Qui est-ce qui	Qui est-ce que (qu')
もの	単純形	—	Que (Qu')
	複合形	Qu'est-ce qui	Qu'est-ce que (qu')

2) 前置詞のある場合

対象	形態	間接目的語・状況補語
人	単純形	前置詞 + qui ：à qui, de qui, pour qui など
もの	単純形	前置詞 + quoi：à quoi, de quoi, pour quoi など

À qui pensez-vous ?	誰のことを考えているのですか？
De quoi parlez-vous ?	何について話しているのですか？
C'est quoi ?	これは何ですか？（くだけた言い方）
Je ne sais pas quoi faire.	何をしていいのか分からない．

注：quoi は単独で使われる場合もあります．

3) 性・数によって使い分ける場合

	男性単数	女性単数	男性複数	女性複数
単独／前置詞+	lequel	laquelle	lesquels	lesquelles
à ⇒	auquel	à laquelle	auxquels	auxquelles
de ⇒	duquel	de laquelle	desquels	desquelles

　対象は人とものの両方です．その働きは，主語・直接目的語・その他（前置詞とともに）になります．ただし，常に「〜のうちの誰」や「〜のうちの何」というように選択を問います．

Lesquels *de* ces livres vous plaisent ?
これらの本のなかでどれ（複）が気に入っていますか？
Auquel *de* ces enfants donnes-tu ce cadeau d'anniversaire ?
これらの子どものなかの誰にこの誕生日プレゼントをあげるの？

練習問題 ④

　次の（　）内に入れるのに最も適切なものを，下の①～⑥のなかから
1つずつ選びなさい．ただし，同じものを複数回用いることはできませ
ん．なお，①～⑥では，文頭にくるものも小文字にしてあります．

(1) À (　　　　　) penses-tu ?

(2) (　　　　　) de ces étudiantes ira au Japon ?

(3) (　　　　　) de ces deux garçons téléphonez-vous ?

(4) (　　　　　) de ces deux livres parlez-vous ?

　① duquel　　② auquel　　③ auxquelles　　④ lequel
　⑤ laquelle　　⑥ quoi

中性代名詞

　中性代名詞の le (l'), en, y は，性・数の区別に関係なく文法的に中性で使われ
ます．その用法は他の代名詞にくらべて整理しにくいですが，日常的で慣用的な
使い方を覚えれば無理なくその働きを理解できるでしょう．位置は，関係する動
詞の直前です．3級ではよく出てきましたね．

1) le (l')
　属詞として形容詞や無冠詞名詞に，直接目的語として不定詞，前文や節などに
代わります．

> Elle est *heureuse* ? — Oui, elle l'est maintenant.
> 彼女は幸せですか？　―はい，今は幸せです．
> On peut *fumer* ici ? — Non, on ne le peut pas.
> ここでタバコを吸ってもいいですか？　―いいえ，いけません．

2) en
　de（前置詞）＋名詞，des（不定冠詞）＋名詞，部分冠詞＋名詞，否定の冠詞 de
(d')＋名詞などに代わります．また，数量表現＋名詞や，数詞＋名詞の名詞に代
わります．

筆記試験 *4*

対話完成穴埋め問題

89

Tu viens *de* Paris ? — Oui, j'en viens.
パリ出身ですか？ —はい, そうです.

Combien d'*enfants* avez-vous ? — J'en ai **trois**.
お子さんは何人ですか？ —3人です.

3) y

à＋名詞, その他 en, dans, chez というような場所を表す前置詞＋名詞など
に代わります.

Tu t'intéresses *à la musique* ? — Oui, je m'y intéresse.
音楽に興味あるの？ —うん, あるよ.

Paul passera *chez Julie* demain ? — Non, il n'y passera pas.
明日, ポールはジュリーの家に立ち寄るかしら？ —ううん, 彼はそこに寄らないよ.

次の（　）内に入れるのに最も適切なものを, 下の①〜④のなかから
1つずつ選びなさい.

(1) Tu penses aux vacances d'été ? — Oui, j'(　　　) pense, bien

sûr !

(2) Vous savez que Luc est malade ? — Non, je ne (　　　) savais

pas.

(3) Tu as mangé tous nos gâteaux ? — Mais non ! Il vous (　　　)

reste encore deux...

(4) Il fait très chaud ! Je veux boire du coca. — Désolé, il n'y

(　　　) a plus.

(5) Elle est japonaise ? — Non, elle ne (　　　) est pas.

① y 　　　② le 　　　③ en 　　　④ l'

所有代名詞

所有代名詞は,「誰々のもの」を表します. 所有形容詞＋名詞というように考えましょう. 所有形容詞と同じように, 所有者の性・数ではなく所有物の性・数によって使い分けます. 必ず定冠詞を伴います. この所有代名詞は, 準 2 級の出題対象です. 性・数の区別をするので, 数は多いですが, 使い方は単純です.

	男性単数	女性単数	男性複数	女性複数
私のもの	le mien	la mienne	les miens	les miennes
君のもの	le tien	la tienne	les tiens	les tiennes
彼・彼女のもの	le sien	la sienne	les siens	les siennes
私たちのもの	le nôtre	la nôtre		les nôtres
あなた（たち）のもの	le vôtre	la vôtre		les vôtres
彼ら・彼女たちのもの	le leur	la leur		les leurs

> Voilà ton *frère* et le mien.　あそこに君の弟と私の（弟）がいるね.
>
> Cette *voiture* est plus grande que la mienne.　この車はぼくの（車）より大きい.

 練習問題 ⑥

次の （　） 内に入れるのに最も適切なものを, 下の①〜⑥のなかから 1 つずつ選びなさい. ただし, 同じものを複数回用いることはできません.

(1) Ces lunettes sont à ton père ? — Oui, ce sont (　　　　　).

(2) Où est ton sac ? — Voilà, c'est (　　　　　).

(3) Tu n'as pas ta gomme ? Alors, prends (　　　　　).

(4) Vous n'avez pas vu mon livre ? — Ah, tenez, c'est (　　　　　).

　　① les siennes　　② les siens　　③ la tienne　　④ le vôtre
　　⑤ la mienne　　⑥ le mien

筆記試験 *4*

対話完成穴埋め問題

↶ **不定形容詞**

　不定形容詞とは，内容が漠然としている形容詞のことをいいます．準2級では，否定の意味で用いられる aucun(e) と nul(le) を把握しておけば十分でしょう．形容詞ですので，後ろの名詞の性・数に合わせます．

> ・aucun(e)：「いかなる〜もない」　ne (n') や sans とともに
>
> 　　Je n'entends aucun *bruit*.　　私はどんな音も聞こえない．
> 　　<u>sans</u> aucun *doute*　　　　　　疑いもなく
>
> ・nul(le)：「どんな〜もない」　ne (n') とともに
>
> 　　Je n'irai nulle *part*.　　　　　ぼくはどこにも行かないよ．

　次の（　）内に入れるのに最も適切なものを，下の①〜③のなかから選びなさい．

- -

(1) Je n'ai (　　　　　) envie de te parler.

(2) Je cherche mon stylo. Mais je ne le trouve (　　　　　) part.

(3) Cela n'a (　　　　) importance.

(4) Elle parle le français sans (　　　　) accent.

　　① aucune　　　② nulle　　　③ aucun

次の対話 (1) ～ (5) の （ ） 内に入れるのに最も適切なものを，下の①
～⑦のなかから 1 つずつ選びなさい．ただし，同じものを複数回用いる
ことはできません．なお，①～⑦では，文頭にくるものも小文字にして
あります．

(1) — Comment est votre professeur ?

　— Notre professeur ? C'est (　　　　) de très sévère.

(2) — Je n'ai pas pu aller voir ce spectacle... Comment tu l'as trouvé ?

　— C'était magnifique ! Et il paraît que tous (　　　　) qui ont

　　vu ce spectacle l'ont vraiment apprécié.

(3) — On n'arrive pas à résoudre cette affaire.

　— (　　　　) disent sans doute la vérité, d'autres non.

(4) — Albert, il prépare bien l'examen d'entrée à l'université.

　— Oui, tout à fait. Il étudie tous les jours, (　　　　) compris le

　　dimanche.

(5) — Où est-ce qu'on se reverra demain soir ?

　— Euh, alors, dans le café à côté (　　　　) il y a le cinéma Rex.

① en　　　　② personne　　③ y　　　　④ ceux
⑤ quelqu'un　⑥ duquel　　　⑦ certains

次の対話 (1) 〜 (5) の （　） 内に入れるのに最も適切なものを，下の①
〜⑦のなかから 1 つずつ選びなさい．ただし，同じものを複数回用いる
ことはできません．なお，①〜⑦では，文頭にくるものも小文字にして
あります．

(1) — Cet homme qui porte des lunettes est vraiment le père de
      Thomas ?

　　 — Oui, mais il n'a (　　　　　) de commun avec son père.

(2) — Tiens, ton sac à provisions, il est chouette !

　　 — Ah bon ? Alors, je te le donne. J'en ai d'(　　　　　).

(3) — Ton directeur est déjà arrivé ?

　　 — Oui, (　　　　　) qui porte une veste orange est mon directeur.

(4) — Elles sont sœurs, mais elles ne cessent de se disputer.

　　 — Ah bon ? (　　　　　) des deux est la plus forte ?

(5) — Tout à l'heure, vous êtes tombée dans l'escalier, mais est-ce
      que ça va ?

　　 — Oui, ça va. Je n'ai mal (　　　　　) part.

　　① celui　　② nulle　　③ rien　　　④ auquel
　　⑤ qui　　　⑥ autres　　⑦ laquelle

94

第5問は，日常の社会的なことがらについてモノローグ（独白）形式で語られた文章が出題されます．この文章の途中に5箇所空欄が設けられており，その空欄にふさわしいものを，それぞれ3つの選択肢のなかから答えます．問題数は5つ，選択肢数はそれぞれ3つで，配点は1問2点となっています．

過去問題

次の文章を読み，（ 1 ）〜（ 5 ）に入れるのに最も適切なものを，それぞれ次のページの①〜③のなかから1つずつ選び，解答欄のその番号にマークしてください． (配点 10)

Plus de 30°C à l'ombre, 40°C au soleil... Les températures peuvent monter très haut en été. Peut-on faire du sport quand il fait très chaud ? Les médecins disent que c'est dangereux de faire du sport entre 11 h et 16 h, au moment de la journée où le soleil (1). Ils recommandent de le pratiquer plutôt à 9 h le matin, ou bien le soir à partir de 19 h. (2), la température du corps risque d'augmenter beaucoup trop.

Le plus grand danger est la déshydratation*. Très souvent, on ne la sent pas venir. La soif arrive d'abord, mais les personnes âgées (3) à l'éprouver. Elles peuvent donc ne pas s'apercevoir de leur déshydratation, et cela peut être grave.

(4) la déshydratation, il faut mettre un chapeau ou une casquette**, rester à l'ombre, préférer des vêtements clairs et, surtout, boire de l'eau. Nous pouvons perdre jusqu'à deux litres d'eau par heure en faisant du sport au soleil. Donc (5) boire toutes les trente minutes.

*déshydratation : 脱水症
**casquette : ひさしのある帽子

95

(1) ① est haut dans le ciel

② ne brille pas si fort

③ s'est déjà couché

(2) ① En outre

② Pour le moment

③ Sinon

(3) ① continuent toujours

② se mettent facilement

③ sont moins rapides

(4) ① En cas de

② Pour prévenir

③ Pour profiter de

(5) ① évitez absolument de

② il ne faut pas

③ ne manquez pas de

解答番号	解　答　欄		
(1)	①	②	③
(2)	①	②	③
(3)	①	②	③
(4)	①	②	③
(5)	①	②	③

(2018 年度秋季)

過去問題の解答と解説

(1) ①　　(2) ③　　(3) ③　　(4) ②　　(5) ③

　総ワード数 170 語前後のやや長めの文章です．社会における日常のさまざまなことがらについて，客観的に事実を述べた長文が出題されます．そのため，それぞれの文の主語は基本的に 3 人称です．また，各文は日常会話文とは異なり比較的長めで，主節＋従属節からなる複文も多く見られます．

　さて，実際に問題を解くときの手順ですが，まずは一度，（　　）を気にせず，話の流れをつかむつもりで，出題された長文を通読してみましょう．そのとき，おおよその文意をメモし，話がどのような方向に進んでいるのかを把握しておくと良いでしょう．話の流れが一目で再確認できると，（　　）に語句を入れる作業がスムーズにできます．

　次に，選択肢に挙げられている語句を見ておきましょう．それぞれの（　　）に用意されている①〜③の語句は，3 つとも 1 語であることもあれば，たがいに語数が異なり，その結果長さがずいぶん違っていることもあります．しかしそれら 3 つは，どれも文中で同じ役割を担うものです．こちらも，とりあえずわかる範囲で意味をメモしておきましょう．

　そして 2 回目に長文を読むときには，先ほどまで記してきたメモを参照しながら，（　　）を含む文ごとに選択肢の①〜③を当てはめていきます．話の流れに合わせて，

①〜③のどれが文脈に合っているのかを見極めます.

　この手順さえ踏めば，第5問は決して難しい問題ではありません.しかし，3級の穴埋め問題に比べて，準2級のものは長文になっているので，より広い範囲の語彙力が求められます.また，長文の文意を一定の時間内に，正確に読み取る読解力も必要になります.

　では，実際に上記の過去問題について，（　　）に入る語句を考えていきましょう.

　まずは長文中の（　　）を気にせず，長文の大意を取ってみます.

　「日かげで30℃，日なたで40℃と，気温は夏，とても高くなる.暑いさなか，スポーツをしてよいのか？ 医師は11時から16時の日中にスポーツをするのは危険だと言う.彼らは朝9時か，夜19時以降を勧めている.体温が上がり過ぎる恐れがあるのだ.

　最も危ないのは脱水症だ.ほとんどの場合，発症が感じられないのだ.のどの渇きが起こっても，高齢者たちはその感じかたに問題がある.それゆえ，脱水症に気づかず，深刻なことになりかねない.

　脱水症に関しては，帽子をかぶり，日かげで過ごし，明るい色の衣服を選び，特に水を飲むことが必要だ.日なたのスポーツは，1時間で2リットルほど水分を失うことがある.それゆえ30分ごとに水分補給しよう.」くらいでしょうか.

(1)　① Les médecins disent que c'est dangereux de faire du sport entre 11 h et 16 h, au moment de la journée où le soleil (est haut dans le ciel).

　この文の意味は「医師たちが言うには，11時から16時のあいだ，太陽が（　　）日中の時間帯にスポーツをするのは危険であるということだ.」です.このなかで，au moment 〜（　　）の部分は，直前の entre 11 h et 16 h「11時から16時のあいだに」のあとに",（ヴィルギュル）"をはさんで付け加えられ，ともにスポーツをするのが危険である同じ時間について述べています.そのため，（　　）に入る語句を選ぶときには，両者を比較し，スポーツをするのが危険な「11時から16時」は「太陽が（どうなっているのか）」を考えます.

　選択肢の①は est haut dans le ciel「空高く昇っている」，②は ne brille pas si fort「あまり強く照っていない」，③は s'est déjà couché「すでに沈んだ」です.正解は明らかに①でしょう.太陽が②や③の状態ならばスポーツの危険は少ないですし，さらに③の状態は「11時から16時」とも合わなくなります.

(2)　③ (Sinon), la température du corps risque d'augmenter beaucoup trop.

　この文の意味は「（　　），体温があまりにも上がり過ぎてしまう恐れがある.」です.文頭に（　　）がある場合，前文脈とあとの文をつなぐ語句が入る可能性があり，実際，選択肢は3つとも接続詞です.前文に Ils (= les médecins) recommandent de le (= le sport) pratiquer plutôt à 9 h le matin, ou bien le soir à partir de 19 h.「彼ら（＝医師たち）はそれ（＝スポーツ）をむしろ朝9時か，夜19時から実施するよう勧めている.」とありますので，これと問題文の「体温が上がり過ぎてしまう」ことを結びつけることができる接続詞を，選択肢のなかから探し出しましょう.

　① En outre「加えて」では，医師による朝夕のスポーツの推奨に「加えて」体温の上昇が起こることになり，話の筋が通りません.②の Pour le moment「しばらくの間」ですと，朝夕にスポーツをしても「しばらく」は体温上昇が起こることになり，おかしな話です.③の Sinon「さもなければ」であれば，朝夕にスポーツをするので

$\overset{\centerdot\ \centerdot\ \centerdot\ \centerdot}{なければ}$＝「さもなければ」体温が上がり過ぎてしまう，ということになりますので，これが正解です．

(3) ③ La soif arrive d'abord, mais les personnes âgées (sont moins rapides) à l'éprouver.

　この文は2つの小さな文を含む重文で，全体の意味は「まずのどの渇きが起こるのだが，しかし，高齢者たちはそれを感じるのが（　　　）．」です．前半の「のどの渇きが起こる」という文に対し，後半の「高齢者たちは渇きを感じるのが（　　　）」の文は逆接の接続詞 mais「しかし」で結ばれていますので，この文では渇きが起こったときの高齢者の反応が，渇きを感じるというごくふつうの反応とは違うものとして述べられているはずです．そこで，（　　　）には「渇きを感じない」か，それに準ずることを意味する語句が入ります．

　選択肢の① continuent toujours「ずっと〜し続ける」や② se mettent facilement「容易に〜し始める」であれば，事実上渇きを感じていることになり，ふつうの反応が表されてしまいます．一方，③ sont moins rapides「〜するのがより遅い」であれば，渇きを感じづらい高齢者特有の反応が表されますので，これが正解です．

(4) ② (Pour prévenir) la déshydratation, il faut mettre un chapeau ou une casquette, rester à l'ombre, préférer des vêtements clairs et, surtout, boire de l'eau.

　この文の意味は「脱水症（　　　），縁かひさしのある帽子をかぶり，日かげにとどまり，明るい色の衣服を選び，そして特に水を飲まなければならない．」です．（　　　）の前にこの長文全体のキーワードである「脱水症」があり，あとにはいくつかの「しなければならない」ことが述べられていますが，これらは脱水症にかからないための工夫です．（　　　）に入る語句は，このことを念頭に選びましょう．

　選択肢は① En cas de「〜の場合には」，② Pour prévenir「〜を予防するためには」，③ Pour profiter de「〜を活用するためには」ですが，後半の意味がつかめれば，答えは②であることは明らかでしょう．①では「脱水症の場合には」となり，これらの工夫が脱水症にかかったときの対処法のようになってしまいますし，③では「脱水症を活用するためには」という意味不明の文になります．

(5) ③ Donc (ne manquez pas de) boire toutes les trente minutes.

　この文の意味は「それゆえ30分ごとに水分補給することを（　　　）．」です．文頭に接続詞 donc「それゆえ」がありますので，この文は前文脈で述べたことに対し，結論として続くもののはずです．前文 Nous pouvons perdre jusqu'à deux litres d'eau par heure en faisant du sport au soleil.「日なたでスポーツすると2リットルほどの水分を失う．」というもので，「30分ごとに水分補給することを（　　　）」はその結論となることを表すことになります．

　選択肢は，① évitez absolument de「絶対に〜を控えてください」，② il ne faut pas「〜してはいけない」，③ ne manquez pas de「〜を欠かさないでください」です．もちろん，大量に水分を失ったあとのことですので，（　　　）には水分補給を肯定する意味を持つ表現が入るべきでしょう．ここは③しかありません．①や②では水分不足に陥ってしまいます．

　それでは，以下に全訳を示しますので，もう一度フランス語の文章と照らし合わせて内容を確認しておいてください．

〈全訳〉

　日かげで 30℃以上，日なたでは 40℃ ... 気温は夏，とても高くまで上がる可能性がある．とても暑いさなか，スポーツをしてもよいものだろうか？　医師たちが言うには，11 時から 16 時のあいだ，太陽が空高くにある日中の時間帯にスポーツをするのは危険であるということだ．彼らはそれをむしろ朝 9 時に，あるいは夜 19 時から実施するよう勧めている．さもないと体温があまりにも上がり過ぎてしまう恐れがある．

　最大の危険は脱水症である．ほとんどの場合，それは発症していることが感じられないものだ．まずのどの渇きが起こるのだが，高齢者たちはそれを感じるのが他よりゆっくりである．それゆえ，自身の脱水症に気づかないことがあり得るのであり，深刻な事態になりかねない．

　脱水症を予防するためには，縁かひさしのある帽子をかぶり，日かげにとどまり，明るい色の衣服を選び，そして特に水を飲まなければならない．私たちは日なたでスポーツをすることで，1 時間当たり 2 リットルまでも水分を失う可能性があるのだ．それゆえ 30 分ごとの水分補給を欠かさないでいただきたい．

〈選択肢和訳〉

(1) ① 空高くにある
　　② あまり強く照っていない
　　③ すでに沈んだ

(2) ① 加えて
　　② しばらくの間
　　③ さもなければ

(3) ① ずっと〜し続けている
　　② 容易に〜し始める
　　③ 〜するのがより遅い

(4) ① 〜の場合には
　　② 〜を予防するために
　　③ 〜を活用するために

(5) ① 絶対に〜を控えていただきたい
　　② 〜してはならない
　　③ 〜するのを欠かさないでいただきたい

　いかがでしたか．第 5 問のような長文読解の問題では，3 級で出題される問題に比べて，より広い範囲の語彙力が求められています．それには，単語量だけではなく，熟語表現や独特な言い回しなども含まれています．また，長文の文意を短時間に読み取る読解力も必要になります．（　　）に入る語句の種類は多様ですが，過去（2013 年〜 2018 年）のデータによれば，動詞類が 30％余りと一番多く，次いで接続詞類が 20％，文またはその一部，形容詞類，副詞類がともに12 〜 13％などです．

　動詞や名詞などの語句については，本書の第 1 問〜第 4 問の 4 つの章で学んできたことを活用するようにしましょう．また，接続詞類については特に重要と思われるものを以下にまとめておきますので，しっかり確認して下さい．

順接の接続詞句

ainsi	したがって	alors	それでは
aussi	それで，したがって	donc	それゆえ
par conséquent	その結果	si bien que	その結果〜だ
et	そして		

理由の接続詞句

car	というのは〜だからだ	parce que	なぜなら〜だからだ
comme	〜なので	puisque	〜なのだから
c'est pour ça que	それゆえ〜だ	c'est pourquoi	このようなわけで〜だ
à cause de	〜が原因で	grâce à	〜のおかげで
en effet	というのも〜だから		

逆接の接続詞句

cependant	しかしながら	néanmoins	しかしながら
toutefois	しかしながら	mais	しかし
au contraire	反対に	bien que	〜にもかかわらず
alors que	〜なのに	même si	たとえ〜でも
malgré	〜にもかかわらず	pourtant	それでも
quand même	それでもなお	tout de même	それにしても
par contre	その反対に	du moins	それでも

条件の接続詞句

si	もし〜なら	tant que	〜する限り
à moins que	〜でなければ	sinon	さもないと

その他の語句

bref	要するに	au fait	つまり，ところで
enfin	つまり	en somme	要するに
en tout cas	いずれにせよ	de toute façon	いずれにせよ
au moins	少なくとも	autrement dit	言い換えれば
en outre	おまけに	de plus	さらに
d'ailleurs	そのうえ	sauf	〜を除いて
par chance	幸運にも	heureusement	運よく
malheureusement	残念ながら	par hasard	偶然に
ainsi que	〜のように	non plus	〜もまたそうではない
avant que	〜する前に	depuis	〜以来

à propos	ところで	en principe	原則として
en général	一般的に	selon	〜によれば
entre	〜の間で	d'un autre côté	他方で
par exemple	たとえば	surtout	とりわけ
pour que	〜するために		

注意しておきたい重要な表現

n'importe ＋疑問詞

n'importe où	どこでも
n'importe qui	誰でも
n'importe quand	いつでも
n'importe quoi	何でも
n'importe quel ＋名詞	どの〜でも

non seulement A, mais aussi B	A だけでなく，B もまた
il s'agit de 〜	〜に関わることだ
il est question de 〜	〜が問題である
plus 〜 que	より多く〜
plus de 〜 que	より多くの〜
moins 〜 que	より少なく〜
moins de 〜 que	より少ない〜

ここで，繰り返しにはなりますが，もう一度読解の手順をおさらいしましょう．

1) （　　）を気にせず長文に最後まで目を通す．そのときメモを取りなが
ら，だいたいの文意をくみ取る．
2) 選択肢の語句を分かる範囲で和訳する．
3) 2 回目に長文を読みながら，選択肢の語句を当てはめていく．
・（　　）の前後に気を配る．
・（　　）の文だけでなく，長文全体の流れや次の段落との相関関係にも
目を向ける．
4) 最後に選択した答えが長文の文意にふさわしいかどうかの見直しをする．

もう 1 つ大事なことがあります．次の練習問題にチャレンジして，語彙力が
少しでも足りないと感じたら，第 1 問〜第 4 問の章に戻って復習して下さい．
第 5 問で役に立つ表現が必ずあるはずです．

次の文章を読み，（ 1 ）～（ 5 ）に入れるのに最も適切なものを，
それぞれ以下の①～③のなかから1つずつ選んで下さい.

Au Japon, en général, la vie quotidienne dans les villes de
province* est très pratique : il y a des hypermarchés, de bons
restaurants, de grands cinémas, et aussi un hôpital moderne.

En fait, la majorité de ces établissements se trouvent en banlieue,
(1) centre-ville. Et ils ont tous de grands parkings gratuits,
pour les clients qui viennent en voiture. Cela leur (2) d'arriver
à destination sans problème, même s'il fait très chaud ou s'il pleut.

Beaucoup d'habitants des villes profitent de ces facilités. Mais
certains ne sont pas comme eux : c'est le cas de ceux (3),
comme par exemple les personnes âgées et les enfants. Dans ce
genre de villes de province, les services d'autobus sont souvent
réduits à cause de la baisse des usagers. (4), les environs** de la
ville sont maintenant des endroits inaccessibles à ceux qui n'ont pas
de voiture.

Que pensez-vous de ce problème ? Avez-vous une idée pour
(5) une telle situation ?

*ville de province : 地方都市
**environs : 近郊

(1) ① loin du
② près du
③ dans le quartier du

102

(2) ① invite
   ② interdit
   ③ permet

(3) ① qui ne savent pas conduire
   ② qui n'aiment pas marcher
   ③ qui habitent dans le centre-ville

(4) ① Avec les services d'autobus
   ② Faute de moyens de transport commun
   ③ À cause des embouteillages

(5) ① compliquer
   ② réaliser
   ③ améliorer

次の文章を読み，（ 1 ）〜（ 5 ）に入れるのに最も適切なものを，それぞれ以下の①〜③のなかから１つずつ選んで下さい．

Autrefois, dans les grandes villes, il n'y avait pas tellement d'usagers du vélo. Mais de nos jours, beaucoup de gens prennent leur vélo presque tous les jours. On va au travail ou au supermarché à vélo tant qu'il ne pleut pas. C'est bon à la fois （ 1 ）. C'est aussi très pratique car on peut éviter les embouteillages en prenant les pistes cyclables*. （ 2 ）, cela nous aide à vivre agréablement en ville.

En 2007, à Paris, un système public pour encourager （ 3 ） du vélo est né : le Vélib', un système de location de vélos en libre-service. Il y a beaucoup de stations de Vélib' dans la ville. Si on s'abonne à l'année, on peut utiliser un vélo gratuitement pendant une demi-heure. Il n'est pas nécessaire de rendre le vélo à la station de départ. Il suffit de （ 4 ）.

On apprécie beaucoup ce système à Paris. En effet, c'est （ 5 ） pour certains problèmes urbains : insuffisance des places de parking pour les voitures, pollution atmosphérique**, etc. Aujourd'hui, ce système de location de vélos en libre-service est répandu un peu partout en France et même dans d'autres pays étrangers.

*pistes cyclables : 自転車レーン

**pollution atmosphérique : 大気汚染

(1) ① pour la sécurité et pour l'assurance

② pour la guerre et pour la paix

③ pour la santé et pour l'environnement

(2) ① Bref

   ② Depuis

   ③ Au contraire

(3) ① l'abandon

   ② l'utilisation

   ③ l'achat

(4) ① le déposer à la station où on l'a pris

   ② le déposer à l'agent de police

   ③ le déposer dans n'importe quelle station

(5) ① une solution efficace

   ② une solution inutile

   ③ une solution difficile

　長文のテキスト読解問題です．全体の語数が 140 〜 170 ぐらいのテキストを読み，問題のそれぞれの文が，テキストの内容に一致するか，しないかを判断します．①（一致する）か②（一致しない）を選ぶ選択式の問題です．問題は 6 つ，1 問 2 点の配点です．

過去問題

　次の文章を読み，右のページの (1) 〜 (6) について，文章の内容に一致する場合は解答欄の①に，一致しない場合は②にマークしてください．

(配点 12)

　Marion travaille dans la cantine* d'un collège près d'Angers. Elle sait très bien faire les plats de la région, surtout les plats de lapin**. Avant, elle en servait souvent et les élèves adoraient. Mais maintenant, il est rare qu'elle montre son talent. Pour les enfants, le lapin est devenu un animal de compagnie et l'idée de manger du lapin les gêne.

　La semaine dernière, le collège de Marion a reçu la visite du maire*** de la ville. Il a dit qu'il était inquiet pour l'avenir de la culture de la région. Il a ainsi conseillé à Marion de remettre du lapin dans les assiettes des enfants. Il espère que ses bons plats leur feront prendre l'habitude d'en manger.

　Marion a réfléchi : d'un côté, les élèves ne finissent pas leur plat, quand on prépare du lapin ; d'un autre côté, le rôle de la cantine d'un collège n'est pas seulement de servir des repas aux élèves, mais aussi de former leur goût. Marion a donc décidé d'essayer le mois prochain.

*cantine：(学校の）食堂
**lapin：ウサギ（の肉）
***maire：市長

(1) Marion ignore tout des plats de la région.

(2) Au collège de Marion, les élèves mangent moins de lapin qu'avant.

(3) Le maire s'est rendu au collège de Marion la semaine dernière.

(4) Le maire a recommandé à Marion de servir du lapin aux élèves.

(5) Marion pense que la cantine d'un collège peut jouer un rôle important dans le développement du goût chez les enfants.

(6) Marion hésite encore à servir du lapin aux élèves de son collège.

解答番号	解　答　欄
(1)	① ②
(2)	① ②
(3)	① ②
(4)	① ②
(5)	① ②
(6)	① ②

(2018 年度秋季)

過去問題の解答と解説

(1) ②　　(2) ①　　(3) ①　　(4) ①　　(5) ①　　(6) ②

　中学校の食堂で働く Marion（マリオン）が，アンジェの郷土料理ではあるものの，現在ではあまり食されなくなってしまったウサギ料理を，郷土の食文化の伝統を守るため，さらには中学校の食堂が担う「子供たちの味覚の形成」という重要な役割を果たすため，市長の中学校訪問をきっかけに学食のメニューに復活させることを決心する，といった内容の話が 3 人称の語りのスタイルで描かれています．

　それでは，問題を 1 つずつ順番に見ていきましょう．

(1) ②　問題文 Marion ignore tout des plats de la région. は「マリオンは郷土料理をまったく知らない」と言っています．本文の中からこの内容と関係がありそうな部分を探してみると，第 1 段落の第 2 文 Elle sait très bien faire les plats de la région, surtout les plats de lapin.「彼女は郷土料理，特にウサギを使った料理を作るのが得意だ」という文を見つけることができるでしょう．問題文と本文中の該当箇所は相反した内容となっているので，正解は②となります．問題文を理解するポイントは，ignorer「〜を知らない」という動詞を知っているかどうかでしょう．それに対して，本文の方ではポイントが 2 つあります．1 つ目は savoir ＋不定詞（動詞の原形）「〜することができる」という構文に，très bien が間に割って入っていて読み取りづらくなっていることです．そして 2 つ目は，男性名詞の plat が「皿」という意味の他に「料理」という意味を持っていることです．

(2) ①　問題文 Au collège de Marion, les élèves mangent moins de lapin qu'avant. は「マ

107

リオンの中学校では，生徒は以前ほどウサギの肉を食べない」と言っています．この内容に対応する部分を本文から探してみましょう．すると，第1段落の最終文 Pour les enfants, le lapin est devenu un animal de compagnie et l'idée de manger du lapin les gêne. 「子供らにとって，ウサギはペットとなってしまったので，ウサギの肉を食べるという考えに彼らは戸惑ってしまうのだ」という文章が目に留まります．言い方は異なりますが，ほぼ同じ内容になっていますね．というわけで，正解は①ということになります．問題文中にある，劣等比較級の moins... qu'avant「以前ほど～ではない」という表現ですが，日常の会話でもよく使われるものなので，これを機に覚えておくと良いでしょう．本文中にも注意しておきたい表現がいくつかあります．たとえば，un animal de compagnie「愛玩動物＝ペット」ですが，たとえこの表現を知らなかったとしても，compagnie「一緒にいること，一緒にいる人／物」という意味が分かっていれば，何とか推測がつくことでしょう．最後に gêner「〈主語〉が〈目的語〉に迷惑をかける／を困らせる」という動詞ですが，少し日本語に訳しづらい動詞です．しかし，〈主語〉と〈目的語〉をひっくり返して受動態の文章のように訳してしまえば（「〈主語〉により／のせいで〈目的語〉が迷惑している／が困ってしまう」）理解しやすい日本語の文章になるので，試してみてください．

(3) ①　問題文 Le maire s'est rendu au collège de Marion la semaine dernière. は「市長は先週，マリオンの中学校を訪れた」と言っています．この内容と関係がありそうな部分を本文の中で探してみると，第2段落の冒頭文 La semaine dernière, le collège de Marion a reçu la visite du maire de la ville. 「先週，マリオンの中学校は市長の訪問を受けた」が見つかります．問題文中にある，se rendre à ＋場所「～に行く，赴く」（複合過去形になっていますね）と，本文中の recevoir la visite de ＋人「人の訪問を受ける」を知っていれば，両者が同じ内容であることに気づくでしょう．そして何よりも，両者に la semaine dernière「先週」という表現が存在しています．以上のことから，正解は①になります．ちなみに，maire「市区町村の首長」と mairie「市区町村の役所／役場」は意味を取り違えやすいので十分に気をつけてください．

(4) ①　問題文 Le maire a recommandé à Marion de servir du lapin aux élèves. は「生徒たちにウサギの肉を出すよう，市長はマリオンに勧めた」と言っています．これに直接関係している部分は，第2段落の第3文 Il a ainsi conseillé à Marion de remettre du lapin dans les assiettes des enfants. 「そんなわけで，子供たちの食事にウサギ料理を復活させるようマリオンに勧めた」でしょう．問題文で recommander à ＋人＋de ＋不定詞「人に～することを勧める」という動詞表現が使用されていますが，本文では conseiller à ＋人＋de ＋不定詞「人に～することを勧める」という，似通った動詞表現が使われています．ただ，本文にある remettre du lapin dans les assiettes des enfants「子供たちの皿にウサギの肉を再び置く（＝子供たちの食事にウサギ料理を復活させる）」が少し分かりにくかったかもしれませんね．remettre という動詞に「再び置く」や「戻す」という意味があること，assiette という名詞に「皿」という意味の他に「（一人分の）料理」という意味があることなどを知っていたら，より楽に解答できるでしょう．そうすると，問題文中にある servir ～ à ＋人「人に～を出す／給仕する」という表現がこれらに対応することにも気づくことができるはずです．これらのことを踏まえると，正解は①ということになります．

(5) ①　問題文 Marion pense que la cantine d'un collège peut jouer un rôle important dans le développement du goût chez les enfants. は「中学校の食堂は子供たちの味覚

の発達に重要な役割を果たすことができると，マリオンは考えている」と言っています．これを受けて本文を見てみると，第3段落のほとんどを占める文，Marion a réfléchi : d'un côté, les élèves ne finissent pas leur plat, quand on prépare du lapin ; d'un autre côté, le rôle de la cantine d'un collège n'est pas seulement de servir des repas aux élèves, mais aussi de former leur goût.「マリオンはじっくり考えた．ウサギを料理したって，生徒たちは出されたものを食べきらないだろう，けれどその一方で，中学校の食堂の役割は，生徒たちに食事を出すことだけではない，彼らの味覚を形成することでもあるのだ，と」という文章が対応していそうです．問題文中に jouer un rôle「役割（役目）を演じる／を果たす」という熟語表現がありますが，本文中にも rôle という語がありますので，この問題を解答する上で鍵となりそうです．ですがこういうケースほど，罠に引っかからないように，本文の該当箇所をしっかりと読むことが大事になってきます．それでは本文を見てみましょう．まずは réfléchir「〜をよく考える」という動詞を使っています．これは問題文の penser と，意味の上で対応しているので問題ないでしょう．そのあと，d'un côté A, d'un autre côté B「一方では A，他方では B」という構造の文章が続きます．内容的に A と B が対になっていることに注意しましょう．その上で，問題文に直接関係しているのは，d'un autre côté 以降の内容なので，さらによく見てみると，ne pas seulement A, mais aussi B という構造になっていますね．これは英語の not only A, but also B と同様の表現です．この手の構文では，たいてい B の方で強調したいことが語られるものですが，実は問題文の内容も mais aussi 以降の内容に関係しています．あとは，本文中の former「〜を作る，形作る，構成する」いう動詞が「〜を育成／養成する」といったニュアンスも持っていることを知っていれば，正解が①であることに辿り着けます．この問題では幸い，本文の内容と問題文の内容が一致していましたが，両者の中に同じ単語が使われていたからといって，常に内容が一致しているとは限りませんので，罠に引っかからないように，文章構造をしっかりと把握しながら，両者の内容を吟味する習慣を普段から身につけてください．

(6) ②　問題文 Marion hésite encore à servir du lapin aux élèves de son collège. は「マリオンは，自分が働く中学校の生徒たちにウサギの肉を出すことをまだためらっている」と言っています．この内容に対応すると思われる部分を本文から探すと，最後の1行 Marion a donc décidé d'essayer le mois prochain.「それゆえマリオンは，来月に試してみようと決心した」が見つかることでしょう．問題文中の hésiter à ＋不定詞「〜するのをためらう」という表現を知っていれば，本文中の該当箇所と内容が微妙に食い違っていることが分かりますね．本文では décider de ＋不定詞「〜することに決める／決心する」という動詞表現が使われているので，マリオンはウサギ料理を学食のメニューに復活させる決心をすでにしたわけですから，正解は②ということになります．

　それでは以下に，全訳を示しますので，最後にもう一度，テキストの内容を確認しましょう．

〈全訳〉

　マリオンはアンジェの近くのとある中学の食堂で働いている．彼女は郷土料理，特にウサギを使った料理を作るのが得意だ．以前は，そのウサギを使った料理をよく出していて，生徒たちはそれが大好きだった．しかし今となっては，彼女が自分の才能を発揮

することはめったにない．子供らにとって，ウサギはペットとなってしまったので，ウサギの肉を食べるという考えに彼らは戸惑ってしまうのだ．

先週，マリオンの中学校は市長の訪問を受けた．彼は，郷土文化の将来を心配しているのだと言った．そんなわけで，子供たちの食事にウサギ料理を復活させるようマリオンに勧めた．彼女の美味しい料理で，子供たちにウサギを食べる習慣をつけさせたいと彼は望んでいるのだ．

マリオンはじっくり考えた．ウサギを料理したって，生徒たちは出されたものを食べきらないだろう，けれどその一方で，中学校の食堂の役割は，生徒たちに食事を出すことだけではない，彼らの味覚を形成することでもあるのだ，と．それゆえマリオンは，来月に試してみようと決心した．

実際に過去問を解いてみて，いかがでしたか．このように第6問は長文のテキストの内容を読み取る問題ですが，ここ数年でその語りの形式と内容，そして語数に多少の変化が見られます．まずは語りの形式と内容に関してですが，以前は仕事をテーマにした1人称の談話風テキストが比較的多く出題されていました．しかしここ最近では，登場人物の職業や仕事に関する話題や，その日常生活でのちょっとしたエピソードを取り上げた3人称のテキストがよく出題される傾向にあります（両者はほぼ半々の割合です）．語数に関しても，一時期は減少傾向（だいたい120〜130語くらい）にありましたし，上述したように，2013年から2018年までの10回分の平均をとれば140語くらいとはなりますが，2018年などは春季で160語ほど，秋季では170語ほどのテキストが出題されており，増加傾向が見られます．今回取り上げた2018年度秋季の問題も，テーマと語数の両面において，その傾向をまさに反映するものです．

問題の(1)〜(6)は通常，テキストの内容に沿って順番になるように作られていますから，その点を頭に入れて問題を解いていくとよいでしょう．解き方としては，最初にテキストを通読し，主題やおおよその内容の把握に努めてください．その際，英語で言うところの5W1Hに相当する要素，つまり，「いつ quand」「どこで où」「誰が qui」「何を quoi」「なぜ pourquoi」「どのように comment」したのか，ということを強く意識しながら，簡単なメモを取ったり，下線を付したりしつつ読み進めていく方法をお勧めします．その次に，問題の6題を最初から最後まで通して読みます．それから改めて，テキストと照合しながら，各問題の記述が内容と一致するかを順番に判断します．またはこの逆パターンとして，まず問題の6題を最初に読んでその内容をあらかじめメモしておくか，あるいは頭にしっかりと留め置いてから，それらに焦点を絞ってテキストを（何回か）読む，という方法もあります．これは時間に余裕がないときなどに有効ですので，試してみてください．

最後に第6問に対する準備についてですが，準2級の長文問題で扱われるテキストのレヴェルの文章を探すこと自体が，まず難しい作業と言えます．確かに今日では，フランスの小説，新聞や雑誌，インターネットのブログ記事などが，

日本にいても簡単に読めるようになっています．ですが，第6問の対策として，これらをそのまま教材として使用するには，文章の長さや内容の難易度，語彙や表現のレヴェルなどにおいて少々荷が重すぎます．まずは学校などで使用されている「中級者用」の教材やこの問題集『徹底攻略仏検準2級』，そしていわゆる「過去問」などに収録されている長文問題を用いて，読解の訓練を重ねましょう．また，長文の中に登場する語彙や表現のレヴェルが準2級から格段に上がりますので，今後のためにも，これらのストックを増やすことに日頃から意識を向けてください．

次の文章を読み，右のページの (1) ～ (6) について，（　）のなかに，文章の内容に一致する場合は①を，一致しない場合は②を記入して下さい．

En France, il y a un service public intéressant pour les familles ayant plusieurs enfants. Il s'agit de la « carte de famille nombreuse ». À l'origine, c'était un service de la SNCF (Société nationale des chemins de fer français), qui permettait d'obtenir des tarifs réduits uniquement sur les voyages en train. Mais maintenant, cette carte offre aussi différents avantages auprès des entreprises privées.

La « carte de famille nombreuse » s'applique à toutes les familles qui ont au moins trois enfants mineurs sans conditions de ressources* ou de nationalité. Même les étrangers peuvent avoir cette carte, s'ils sont en situation régulière** et résident en France. Le coût de la carte, qui correspond au frais de dossier***, est de dix-neuf euros par famille. Elle est valable trois ans.

La SNCF accorde plusieurs sortes de réductions, entre 30 % et 75 % en fonction du nombre d'enfants. 850 000 « cartes de famille nombreuse » sont délivrées en moyenne chaque année.

*ressources：収入
**en situation régulière：正規の滞在資格がある
***frais de dossier：手数料

(1) En France, il existe un service public qui favorise les familles ayant plusieurs enfants.

(　　　)

(2) « La carte de famille nombreuse » était, au départ, un service de la SNCF.

(　　　)

(3) Avec « la carte de famille nombreuse », on ne peut profiter que des réductions sur les voyages en train.

(　　　)

(4) Toutes les familles qui ont des enfants peuvent avoir « la carte de famille nombreuse ».

(　　　)

(5) Les étrangers ne peuvent pas utiliser « la carte de famille nombreuse ».

(　　　)

(6) Les réductions proposées par la SNCF varient entre 30 % et 75 % selon le nombre d'enfants.

(　　　)

次の Christine の文章を読み，右のページの (1) ～ (6) について，
（　　）のなかに，文章の内容に一致する場合は①を，一致しない場合は
②を記入して下さい．

Je suis esthéticienne et je travaille dans un institut de beauté*. Ça fait une semaine que j'ai repris mon travail. Après la naissance de mon deuxième enfant, j'ai pris la décision de rester à la maison pendant un an pour m'occuper de mes enfants. Je suis sûre qu'élever des enfants est quelque chose de très intéressant. Mais je dois avouer que pour moi, faire carrière est aussi important que de m'occuper d'eux. Je suis donc heureuse maintenant de me retrouver parmi mes collègues et de recevoir de nouveau mes clients.

Quand j'étais petite, je m'intéressais aux soins de la peau et aux produits cosmétiques. C'est pourquoi j'ai décidé de devenir esthéticienne au moment où j'ai eu des choix de carrière à faire. Mais ce n'est pas un métier aussi facile qu'on imagine. Il demande d'être capable d'entretenir une relation de confiance** avec le client, de respecter ses demandes et ses goûts. Il faut surtout faire évoluer en bien ses habitudes avec des conseils personnalisés***. Malgré tout, ce métier est passionnant, car j'adore le contact avec les gens.

*institut de beauté：エステティック・サロン
**entretenir une relation de confiance：信頼関係を保つ
***conseil personnalisé：個別カウンセリング

(1) Christine a recommencé à travailler il y a une semaine.

(   )

(2) Christine n'a pas travaillé pendant un an pour s'occuper de son deuxième enfant.

(   )

(3) La carrière est moins importante pour Christine.

(   )

(4) Christine a choisi ce métier parce qu'elle aimait les soins de la peau et les produits cosmétiques.

(   )

(5) Il est nécessaire pour les esthéticiennes de pouvoir entretenir une relation de confiance avec le client.

(   )

(6) Les esthéticiennes fournissent des conseils généraux au client pour l'aider à améliorer ses habitudes.

(   )

筆記試験 6

テキスト読解 内容一致問題

第 7 問は会話文を完成させる問題です．2 人の対話が成り立つように選択肢のなかから適切な語句を選びます．問題数は 5 つ，選択肢数は 3 つで，配点は 1 問 2 点となっています．

過去問題

次の会話を読み，(1) ～ (5) に入れるのに最も適切なものを，それぞれ右のページの①～③のなかから 1 つずつ選び，解答欄のその番号にマークしてください．

(配点 10)

Georgette : Élise... Élise !

Élise : Silence ! (1), Georgette. La conférence* n'est pas encore terminée.

Georgette : Mais comme il parle longtemps, ce monsieur ! Ça fait déjà combien de temps qu'il parle ?

Élise : (2). Ça va durer encore, il me semble.

Georgette : Je m'ennuie à mourir... Au fait, c'est qui, ce monsieur ?

Élise : Je crois qu'il est professeur à la faculté de médecine.

Georgette : (3) alors ?

Élise : De médecine, peut-être.

Georgette : « Peut-être » ? Toi non plus tu ne comprends pas ce qu'il dit ?

Élise : (4). C'est trop difficile pour moi.

Georgette : Mais tu prends des notes en l'écoutant.

Élise : Des notes ? Ah non, je dessine son visage. Regarde, (5) ?

Georgette : Oui, ça lui ressemble beaucoup !

*conférence : 講演

(1) ① Je ne te vois pas bien
　　② Parle moins fort
　　③ Un peu plus haut

(2) ① Dans une heure
　　② Il y a une heure
　　③ Plus d'une heure

(3) ① De qui parles-tu
　　② De quoi parle-t-il
　　③ D'où vient-il

(4) ① Oui, comme toi
　　② Pas du tout
　　③ Si, je comprends tout

(5) ① c'est entendu
　　② tu es d'accord
　　③ tu trouves ça bien

解答番号	解 答 欄		
(1)	①	②	③
(2)	①	②	③
(3)	①	②	③
(4)	①	②	③
(5)	①	②	③

(2018 年度春季)

過去問題の解答と解説

(1) ②　　(2) ③　　(3) ②　　(4) ②　　(5) ③

　大学生と思われるジョルジェットとエリーズの二人が, 長々と続く教授の講演に退屈して, ひそひそと会話をしているという設定です.

(1)　②(Parle moins fort).「もっと小さな声で話してよ」
　　ジョルジェットに名前を呼ばれたエリーズが「静かにしてよ」と言い, 直後に「講演はまだ終わってないわ」と言っていて, このことから2人がある講演を聞いていることが分かります. そこでジョルジェットが話しかけているのですから, ②の「もっと小さな声で話してよ」がふさわしいことが分かります. moins の使い方に注意

しましょう．①は「あなたがよく見えないわ」くらいの意味で，③は「もう少し大きな声で」ですから，当てはまりませんね．

(2) ③ (Plus d'une heure).「1 時間以上よ」

その直前に，「彼は話し始めてからもうどれくらい経つの？」と訊いています，« Ça fait ＋期間＋ que 〜 »「〜して…になる，が経つ」です．期間の長さを尋ねているので③「1 時間以上よ」がふさわしいのが分かります．①の dans は「〜後に」ですから「1 時間後に」となり，②の il y a は「〜前に」ですから「1 時間前に」となってしまいます．

(3) ② (De quoi parle-t-il)？「何について話してるの」

ジョルジェットのその前のセリフが「ところで，あの人は誰なの？」とあり，ジョルジェットはそもそも講演者のことを知らないことが分かります．「医学部の教授だと思うわ」というエリーズの答えに対して，さらに尋ねる質問です．直後のエリーズの答えが De médecine, peut-être.「医学についてよ，たぶん」と de の後に事柄が来ていますから，De quoi で始まる②「何について話しているの？」が正解です．①は De qui で始まっていますから，「誰について話しているの？」，③「彼はどこの出身なの（どこから来たの）？」ですね．

(4) ② (Pas du tout).「全くわからないわ」

直前にジョルジェットは「たぶん，ですって？　それではあなたも彼の言っていることが分からないの？」と尋ねています．エリーズは直後に「私には難しすぎるわ」と言っていますから，エリーズも理解していないと考えられます．否定疑問ですから，Oui では答えられないので①はあり得ず，③では「いえ，私はすべて理解してるわ」となり，合いません．②の「全くわからないわ」が正解です．なお，これは Non, je ne comprends pas du tout. の前 4 語が省略されたものと考えられます．

(5) ③ (tu trouves ça bien)？「これ，いいと思う？」

その前で「でも，あなたは聞きながらノートをしてるじゃない？」とジョルジェットが尋ねており，エリーズの答えが「ノート？　ああ，違うわ．彼の顔を描いてるの．見て」とあって，その直後のセリフを選ぶものです，それに対する返答が「ええ，彼によく似てるわ．」ですので，絵の出来映えを尋ねていると考えられますね．①は「わかった？」，②は「いいですか（同意してくれますか）？」ですから当てはまらず，③の「これ，いいと思う？」が正解になります．« trouver ＋直接目的語＋属詞 » の形で，「〜を…と思う」ですから，それを見逃さないようにしたいですね．

〈全訳〉
ジョルジェット：エリーズ，エリーズ！
エリーズ　　　：静かにして．もっと小さな声で話してよ．講演はまだ終わってないわ．
ジョルジェット：それにしても，この方はなんて長々話すの！　話し始めてもうどれくらい経つ？
エリーズ　　　：1 時間以上よ．まだ続く感じよ．
ジョルジェット：退屈で死にそうだわ．ところで，あの方は誰なの？
エリーズ　　　：医学部の教授だと思うわ．
ジョルジェット：それで何について話しているの？
エリーズ　　　：たぶん，医学についてよ．

ジョルジェット：「たぶん」ですって？　あなたも彼の言っていることが分からないの？
エリーズ　　　：全然．私には難しすぎるもの．
ジョルジェット：だけど，あなたは聴きながらノートを取ってるじゃないの．
エリーズ　　　：ノート？　ああ，違うわ．彼の顔を描いているのよ．見て，いいと思う？
ジョルジェット：ええ，彼にそっくりだわ．

　第7問は，行数は15行程度，単語数は2015年以降は空欄を除くと平均100語程度の長さから出来ています．友人同士，親子，店主と客，学生と著名人など，2名が日常行う対話から成り立っており，トピックとしては，休暇，旅行，住居，趣味，スポーツ，学生生活，職業，買い物など日常生活全般に関わるものになっています．

　空欄補充をするためには，まずは前後を読み解くための構文の知識と語彙力が必要ですが，対話文ですから複雑な構文になることはなく，語彙としても平易で，やや特殊な語彙と考えられる語には語注がついています．

　ただ，複雑な構文はないと言っても，基本動詞がどのような文型を取るのかについては日頃から気をつけておきましょう．語彙力については，まずは例題を解いてみて，分からない単語が少し多いと感じる場合には，単語集などで語彙力を増強する必要があるでしょう．また対話文であるだけに，疑問詞や受け答えの常套句，Oui, Non, Si の使い分け等の基本事項は確認しておく必要があるでしょう．本書の第2問の解説に挙がっている会話表現をしっかり確認すれば，本問の対策にもなります．

　問題の解き方としては，まず空欄の内容を想像しながら，全体を読んでみると良いでしょう．そして，その後に選択肢を見ながら，空欄の前後を見比べ，選択肢の中で当てはまるものを選んで行きます．もちろん，代名詞の指すものなどは丁寧に確認しながら読む必要があるでしょう．

　また，場合によっては，空欄の前後だけをよく読んでもそれだけでは解答が決まらないときもあります．その時は慌てずに，ペンディングしたまま次の問題に行き，最後まで読んでから答えを考えて構いません．

　トピックの題材については，平易とはいえ，現代のフランスで話題になっているもの（都市を走るトラムウェイ）や，日本との関わりがあるもの（気象予報士）も見られます．ですので，できれば，普段から現代フランスの日常を扱った平易な読み物を読んでおくと，理解の助けになると思います．

次の会話を読み，(1) ～ (5) に入れるのに最も適切なものを，それぞれ右の①～③のなかから1つずつ選びなさい．

・・・

Isabelle : J'ai commencé à apprendre le japonais il y a un an.

Léa : Ah bon ? Le japonais, (1) ?

Isabelle : D'abord, je l'ai trouvé difficile, mais en fait, sa prononciation est plus facile que j'imaginais.

Léa : C'est vrai ?

Isabelle : Oui, parce (2).

Léa : Ah, c'est très bien pour nous les Français !

Isabelle : Et j'ai appris un mot japonais (3) la semaine dernière.

Léa : C'est quoi ?

Isabelle : C'est le mot YÔJI *, ça veut dire « une affaire », ou bien, « quelque chose à faire ». Mais on peut l'utiliser dans beaucoup de cas.

Léa : (4) ?

Isabelle : Si on veut refuser une invitation à une soirée où on n'a pas envie d'aller, on dit simplement « J'ai un YÔJI », et alors les Japonais ne vous demandent pas de détails. Si on rencontre une connaissance dans la rue quand on est pressé, on dit : « Je suis ici pour un petit YÔJI. » et la personne (5).

Léa : C'est un mot magique !

Isabelle : Exactement.

*YÔJI：用事（日本語）

120

(1) ① c'est où

   ② c'est comment

   ③ c'est pourquoi

(2) ① que le japonais n'a que cinq voyelles

   ② qu'il y a beaucoup de mots japonais en français

   ③ que les Japonais sont très gentils

(3) ① très pratique

   ② d'esprit

   ③ de passe

(4) ① C'est quand

   ② Tu le sais

   ③ Par exemple

(5) ① vous accompagne sans rien dire

   ② vous laisse partir sans poser de question

   ③ ne cesse pas de vous déranger

次の会話を読み，(1) 〜 (5) に入れるのに最も適切なものを，それぞれ右の①〜③のなかから 1 つずつ選びなさい．

....

Jiro : Il arrive parfois (1).

Guy : Ah bon ? Qu'est-ce que tu veux dire par là ?

Jiro : Eh bien, écoute. La semaine dernière, j'ai perdu mon portable* en rentrant de l'université.

Guy : Ah, c'est ennuyeux.

Jiro : Oui. J'ai demandé au bureau des objets trouvés du métro, et je (2) à la police, mais sans succès.

Guy : Et après ?

Jiro : Mon neveu est venu chez moi hier, et nous sommes allés au parc près d'ici pour jouer au baseball. Mais c'était (3).

Guy : Les jeunes Japonais aiment beaucoup le baseball.

Jiro : Oui, c'est vrai. Tout à coup, la balle qu'il a lancée est passée au-dessus de ma tête, et (4) un buisson**. Je suis allé la chercher et, à ma grande surprise, j'ai retrouvé mon portable dans ce buisson !

Guy : (5) !

Jiro : Si. Voilà mon portable.

Guy : C'est vraiment un miracle !

*portable：携帯電話
**buisson：茂み，やぶ

122

(1) ① beaucoup de choses à faire
② des choses incroyables
③ quelqu'un de bien

(2) ① l'ai retenu
② l'ai appelé
③ l'ai déclaré

(3) ① simplement pour faire des échanges de balle
② vraiment ce que je ne voulais pas faire
③ absolument difficile à faire là-bas

(4) ① elle est tombée dans
② elle a franchi
③ elle s'est enfuie dans

(5) ① C'est super
② C'est possible
③ Ce n'est pas vrai

実際に，練習問題にチャレンジしてみていかがでしたか？　最後に，第7問のような長文読解を攻略するコツをもうひとつ．

　空欄補充をするには，まずは前後を読み解くための構文の知識と語彙力が必要ですが，対話文ですから複雑な構文になることはありません．語彙は比較的平易で，やや特殊なものには語注がついています．

　ただ，複雑な構文はないと言っても，日頃から基本動詞がどのような文型を取るのかについては気をつけておきましょう．語彙については，まずは練習問題を解いてみて，分からない単語が多いと感じる場合には，単語集などで語彙力を増強する必要があるでしょう．また対話文であるだけに，疑問詞や受け答えの決まり文句は確認しておく必要があります．第2問の章（p.21 ～）で取りあげている会話表現をしっかり勉強しておきましょう．

2 書き取り試験

書き取り試験

　40 語前後からなる 3 行ぐらいの文を書き取る問題です．配点は 12 点です．出題形式は，全体で 4 回全文が読み上げられます．1 回目，2 回目はふつうの速さで読まれます．ここで全体的な文意を理解できるといいですね．3 回目は，意味のまとまりごとにポーズをおきながら，virgule や point などの句読点の名称も合わせて読み上げられます．このときに書き取るようにしましょう．そして 4 回目のふつうの速度で読まれているときに，補う箇所をチェックします．最後の 2 分間で，性・数の一致やつづり字記号，動詞の活用形など文法的な整合性に目を配りながら見直しをします．百聞は一見にしかず，理屈よりも，まずは過去問題を見てみましょう．

過去問題 📀2

　フランス語の文章を，次の要領で 4 回読みます．全文を書き取ってください．
- 1 回目，2 回目は，ふつうの速さで全文を読みます．内容をよく理解するようにしてください．
- 3 回目は，ポーズをおきますから，その間に書き取ってください．（句読点も読みます．）
- 最後に，もう 1 回ふつうの速さで全文を読みます．
- 読み終わってから 2 分後に，聞き取り試験に移ります．
- 数を書く場合は，算用数字で書いてください．　　　　　　（配点 12）

_____

_____

_____

_____

（2011 年度春季）

試験問題文

Je vais chez mon cousin de temps en temps. Comme il n'aime pas le vin, je lui apporte des fleurs ou des gâteaux. C'est un grand plaisir pour moi de parler avec lui. Parfois, nous faisons la cuisine ensemble.

「私は時々いとこの家に行きます．彼はワインが好きではないので，花かお菓子を彼に持っていきます．私にとって彼と話すのはとても楽しみです．私たちは，時折，一緒に料理を作ります．」

　まずは書き取りのための攻略ポイントをまとめます．

書き取り攻略ポイント
1) 読みのルール（**リエゾン**⌣，**アンシェヌマン**⌢，**エリジヨン**）に気をつける．
2) **つづり字記号**を忘れない．
3) 句読点の名称を把握する．
4) 複数形の **s** や **x** を忘れない．
5) 形容詞，過去分詞の**性・数の一致**に気をつける．
6) 動詞の活用形を正確に書く．

　書き取り試験では，フランス語を聞き取って正確に書く能力とともに文法的な理解力も試されます．上の6つのポイントを意識しながら，試験問題文をもう一度確認しましょう．ポイントの項目ごとにマークをつけて区別しやすくしました．

Je vais chez mon cousin de temps en temps．Comme il n'aime pas le vin，je lui apporte des fleurs ou des gâteaux．C'est un grand plaisir pour moi de parler avec lui. Parfois，nous faisons la cuisine ensemble．

　書き取り攻略ポイントに沿って，具体的に見てみましょう．
1) エリジヨン2箇所，リエゾンも2箇所でした．
2) gâteaux のアクサン・シルコンフレックスに注意しましょう．
3) ［,］と ［.］だけで，問題はないですね．
4) フランス語の複数を示す **s** と **x** は発音されないので，うっかりつけ忘れることが多いです．
5) 特別に性・数の一致に気をつけるべきところはありませんでした．
6) 活用されている動詞は5つで，時制はすべて直説法現在です．1人称単数，1人称複数，3人称単数というように3種類もの主語が使われています．活用語尾に気をつけないといけませんね．

127

要所要所を注意深く押さえて，語彙さえ分かれば，書き取り問題は難しくありません．ただし，書き取りを習得するための対策は，繰り返し書き取り練習をすることしかないのです．近道はありません．聞いて書く訓練をどんどんこなしていきましょう．では，実践対応のコツとともに練習問題を始めましょう．

　フランスでは，コンテストも頻繁に行われるように，ディクテ（書き取り練習）はとても重要です．フランス人は，小学生のときからディクテをすることで，正確なスペルを覚えるだけではなく，ボキャブラリーの幅を広げ，発音のルールを身につけます．

　フランス語の文章を正確に書くのはとても大変なことです．複数の s はもちろん，読まれない語末の子音字や動詞の活用語尾などがあってやっかいだからです．しかし，書き取り試験の配点が 12 点であることを軽く考えてはいけません．この 12 点を獲得するために惜しまず努力しましょう．読まれない文字やリエゾン・アンシェヌマンのルールをしっかり覚えて，前後の音から正しいスペルを探り出す能力を磨くことが大切です．ディクテは，ボキャブラリーを増やし，聞く力と書く力という総合的なフランス語力を引き出します．次に続く聞き取り問題，さらには 2 次試験問題に取り組むときに大いにその能力を発揮できます．

　3 級では，聞き取り試験問題の第 1 問が，空欄補充の部分書き取り問題でした．それに比べると，準 2 級ではいきなり 3 行ぐらいのフランス語文を句読点も含めてすべて書き取るわけですから，かなり難易度が上がります．

　書き取りは慣れることが一番の勉強法です．聞いて書く訓練が重要です．ただ，やみくもに訓練をするのではなく，まずは 1 行ずつフランス語文を書き取ることから始めましょう．書き取りの学習方法はほかのものとは異なりますので，ここでは練習問題の前後に攻略ポイントの解説を付随させます．解答はその発音に一番近いカタカナとともに表記しますので，音読をして下さい．それは 2 次試験の音読問題の対策にもなります．

　　CD を聞いて，全文を書き取って下さい．（書き取れるまで何回でも繰り返し聞いて下さい．）

_____

_____

ジャビットゥ　ダンザン　　ブティタパルタマン　ア　パリ
　J'habite dans un petit appartement à Paris.

「私はパリで小さいアパルトマンに住んでいます.」

　いかがですか. 聞き取れたフランス語を大胆にもカタカナだけで書いてみるの
も慣れるための1つの手段です. なぜなら, フランス語の発音はスペルで音の
法則が決まっているからです. 例外は少ないです. [ア] と聞こえたら候補は a,
à, â で, [エ] は e, é, è, ai, ei で, [オ] は o, ô, au, eau です. 読まれない文字も
あれば, 特殊な読み方をする子音字のルールもありますね. 2語以上をつなげる
リエゾン・アンシェヌマンの法則もあります. つづり字と発音の関係をしっかり
把握しておけば, たとえ知らない単語が聞こえてきても想像力でカバーできま
す. では, 練習問題❶を振り返ってみましょう.

　文頭の J'habite の h は発音しない文字なので, [ジャビットゥ] と読みます.
語末の e も発音されないので直前の t の文字の音で終わります. dans の語末の s
もふつうは読まれませんが, 後ろに母音で始まる un が続いたのでリエゾンの法
則で2語続けて [ダンザン] となり, petit appartement の2語も同じことが言
えます. à は ` (アクサン・グラーヴ) を忘れないようにしましょう. Paris は読
まれない語末の s の書き忘れに注意しましょう.

　CD を聞いて, 全文を書き取って下さい. (書き取れるまで何回でも繰
り返し聞いて下さい.)

_____

_____

ジョレ　ヴァンタン　　ダンズュヌ　スメーヌ　エ　セ　ブール　サ　キル　マ　オフェール　ス　サック
J'aurai vingt ans dans une semaine et c'est pour ça qu'il m'a   offert   ce sac.

「私は1週間後に20歳になります, それで彼は私にこのバッグをプレゼントし

てくれました.」

　文頭の J'aurai は, avoir の直説法単純未来形です. ［ジョレ］という語尾の r の音に注意しましょう. ［ジョレ］という音の候補は, j'aurai と j'aurais ですが, 後者の条件法現在はこれまで（2019 年度春季まで）出題されたことはありません. vingt の語末の t は普段は読まれませんが, 後ろに母音で始まる ans が続いたのでリエゾンの法則で 2 語続けて ［ヴァンタン］となります. 次の dans une の 2 語も同じことが言えます. ans の語尾の複数の s を忘れてはいけません. m'a offert は, 間接目的語代名詞 me + offrir の直説法複合過去形です. ここで ［マ］の音を ma と勘違いしてしまうと offert が出てこなくなります. ［マ］の候補には ma と m'a があることを覚えておきましょう. 最後に ça の ̧ (セディーユ) を忘れないようにしましょう. なお, 実際の試験で「数は算用数字で書いてください.」と指示がある場合には, vingt ans は 20 ans と書きましょう.

　では, ここで先にあげた「書き取り攻略ポイント」を改めて順に解説していきます. どれもフランス語学習を始めた頃のおさらいになりますが, しっかり再確認しながら実践につなげていきましょう.

5 1) 読みのルールに気をつける

リエゾン (‿)：発音されない語尾の子音字 (d, g, p, r, s, t, x, z など) が, 後続の語の語頭の母音と結びついて読まれる現象のことをいいます. その際に発音が変わることがあります.

　リエゾンには, 常にリエゾンする場合, してもしなくてもよい場合, してはいけない場合と 3 通りあります. 現在, してもしなくてもよい場合にはリエゾンをしない傾向にあります. リエゾンは**文法的にも意味的にも結びつきが強い単語と単語の間で**行われます. そのことを念頭に置いておくとよいでしょう.

・必ずリエゾンする場合
① 冠詞／指示形容詞／所有形容詞／数詞／不定形容詞＋名詞

　　　ス　ソン　レザンファン ドゥ ジュリー　　　ウィ ス ソン　セザンファン
Ce sont les enfants de Julie ? — Oui, ce sont ses enfants.

ジュリーの子どもたちですか？ —はい, 彼女の子どもたちです.

② 主語代名詞／ on ＋動詞 (倒置疑問文での動詞＋主語代名詞), 目的語代名詞＋動詞, 代名詞＋代名詞

　　　ヴゼメ　　　　レザニモー
Vous aimez les animaux ?　　　　動物をお好きですか？

ウ アビットゥ**ティ**ル
Où habitent-ils ?　　　　　　　　　　彼らはどこに住んでいますか？

イルズィ　アビットゥ　ドゥピュイ　ディ**ザン**
Ils y habitent depuis dix ans.　　彼らはそこに 10 年前から住んでいる．

ヴ**ザ**ヴェ　　　デ**ザ**ミ　　　　　ウィ　ヌ**ザンナ**ヴォン　　　　ボク
Vous avez des amis ?　— Oui, nous en avons beaucoup.

あなたがたは友人がいますか？　—はい，たくさんいます．

③ 動詞命令形＋代名詞
ア**レ**ズィ
Allez-y.　　さぁ，おやりなさい．

④ 副詞＋形容詞
セ　トレ**ズュ**ティル
C'est très utile.　　とても役に立ちます．

⑤ quand / dont の後で
カン**ティ**ル　フェ　　ボ　　　オン**ネム**　ソルティール
Quand il fait beau, on aime sortir.　　天気がいいときには出かけるのが好きだ．

⑥ 前置詞の後で（hors, vers はリエゾンしません．）
オン**ネ**　　ス**ーザン**　　　グラン**タ**ルブル
On est sous un grand arbre.　　私たちは大きな木の下にいます．

⑦ 成句の中で
ドゥ プリュ**ザン** プリュ　　　　　　　　トゥ**タ**　フェ　　　　　プ**テートル**
de plus en plus　ますます／ tout à fait　完全に／ peut-être　たぶん

ここで，リエゾンのときの特殊な音を再確認しておきましょう．

デ**ゼ**テュディアン　　　　　　ドゥ**ザン**ファン
-s, -x, -z ＝［ズ：z］　des étudiants　学生たち　deux enfants　2 人の子ども

グラン**ト**ハ
-d ＝［ト：t］　grand homme　偉人

ヌ**ヴァン**　　　　　　　　ヌ**ヴール**
-f ＝［ヴ：v］（以下の 2 つの場合のみ）　neuf ans　9 歳／ 9 年　neuf heures　9 時
注：数字のリエゾンには特別なルールがあります．

書き取り試験

131

・リエゾンしてはいけない場合

① 主語名詞（固有名詞／普通名詞）＋動詞

> メ　　　パラン　／アビットゥ　プレ　ドゥ ニース
> Mes parents | habitent près de Nice.　私の両親はニースの近くに住んでいます.

> フランソワ　／ エ ラ
> François | est là.　　　　　　　　　フランソワはいます.

② 単数名詞＋形容詞

> モマン　　／アグレアーブル
> moment | agréable　　快適なひととき

③ 接続詞 et のあとで

> イラ アン ギャルソン エ ／ ユヌ フィーユ
> Il a un garçon et | une fille.　　彼には，一男一女がいます.

④ 有音の h の前で

> レ ／ エロ
> les | héros　　ヒーローたち

⑤ onze の前で

> レ ／ オンズ　　ポム
> les | onze pommes　　11個のリンゴ

注：リエゾンしてはいけない場合は，2次試験の音読問題のときに重要なカギになります.

アンシェヌマン（⌒）：発音される語尾の子音字が，後続の語の語頭の母音と結びついて一緒に読まれる現象のことをいいます.

> エラ　　マラ ラ テットゥ
> Elle a mal à la tête.　　彼女は頭が痛い.

> イリヤ　　ユネコル
> Il y a une école.　　学校があります.

エリジヨン（　）：母音字省略のことです. je, me, te, se, le, la, ce, ne, de, que, si などの語尾の母音字の e, a, i が，母音で始まる語が後ろに続くときに脱落して［’］と置き換えられて2語がひとまとまりになる現象のことをいいます.

> ラ アディスィヨン スィイル ヴ　　プレ　　　　ラディスィヨン スィル ヴ　　プレ
> La addition, si il vous plaît.　⇒　L'addition, s'il vous plaît.

注：si は，s'il と s'ils の場合のみエリジヨンします.

132

CD を聞いて，全文を書き取って下さい．（書き取れるまで何回でも繰り返し聞いて下さい．）

_____

_____

_____

_____

〈解答と和訳〉

ジェ　ユ　ナ　ミ　　キ　サペル　　マリー　　エラ　ユ　ヌ　スール　　エル ザビットゥ　　ダンズ ヌ
J'ai une amie qui s'appelle Marie.　Elle a une sœur.　Elles habitent dans une

メゾン　　プレ ドゥ **リュ**ニヴェルスィテ　エル ゾン　アン シヤン ノワール ブリュノ
maison près de　l'université.　Elles ont un chien noir, Bruno.

イ レ　トレ **ザ**ンテリジャン　　マリー エ サ スール ル　プロメーヌ　　トゥ　レ　マタン
Il est très intelligent.　Marie et sa sœur le promènent tous les matins.

「私にはマリーという名前の友人がいます．彼女は姉（妹）が1人います．彼女たちは大学の近くの一軒家に住んでいます．彼女たちはブリュノという黒い犬を飼っています．その犬はとても頭がいいです．マリーとその姉（妹）はその犬を毎朝散歩させています．」

2) つづり字記号を忘れない

> アクサン・テギュ：é
> アクサン・グラーヴ：à, è, ù
> アクサン・シルコンフレックス：â, ê, î, ô, û
> トレマ：ë, ï, ü
> セディーユ：ç

上記のつづり字記号のつけ忘れには十分気をつけましょう．

 **7**

CD を聞いて，全文を書き取って下さい．（書き取れるまで何回でも繰り返し聞いて下さい．）

_____

_____

_____

_____

〈解答と和訳〉

イエール マ メール エ モワ ソムザレ ア ラ メゾン ドゥ マ コレーグ プール フェテ
Hier, ma mère et moi sommes allées à la maison de ma collègue pour fêter

ノエル ヌザヴォン ビヤン マンジェ エ ボク リ オンナ パセ アン トレ ボン モマン
Noël. Nous avons bien mangé et beaucoup ri. On a passé un très bon moment

シェゼル
chez elle.

＊音声では女性がテキストを読んでいますので，冒頭文の動詞部分を sommes allées と書く方が自然ですが，sommes allés としても間違いではありません．

「昨日，母と私は同僚の家にクリスマスを祝うために行きました．よく食べて大いに笑いました．私たちはとても楽しいひとときを彼女のところで過ごしました．」

3) 句読点の名称を把握する

> ポワン：[.]
> ヴィルギュル：[,]
> ポワン・ダンテロガシヨン：[?]
> ポワン・デクスクラマシヨン：[!]

準2級の過去の出題では［.］と［,］のみでした．3回目の読みのときにこの句読点記号の名称も読まれます．あくまで記号を書くのであって，point あるいは virgule と書かないようにしましょう．

134

 **8**

CD を聞いて，全文を書き取って下さい．（書き取れるまで何回でも繰り返し聞いて下さい．）

_____

_____

_____

_____

〈解答と和訳〉

ダビテュドゥ　イルス　レーヴ ヴェール　スィズール　デュ　マタン　　メ　　ス　マタン　イル セ
D'habitude, il se lève vers six heures du matin. Mais, ce matin, il s'est

レヴェイエア　セットゥール　エ　ドゥミ　サ メール サンキエットゥ キル　ナリヴ　アン ルタール ア
réveillé à sept heures et demie. Sa mère s'inquiète qu'il n'arrive en retard à

レコル
l'école.

＊実際の試験で「数は算用数字で書いてください．」という指示がある場合には，six は 6，sept は 7 と書きましょう．

「いつも彼は朝の 6 時頃に起きます．でも今朝は 7 時半に目覚めました．彼の母は彼が学校に遅刻するのではないかと心配しています．」

4) 複数形の s や x を忘れない

　フランス語は複数形を表す **s** や **x** が発音されないために，うっかりつけ忘れる場合があります．冠詞など限定詞の複数形（des, les, ces, mes, tes, ses, nos, vos, leurs）や 2 以上の数詞が聞こえたら，後続の名詞や形容詞も複数形にすることに気をつけましょう．最後の見直しのときに注意して下さい．

5) 形容詞，過去分詞の性・数の一致に気をつける

　形容詞（付加的用法・属詞的用法）は関係する名詞の性と数に一致させなければなりません．女性形の作り方の原則は，男性単数形（原形）＋eで，複数形の作り方の原則は，単数形＋sです．その名詞の性・数がすぐに分かれば問題ないのですが，悩ましいときには次のような要領で解決しましょう．

　例えば，petit「小さい」の場合

	男性形		女性形	
単数	**petit**	プティ	**petite**	プティットゥ
複数	**petits**	プティ	**petites**	プティットゥ

　女性形では，語尾の子音字のtの音が出るので聞き分けができますが，聞きそびれるケースもあると思います．また，複数形では，それぞれ単数形とまったく同じ音です．joli「かわいい」などの形容詞ではすべて［ジョリ］という同じ音です．このようなときには，関係する名詞の前につく限定詞（冠詞，指示形容詞，所有形容詞等のこと）の音に注意したり，主語の性・数に注目すれば，その性・数の別はすぐに判明します．joliを使って確認してみましょう．

アン ジョリ サック		ユヌ ジョリ ジュップ	
un joli sac	かわいいバッグ	une jolie jupe	かわいいスカート
イレ ジョリ		エレ ジョリ	
Il est joli.	彼はかわいい．	Elle est jolie.	彼女はかわいい．
イル ソン ジョリ		エル ソン ジョリ	
Ils sont jolis.	彼らはかわいい．	Elles sont jolies.	彼女たちはかわいい．

　形容詞の特殊形の場合は，音が変わるのでかえって認知しやすいはずです．

　過去分詞の性・数の一致は，次のような3ケースが考えられます．
① 助動詞がêtreの複合時制における主語との性・数の一致

> Elles sont venu**es** de France. 　　　彼女たちはフランス出身です．
>
> Vous vous êtes bien amusé**s** hier soir ? 　昨晩，楽しみましたか？ vous＝直接目的語

　代名動詞の場合も，再帰代名詞＝主語と考えていいでしょう．ただし，再帰代名詞が間接目的語のときは性・数の一致をしません．

> Elle s'est lavé les mains. 　　　彼女は手を洗った． 　s'＝間接目的語

②受動態の主語との性・数の一致

> Marie est aimée de tout le monde. 　　　マリーはみんなから愛されている．

③先行する直接目的語との性・数の一致

> Tu as vu Sophie et Jeanne ? — Oui, je les ai vues tout à l'heure.
> ソフィーとジャンヌに会った？ —うん, さっき彼女たちと会ったよ.
> J'aime bien ces fleurs que tu m'as offertes.
> あなたからもらったこれらの花, 大好きよ.
> Quelle robe avez-vous achetée ?　どのワンピースを買いましたか？

注：最後の③のケースは, これまで数回出題されましたが, 直接目的語がすべて男性・
単数でした.

　冠詞, 指示形容詞, 所有形容詞, 不定形容詞, 疑問形容詞, 性・数の区別のあ
る指示代名詞などの性・数の一致に気をつけることも忘れないようにしましょ
う.

　CD を聞いて, 全文を書き取って下さい.（書き取れるまで何回でも繰
り返し聞いて下さい.）

_____

_____

_____

_____

〈解答と和訳〉

イエール　ジェ　ヴュ　ピエール　エ　エリック　　コミル　　　ソン　トレ　サンパティック　　　ヌ　　ヌ
Hier, j'ai vu Pierre et Éric. Comme ils sont très sympathiques, nous nous

　ソム　　　ビヤンナミュゼ　　　ヌ　　　ソムザレ　　　ダンズュヌ　　ボンヌ　ブラスリー
sommes bien amusés. Nous sommes allés dans une bonne brasserie

レゾナーブル　アン　マンジャン　　ヌ　ザヴォン　パルレ　デュ　ヴォワイヤージュ　オ　ゼタズュニ
raisonnable. En mangeant, nous avons parlé du　voyage　aux États-Unis.

「私は昨日ピエールとエリックに会いました. 彼らはとても感じがいいので, 大

137

いに楽しみました．私たちはおいしくて値段が手頃なレストランに行きました．食べながらアメリカ旅行の話をしました．」

6) 動詞の活用形を正確に書く

　準2級の書き取り問題で過去27回中に使われた動詞は46個です．また，時制は，直説法現在，直説法複合過去，直説法半過去，直説法単純未来，条件法現在（je voudrais のみ）の5つです．圧倒的に直説法現在が多く，次いで直説法複合過去が使われています．出題された動詞を頻度の高い順に示すと，avoir, être, aller, faire, aimer, habiter, prendre, venir です．この8つの動詞以外にも，travailer, voir, vouloir（直説法現在及び条件法現在），trouver, acheter, ouvrir, pouvoir, se sentir が2回以上出題されました．動詞の活用形はしっかり覚えておくことが大前提ですが，それでもなかなかすべてを網羅するのは大変です．そこで，第3問の章（p.42〜）を大いに参考にして下さい．なお，不定詞も頻繁に出題されますので，原形もきちんと書けるようにしておきましょう．

　フランス語の動詞の活用形は，その形の多さで難しく感じられるかもしれませんが，それさえ克服すればかなりのレベルアップにつながります．準2級の受験をきっかけに大いにフランス語力を向上させましょう．形が多いとはいえ，直説法半過去，直説法単純未来，条件法現在の活用語尾は主語に合わせて固定されています．また，直説法現在の活用語尾も3つのグループに分けて覚えることができます．

　CDを聞いて，全文を書き取って下さい．（書き取れるまで何回でも繰り返し聞いて下さい．）

_____

_____

_____

_____

〈解答と和訳〉

<small>マ　クズィヌ　　エト　　ジャポン　プール　エテュディエ　ル　ジャポネ　　　　エラ　　ランコントレ　ユヌ</small>

Ma cousine est au Japon pour étudier le japonais. Elle a rencontré une

<small>ジャポネーズ　ア　ラ　ソワレ　アミカル　ドゥ　ソネコル　　　エル　ス　ソンビヤンナンタンデュ</small>

Japonaise à la soirée amicale de son école. Elles se sont bien entendues.

<small>ドゥビュイ　エル　ソルトゥ　　スヴァン　アンサンブル</small>

Depuis, elles sortent souvent ensemble.

「私の従姉は，日本語を勉強するために日本にいます．彼女は学校の懇親会である日本人女性と出会いました．彼女たちは意気投合しました．それ以来，よく一緒に出かけます．」

注：主語が3人称複数のときの活用語尾には気をつけましょう．3人称単数なのか3人称複数なのか音だけでは区別できないものは落とし穴となるでしょう．そのときは前後の音や文脈で把握しましょう．

　書き取り攻略は，とにかく聞いて書くことにつきます．まずは次の総合練習問題に挑戦して下さい．その後も自分の回りのフランス語教材を使って，聞いて書く訓練を続けて下さい．第1問～第4問の章を利用することもお忘れなく．

　　　フランス語の文章を，次の要領で4回読みます．全文を書き取って下
さい．
・1回目，2回目は，ふつうの速さで全文を読みます．内容をよく理解す
　るようにして下さい．
・3回目は，ポーズをおきますから，その間に書き取って下さい．（句読
　点も読みます．）
・最後に，もう1回ふつうの速さで全文を読みます．
・数を書く場合は，算用数字で書いて下さい．

_____

_____

_____

_____

_____

メモ欄

 総合練習問題 ❷ 12

　　フランス語の文章を，次の要領で4回読みます．全文を書き取って下さい．
・1回目，2回目は，ふつうの速さで全文を読みます．内容をよく理解するようにして下さい．
・3回目は，ポーズをおきますから，その間に書き取って下さい．（句読点も読みます．）
・最後に，もう1回ふつうの速さで全文を読みます．
・数を書く場合は，算用数字で書いて下さい．

メモ欄

書き取り試験

2 聞き取り試験

テキストを聞き，さらにその内容に関しての5つか6つの質問を聞いて，解答文の一部を書く問題です．テキストは，2人の人物による総ワード数 100 ± 20 の会話文です．空欄は解答文全体で8箇所で，1問1点です．部分点はありませんので，スペルミスに注意しましょう．

過去問題 💿**13**

・まず，Claire と Frédéric の会話を聞いてください．
・続いて，それについての6つの質問を読みます．
・もう1回，会話を聞いてください．
・もう1回，6つの質問を読みます．1問ごとにポーズをおきますから，その間に，答えを解答用紙の解答欄にフランス語で書いてください．
・それぞれの（　　）内に1語入ります．
・答えを書く時間は，1問につき10秒です．
・最後に，もう1回会話を聞いてください．
・数を記入する場合は，算用数字で書いてください．
（メモは自由にとってかまいません）

(配点8)

(1) C'est (　　　　).

(2) Il doit rester au (　　　　).

(3) Oui, elle lui en a parlé l'(　　　　) jour.

(4) Il est (　　　　) de l'(　　　　).

(5) Il est ouvert jusqu'à (　　　　) heures.

(6) Elle viendra le (　　　　) en (　　　　).

解答番号	解答欄	解答番号	解答欄
(1)		(4)	
(2)		(5)	
(3)		(6)	
(4)			

(2011 年度春季)

(1) (vendredi)　　(2) (bureau)　　(3) (autre)　　(4) (près) (église)

(5) (20 / vingt)　　(6) (chercher) (voiture)

　会話文も，それについての質問文も聞き取らなければならないので，一見難しそうですが，問題用紙に印刷されている解答文そのものが重要なヒントになっています．まずは，会話文や質問文が読み上げられる前に，与えられた時間を利用して解答文に目を通し，（　　）にどのような単語が入るのかを予測しましょう．たとえば，名詞なら男性か女性か，単数形か複数形か，母音で始まる語か否かなどです．もちろん完全な予測はできないので，部分的でよいのです．

　そして，1回目の会話文を聞きます．このとき解答文を目で追いながら聞きましょう．会話文のなかで解答文と同じような文が読まれることがあるからです．また，会話の流れと同じ順序で解答文は並んでいます．会話のなかの登場人物はお互いに je あるいは nous と tu あるいは vous で呼び合うことが多いのですが，書かれている解答文の主語は 3 人称に変わりますので，動詞の活用などで惑わされないようにしましょう．解答文の（　　）に入るのは，ほとんどが会話文中に登場する単語です．このように考えてみると，この問題はある意味，書き取り問題に近いものといえるでしょう．ですから，初めて会話文が読まれている間は，書き取りのときと同じような感覚で，発音される語句をできるだけ書き取っていくことが有効です．特に数字は毎回のように出題されますから，必ずメモを取っておきましょう．数字は，算用数字で書くように指示されています．

　次に 1 回目の質問文を聞きます．もちろん質問文も会話の流れと合っていますので，予測した単語の条件と照らし合わせながら，この段階で答えらしきものが頭に浮かんだら即座にメモをしましょう．また，質問についてもメモを取りながら，どのような疑問詞が使われているかなどを考えておきます．

　続いて 2 回目の会話文を聞きます．この段階では質問文が分かっているはずですから，さらにポイントは絞れるはずです．そして，2 回目の質問文を聞いたあとに，解答欄に単語を記入していきます．よく聞き取れなかったところは，3 回目に会話文が読まれるときに，そこだけに注意して聞きましょう．最後に 30 秒見直す時間がありますから，落ち着いて答えを書くことができます．スペルの見直しも忘れないで下さいね．

　それでは，実際に解答の仕方を体験していきましょう．

　まず，読まれるテキストとその全訳を示しておきます．読まれるテキストにはリエゾンとアンシェヌマンの箇所を明示しておきますので，書き取り練習の要領で，**音読練習**をして音のつながりにも慣れておきましょう．

〈読まれるテキスト〉

Claire : Frédéric, tu es libre demain soir ? Demain, c'est vendredi.

145

Frédéric : Oui, Claire. Je dois rester au bureau jusqu'à dix-huit heures, mais après, je suis
libre.

Claire : Alors, on va ensemble au musée dont je t'ai parlé l'autre jour ?

Frédéric : Ah, le nouveau musée, près de l'église ?

Claire : Oui, c'est ça.

Frédéric : Mais après le travail, ce n'est pas trop tard ?

Claire : Le musée est ouvert jusqu'à vingt heures le vendredi.

Frédéric : Ah bon ! Ça va, alors. On se retrouve où ?

Claire : Attends-moi au bureau. Je viendrai te chercher en voiture.

Frédéric : Parfait.

〈全訳〉

クレール ：フレデリック，あしたの晩，ひま？　あしたは金曜日よ．

フレデリック：そうだね，クレール．ぼくは 18 時まで会社に居残っていないといけな
いんだ，でもそのあとならひまだよ．

クレール ：じゃあ，この間あなたに話した美術館に一緒に行きましょうか？

フレデリック：ああ，教会のそばの新しい美術館だね．

クレール ：ええ，そうよ．

フレデリック：でも仕事のあとだと遅すぎないかい？

クレール ：金曜日には，美術館は 20 時まで開いているのよ．

フレデリック：ああそうか！　それじゃ大丈夫だね．どこで落ち合う？

クレール ：会社で待ってて．車であなたを迎えにくるわ．

フレデリック：それはよかった．

　それでは，問題を 1 つずつ順番に検討していきましょう．まず，問題用紙の注意書き
に書いてある会話文の登場人物の名前を覚えておきましょう．この過去問題の登場人物
は，クレールとフレデリックです．

(1) 質問文　Demain, c'est quel jour de la semaine ?「あしたは何曜日ですか？」

　　解答文　C'est (vendredi).「金曜日です．」

　　　　曜日や日にちを尋ねるときの quel jour を使った疑問文です．質問文の文末の de
la semaine がしっかり聞き取れれば，曜日をきいていることが分かります．そして，
クレールは最初のセリフの後半で c'est vendredi と言っています．それがそのまま解
答文です．やはり，書き取りの要領でメモを取っておくことが大切です．

(2) 質問文　Demain, Frédéric doit rester où jusqu'à dix-huit heures ?

　　　　「あした，フレデリックは 18 時までどこに居残っていなければならないの
ですか？」

　　解答文　Il doit rester au (bureau).「彼は会社に居残らなければならない．」

　　　　疑問副詞の où「どこ」を使った疑問文ですから，解答文はその場所を答えていま
す．質問文の真ん中で où が言われるため，うっかりすると聞き逃す可能性がありま
す．解答文は Il doit rester au (　　).「彼は (　　) に居残ります．」となっていて，
rester au に続く (　　) のなかには明らかに場所の名詞が入ることが予測できます．
さらに質問文を検討してみましょう．Demain, Frédéric doit rester où jusqu'à dix-

huit heures？「あした，フレデリックは 18 時までどこに居残っていなければならないのですか？」は，フレデリックの最初のセリフ je dois rester au bureau jusqu'à dix-huit heures「ぼくは 18 時まで会社に居残っていないといけないんだ」と呼応しています．主語と場所の部分以外ほとんど同じです．印象に残る共通点は jusqu'à dix-huit heures でしょう．その音を頼りに，2 回目の会話文を聞くときに，dois rester au の後続で jusqu'à dix-huit heures の前の部分を集中して聞きましょう．

(3) 質問文　Est-ce que Claire a déjà parlé du nouveau musée à Frédéric ?
　　　　　「クレールはこれまでに新しい美術館のことをフレデリックに話したことがありましたか？」
　　解答文　Oui, elle lui en a parlé l'(autre) jour.
　　　　　「はい，彼女は彼に先日そのことを話しました．」

　est-ce que で始まる疑問文です．それに対して，解答文は oui で答えています．これはクレールの 2 番目のセリフの後半さえ聞き取れれば，すんなり正解できます．そのセリフの後半部分と解答文がほとんど同じだからです．では，実際に見くらべてみましょう．Alors, on va ensemble au musée dont je t'ai parlé l'autre jour ?「じゃあ，この間あなたに話した美術館に一緒に行きましょうか？」と Oui, elle lui en a parlé l'(autre) jour.「はい，彼女は彼に（　　）日そのことを話しました．」です．違いは，主語と間接目的語代名詞が変わっていることと musée dont の部分が中性代名詞の en になっている点です．ただ，（　　）の前後の parlé と jour は同じですから，2 回目に会話文が読まれるときに，母音で始まる autre を聞き取りましょう．

(4) 質問文　Où est le nouveau musée ?「新しい美術館はどこにありますか？」
　　解答文　Il est (près) de l'(église). 「それは教会のそばにあります．」

　疑問副詞の où「どこ」で始まる疑問文です．文頭に où がありますので，簡単にその文意は分かるはずです．解答文には（　　）が 2 つあります．前者には位置関係を示す前置詞句の一部が入ること，そして後者には（　　）直前がエリジョンしているので母音で始まる場所の名詞が入ることがそれぞれ予測できます．解答文の主語の il が le nouveau musée に相当すると気づけば，正解はフレデリックの 2 番目のセリフそのものであることが分かります．あとは，près と église を正確に書くことです．特に，つづり字記号のつけ忘れに気をつけましょう．près の [｀] アクサン・グラーヴと église の [´] アクサン・テギュです．

(5) 質問文　Demain, le musée est ouvert jusqu'à quelle heure ?
　　　　　「あした，新しい美術館は何時まで開いていますか？」
　　解答文　Il est ouvert jusqu'à (20 / vingt) heures.
　　　　　「それは 20 時まで開いています．」

　時間を尋ねるときの quelle heure「何時」を使った疑問文です．この問題は，解答文を見た瞬間に（　　）の後ろの heures が時刻を表し，複数形であることが分かりますね．つまり，2 以上の数字が入ることは容易に予測できます．この点に気をつけていれば，会話文を初めて聞いた時点で，正解となる数字を見つけることができます．会話文のなかに数字は 2 度登場しています．18 (dix-huit) と 20 (vingt) ですね．この 2 つの数字の前のどちらにも jusqu'à が置かれているので紛らわしい印象があります．しかし，前者の jusqu'à dix-huit heures は質問 (1) ですでに出題されていますので，落ち着いて対応すれば大丈夫です．この質問文や解答文は，会話文中のクレールの 4 番目のセリフの Le musée est ouvert jusqu'à vingt heures le vendredi.「金曜日には，美術館は 20 時まで開いているのよ。」とほとんど同じものです。解答文の主語の il が le musée を指しているのですから，2 回目に会話文が読まれるときに，est ouvert jusqu'à の直後の数字を意識して確認すれば，（　）のなかには 20 (vingt) が入ることが分かります。このように数字は必ずメモを取っておきましょう。特に，heure(s)，an(s)，euro(s) の単語の前には数字がつくことを常に意識しておくといいでしょう。数字のリエゾンにも要注意です。なお，問題用紙の注意書きにもあるとおり，数詞は算用数字を用いて書くことになっていますので，実際の試験では解答用紙の所定の欄には 20 を記入して下さい。

(6) 質問文　Comment Claire retrouvera-t-elle Frédéric ?
　　　　　「クレールはフレデリックとどのようにして落ち合いますか？」
　解答文　Elle viendra le (chercher) en (voiture).「彼女は車で彼を迎えに来ます。」
　　疑問副詞 comment「どのように」を使った疑問文です。手段を尋ねていますが，解答文には（　）が 2 つあります。直前に en が置かれているので，2 番目の（　）のなかには交通手段が入ることが予測できます。1 番目の（　）は，viendra le に続いていますので，le を直接目的語にする不定詞が入ることが考えられます。質問文で使われている動詞がフレデリックの 4 番目のセリフに含まれていて，一方，解答文はクレールの最後のセリフに相当しています。つまり，2 人の登場人物が言っていることを把握しなくてはならないのです。しかし，クレールの最後のセリフと解答文とが，主語と目的語以外はほとんど同じであることに気がつけば，すぐに正解が分かります。見くらべてみると，Je viendrai te chercher en voiture.「車であなたを迎えにくるわ。」と Elle viendra le （　） en （　）.「彼女は（　）で彼を（　）来ます。」です。カギになるのは，viendrai でしょう。2 回目に会話文が読まれたときに viendrai に続く単語を集中して聞き取りましょう。

　　以上，過去問題を見ながら，穴埋め問題をどのように解答したらよいのかを考えてきました。練習問題を実践する前に，もう一度，聞き取り穴埋め問題に臨むためのポイントを押さえましょう。

- 問題用紙の注意書きに書いてある会話文の登場人物の名前を覚える。
- 会話文が読み上げられる前に与えられた時間を利用して，解答文に目を通し，（　）にどのような単語が入るか，簡単に予測する。
- 書き取り訓練の要領で，会話文（2 回とも）をできるだけ書き取る。数字は必ずメモを取る。
- 会話文の流れに準じた質問文（1 回目）のメモを取る。
- 自分の予測と質問文（2 回目）の意図を照らし合わせて，解答欄に適切な単語を書き入れる。
- （　）の前後を確認して，単数形か複数形なのかを見極める。
- 会話文（3 回目）をよく聞いて，解答欄に記入した単語をもう一度チェックする。
- 見直しの 30 秒では，スペルチェックを行う。

また，質問文についてもおさらいしておきましょう．2006 年度春季〜2018
年度秋季までに出題された計 147 の質問文のうち，32 は全体疑問文で，残り
115 の質問文が部分疑問文で，多くの疑問詞が使われています．そこで，疑問詞
についても簡単におさらいしておきましょう．

●疑問代名詞 （第 4 問　p.88 参照）

前置詞のない場合

対象	働き	主語	直接目的語
人	単純形	Qui	Qui
	複合形	Qui est-ce qui	Qui est-ce que (qu')
もの	単純形		Que (Qu')
	複合形	Qu'est-ce qui	Qu'est-ce que (qu')

前置詞のある場合

対象	働き	間接目的語・状況補語	
人	単純形	前置詞＋ qui	à qui, de qui, pour qui など
もの	単純形	前置詞＋ quoi	à quoi, de quoi, pour quoi など

注：数によって使い分ける疑問詞（lequel など）は対象外です．

以上の疑問代名詞のうち，実際に出題されたのは qu'est-ce que（qu'）が 33 回
と圧倒的で，他は前置詞のない qui が 2 回，前置詞のついた qui（avec qui）が
1 回のみでした．

●疑問副詞

combien	いくつ／いくら	quand	いつ
combien de ＋名詞	何人の／いくつの	pourquoi	なぜ
où	どこ	comment	どのような（に）

疑問副詞はまんべんなく出題されており，出題回数の多い順に示すと，quand が
17 回，où が 14 回，pourquoi が 13 回，comment が 11 回，combien が 6 回でした．

●疑問形容詞

	単数	複数
男性	quel	quels
女性	quelle	quelles

付加的用法：「どんな」「どの」
属詞的用法：「何」「誰」

疑問形容詞は付加的用法が10回（quel âge が3回, quelle heure が2回, quel jour, quel quartier, quel étage, quelle exposition, quelle sorte がそれぞれ1回）で, 属詞的用法が3回でした.

最後にもう1つ注意すべき点があります. 聞き取り問題は, 読まれるテキストを正確に理解できるかどうかがカギになります. 特にフランス語独特の読みのルール（リエゾンやアンシェヌマンなど）を把握しておくべきでしょう. やはり, ここでも書き取り訓練が大事であることを強調しておきます. 出題される単語は基本単語ばかりですので, 身の回りにあるフランス語教材（4級～5級）を利用して, 音読と書き取りの訓練を続けて下さい.
　では, いよいよ, 練習問題に挑戦しましょう. ここで学んだやり方を皆さん自身で実践し, （　　）に入る語を予測しながら, 読まれるテキストに耳を傾けて下さい.

14

・まず, Georges と Yoko の会話を聞いて下さい.
・続いて, それについての6つの質問を読みます.
・もう1回, 会話を聞いて下さい.
・もう1回, 6つの質問を読みます. 1問ごとにポーズをおきますから, その間に, 答えを（　　）にフランス語で書いて下さい.
・それぞれの（　　）内に1語入ります.
・答えを書く時間は, 1問につき10秒です.
・最後に, もう1回会話を聞いて下さい.
・数を記入する場合は, 算用数字で書いて下さい.
　（メモは自由にとってかまいません）

(1) Elle a (　　　　　　　　) mine.

(2) Depuis ce (　　　　　　　　).

(3) Elle a (　　　　　　　　) (　　　　　　　　　　) la pluie sans parapluie.

(4) Non, il lui dit d'(　　　　　　　　) voir le médecin.

(5) Non, (　　　　　　　　).

(6) Il se (　　　　　　　　) dans ce quartier, à (　　　　　　　　)

　　minutes de marche d'ici.

15

・まず，男性店員と Bernier 夫人の会話を聞いて下さい．
・続いて，それについての 6 つの質問を読みます．
・もう 1 回，会話を聞いて下さい．
・もう 1 回，6 つの質問を読みます．1 問ごとにポーズをおきますから，
　その間に，答えを（　　　）にフランス語で書いて下さい．
・それぞれの（　　　）内に 1 語入ります．
・答えを書く時間は，1 問につき 10 秒です．
・最後に，もう 1 回会話を聞いて下さい．
・数を記入する場合は，算用数字で書いて下さい．
　（メモは自由にとってかまいません）

(1) Il aura (　　　　　　　　) ans dans huit jours.

(2) Il n'a pas (　　　　　　　　) de préférence.

(3) Non, il n'a (　　　　　　) sens (　　　　　　).

(4) Parce qu'il a les (　　　　　　) bleus.

(5) Elle lui a déjà offert une cravate bleue à (　　　　　　)
　　l'année dernière.

(6) Il lui propose de lui (　　　　　　) un (　　　　　　)-
　　cadeau.

メモ欄

第2問 ✎ 内容一致問題

　長文テキストの聞き取り問題です．まず総ワード数 140±20 の長文のテキストを聞きます．次にテキストの内容に関する 10 の文を聞いて，それぞれの文が，テキストの内容に一致するか，しないかを判断します．①（一致する）か②（一致しない）を選ぶ選択式の問題です．問題文は 10 題で，1 問 1 点の配点です．

過去問題 16

・まず，フランス語の文章を 2 回聞いてください．
・次に，その内容について述べた文 (1) 〜 (10) を 2 回通して読みます．
　それぞれの文が文章の内容に一致する場合は解答欄の①に，一致しない場合は②にマークしてください．
・最後に，もう 1 回文章を聞いてください．
（メモは自由にとってかまいません）　　　　　　　　　　　　　　（配点 10）

解答番号	解　答　欄
(1)	① ②
(2)	① ②
(3)	① ②
(4)	① ②
(5)	① ②
(6)	① ②
(7)	① ②
(8)	① ②
(9)	① ②
(10)	① ②

（2011 年度春季）

(1) ② (2) ① (3) ① (4) ② (5) ② (6) ① (7) ① (8) ① (9) ② (10) ①

　筆記試験の第6問と同様に，問題の (1)〜(10) は，通常，テキストの内容に沿って順番になるように作られていますから，その点を頭に入れてリスニングに臨みましょう.

　解き方としては，最初のリスニングで，主題やおおよその内容を把握します. 必ず1つや2つ，知らない単語も出てくるでしょう. また，リエゾンやアンシェヌマンによって知っている語でもすぐにピンと来ないこともあります. 細部にはあまりこだわらず，まずはリラックスして全体を理解することに努めましょう.

　2回目のリスニングでは，英語の5W1Hを念頭におき，**誰が，何を，いつ，どこで，なぜ，どのように**したのかなどに注意しながら，簡単なメモを取ります. ただし，メモを取ることに一生懸命になって，話の流れが把握できなくなってはいけません.

　個人の生活をテーマにしたテキストでは，客観的な事実だけではなく，登場人物の考えや希望なども問われることがあります. たとえば，登場人物は**何をしたいのか，どう思っている**のか，など特に注意して聞きましょう.

　次に，10問の問題文が2回読まれます. 1回目のリスニングからすぐに○，×をメモしておきましょう. 2回目は，1回目の確認をするつもりで聞くと，気持ちに余裕が生まれるので，よりリスニング能力が高まります.

　なお，問題文では固有名詞で聞かれることが多いので，問題冊子に人物の名前が記されているときは，その名前を頭に置いてリスニングに臨みましょう. ここで取り上げた2011年度春季の問題の場合は冒頭で読まれるClaude（クロード）の名前を意識しながら聞きましょう. ちなみに，フランス語の人名の読み方は英語とは違うので，日頃からフランス語の人名に慣れておくといいでしょう.

　最後に1回，テキストが読まれるので，全体の確認として聞きましょう.

　今回のテキストは従来のものとはやや異なり，個人の生活をテーマにしていますが，社会文化的要素が混在しています. 3人称の語りの形式で，内容はパリにある老舗のパン屋とその店主Claude（クロード）の話でした.

　まず，読まれるテキストとその全訳を示しておきます. 読まれるテキストには，リエゾンとアンシェヌマンの箇所を明示してあります. **音読練習**をして音のつながりに慣れておきましょう.

〈読まれるテキスト〉

Claude est patron d'une boulangerie.　Sa boutique est située dans un quartier touristique et ses clients ne sont pas seulement les gens du quartier mais aussi des touristes étrangers. La boulangerie a ouvert en 1811. C'est l'une des plus anciennes de

Paris. Elle est toujours restée dans le même quartier. En deux cents ans, beaucoup de choses ont changé. Au début du 19ᵉ siècle, les Français mangeaient en moyenne 900 g de pain par jour. Aujourd'hui, ils n'en mangent que 160 g. De nouveaux produits sont apparus. La boulangerie de Claude a vécu avec son temps. On dit même que les premiers croissants ont été faits chez lui.

Cette année, Claude a fêté les deux cents ans de sa boulangerie. Il a commencé à y travailler comme boulanger à l'âge de quinze ans et il aura soixante-cinq ans le mois prochain. Ce jour-là, sa fille deviendra la nouvelle patronne.

〈全訳〉

　　クロードはパン屋の店主である．彼の店は観光地区にあり，彼のお客さんは地域の住民だけではなく外国人観光客もそうである．パン店は 1811 年に開店した．これはパリでもっとも古い店のひとつである．それ（＝クロードのパン店）は，（1811 年に開店して以来）ずっと同じ地区にあった．200 年の間に多くの物事が変わった．19 世紀の初めには，フランス人は 1 日平均 900 グラムのパンを食べていた．今日では，160 グラムしか食べない．新しい製品（＝パン）もいくつか生まれた．クロードのパン店は時代とともに生きてきた．最初のクロワッサンは彼のところ（＝クロードのパン店）で作られたとすらいわれている．

　　今年，クロードは彼のパン店の 200 年記念を祝った．彼は 15 歳でパン屋としてそこ（＝今のパン店）で働き始め，来月で 65 歳になる．その日，彼の娘が新しい店主になる．

　それでは，問題を 1 つずつ順番に検討していきましょう．

(1) ② Les clients de la boulangerie de Claude sont seulement les gens du quartier.
　　「クロードのパン店のお客さんは地域の住民だけである．」
　　読まれたテキストの最初の部分で，ses clients ne sont pas seulement les gens du quartier mais aussi des touristes étrangers「彼のお客さんは地域の住民だけではなく外国人観光客もそうである」と言っています．問題文は，ses clients「彼のお客さん」を Les clients de la boulangerie de Claude「クロードのパン店のお客さん」に変え，否定文を肯定文に変えたものです．
　　読まれたテキストでは ne 〜 pas seulement A mais aussi B「A だけでなく，B も〜である」という熟語表現が含まれているので，分かりにくい印象を与えますが，ポイントは否定文から肯定文になっているところです．落ち着いて聞けば，この問題は内容が一致していないと判断できます．聞き取り試験第 2 問では，このようにテキストの長い一文の一部を抜き出してその正誤を問う問題がよく出題されます．なお，先ほどの熟語の類似表現に non seulement A mais aussi B「A だけでなく，B も」があります．これも一緒に覚えておきましょう．

(2) ① La boulangerie de Claude a ouvert en 1811.
　　「クロードのパン店は 1811 年に開店した．」
　　読まれたテキストでは，La boulangerie a ouvert en 1811.「パン店は 1811 年に開店した．」と言っています．読まれたテキストと問題文との違いは，問題文に de Claude「クロードの」という語句がついていることです．それ以外はまったく同じ

です．当然，(2) は内容が一致しています．なお，読まれたテキストに数字が出てき
た場合，出題される可能性が極めて高いので，必ずメモしておきましょう．

(3) ① La boulangerie de Claude est l'une des plus anciennes de Paris.

「クロードのパン店は，パリでもっとも古い店のひとつである．」

　読まれたテキストでは，C'est l'une des plus anciennes de Paris.「これはパリでも
っとも古い店のひとつである．」と言っています．この文は前文の La boulangerie a
ouvert en 1811.「パン店は 1811 年に開店した．」の la boulangerie を受けて述べら
れています．つまり，読まれたテキストの該当箇所と問題文は，読まれたテキスト
で c'est「これは〜です」となっているところが，問題文では la boulangerie de
Claude est「クロードのパン店は〜です」と主語が明示されている以外，まったく同
じ文です．したがって，内容は一致しています．

(4) ② La boulangerie de Claude a changé de quartier plusieurs fois en deux cents ans.

「クロードのパン店は，200 年の間に何度も所在する地区を変えた．」

　読まれたテキストでは，Elle est toujours restée dans le même quartier.「それは，
ずっと同じ地区にあった．」と言っています．Elle「それ」は，文脈から当然，la
boulangerie de Claude「クロードのパン店」だと分かります．この問題で正誤の判
断のポイントになるのが，読まれたテキストの est toujours restée「ずっと同じ地区
にあった」と問題文の a changé de quartier plusieurs fois「何度も所在する地区を変
えた」です．rester と changer は基本動詞ですので，すぐに分かりますね．この問題
は内容が一致していません．なお，rester は複合過去形になったとき être を助動詞
に使いますので，忘れないようにしましょう．

(5) ② Aujourd'hui, les Français mangent autant de pain qu'il y a deux cents ans.

「今日，フランス人は 200 年前と同じ量のパンを食べている．」

　読まれたテキストで関係するのは，Au début du 19ᵉ siècle, les Français mangeaient
en moyenne 900 g de pain par jour. Aujourd'hui, ils n'en mangent que 160 g.「19
世紀の初めには，フランス人は 1 日平均 900 グラムのパンを食べていた．今日では，
160 グラムしかそれ（＝パン）を食べない．」のところです．これは，文意をきちん
と理解しないと判断できない問題です．

　問題文では autant de 〜 que...「…と同じくらい多くの〜」という同等比較を使っ
ています．この比較表現は，que 以下の比較の対象が il y a deux cents ans「200 年前」
となっているので，少々分かりにくくなっていますが，hier「昨日」や une semaine
auparavant「1 週間前」などの時を表す副詞（句）も比較の対象になることが分か
れば，問題はないでしょう．読まれたテキストでは，19 世紀の初めには 900 グラム
食べていたパンを今日では 160 グラムしか食べないと言っていますので，(5) は内容
が一致していません．

(6) ① En deux cents ans, de nouveaux produits sont apparus.

「200 年の間に，新しい製品（＝パン）がいくつか生まれた．」

　読まれたテキストでは，De nouveaux produits sont apparus.「新しい製品がいく
つか生まれた．」が関係する箇所です．問題文と比べると，違いは問題文に En deux
cents ans「200 年の間に」がついているだけです．これは文脈から判断する問題です．
読まれたテキストでは先に En deux cents ans, beaucoup de choses ont changé.「200
年の間に多くの物事が変わった．」と言い，それ以降段落の終わりまでの話は，すべ

てこの200年間に起きたことです．その点さえ理解できれば，問題文にEn deux cents ans「200年の間に」がついていても，内容が一致していると判断できます．

(7) ① On dit que les premiers croissants ont été faits dans la boulangerie de Claude.

「最初のクロワッサンはクロードのパン店で作られたといわれている．」

読まれたテキストでは，On dit même que les premiers croissants ont été faits chez lui.「最初のクロワッサンは彼のところで作られたとすらいわれている．」と言っています．問題文は，読まれたテキストの該当箇所とほぼ同じです．違いは，読まれたテキストでchez lui「彼の店で」となっているところが，問題文ではdans la boulangerie de Claude「クロードのパン店で」となっていることです．また，« On dit que ＋主語＋動詞 »「〜ということだ，〜という噂だ」は，伝聞の表現ですが，読まれたテキストでは，これに副詞のmême「〜でさえ，〜すら」がついたものです．したがって，この問題は内容が一致しています．

(8) ① Claude a fêté les deux cents ans de sa boulangerie cette année.

「クロードは今年，彼の店の200年記念を祝った．」

読まれたテキストで関係するのは，Cette année, Claude a fêté les deux cents ans de sa boulangerie.「今年，クロードは彼のパン店の200年記念を祝った．」のところです．読まれたテキストと問題文はほぼ同じ文です．唯一の違いは，時の表現であるcette année「今年」が読まれたテキストが文頭にあり，問題文では文末にきていることです．当然，この問題は内容が一致しています．

(9) ② Claude a commencé à travailler comme boulanger quand il avait dix-sept ans.

「クロードは，17歳のときパン屋として働き始めた．」

読まれたテキストでは，Il a commencé à y travailler comme boulanger à l'âge de quinze ans「彼は15歳のときパン屋としてそこで働き始め」が関係する箇所です．これもまた数字を使った問題です．読まれたテキストと問題文の大きな違いは，年齢のところです．読まれたテキストでは，à l'âge de quinze ans「15歳で」と言っているのに対し，問題文ではquand il avait dix-sept ans「彼が17歳のとき」と言っています．quinze ansとdix-sept ansはともにアンシェヌマンをしますが，音の違いは明らかなのですぐに分かりますね．内容は一致していません．

(10) ① La fille de Claude deviendra la patronne de la boulangerie le mois prochain.

「来月，クロードの娘がパン店の主人になる．」

読まれたテキストで関係するのは，最後の文Ce jour-là, sa fille deviendra la nouvelle patronne.「その日，彼の娘が新しい店主になる．」です．読まれたテキストと問題文はほぼ同じです．違いは，読まれたテキストで主語がsa fille「彼（クロード）の娘」となっているのに対し，問題文ではLa fille de Claude「クロードの娘」となっていることと，読まれたテキストでce jour-là「その日」が，問題文ではle mois prochain「来月」となっていることです．

ここでの判断のポイントは，ce jour-làとle mois prochainが同じか否かを見極めることです．これは文脈から判断する問題です．直前の文でil aura soixante-cinq ans le mois prochain「来月で65歳になる」と言っています．話の流れは，来月クロードが65歳の誕生日を迎えたら，娘に店を譲るということなので，このce jour-là「その日」がle mois prochain「来月（の彼の誕生日）」であることが分かりますね．したがって，この問題は内容が一致していると判断します．

17

- まず，Jean-Michel についての文章を 2 回聞いて下さい.
- 次に，その内容について述べた文 (1) 〜 (10) を 2 回通して読みます.
  それぞれの文が文章の内容に一致する場合は解答欄の①に，一致しない場合は②にマークして下さい.
- 最後に，もう 1 回文章を聞いて下さい.
  （メモは自由にとってかまいません）

解答番号	解 答 欄
(1)	① ②
(2)	① ②
(3)	① ②
(4)	① ②
(5)	① ②
(6)	① ②
(7)	① ②
(8)	① ②
(9)	① ②
(10)	① ②

メモ欄

聞き取り試験

2

内容一致問題

・まず，Nicole についての文章を 2 回聞いて下さい．
・次に，その内容について述べた文 (1) ～ (10) を 2 回通して読みます．
　それぞれの文が文章の内容に一致する場合は解答欄の①に，一致しな
　い場合は②にマークして下さい．
・最後に，もう 1 回文章を聞いて下さい．
　（メモは自由にとってかまいません）

解答番号	解　答　欄
(1)	① ②
(2)	① ②
(3)	① ②
(4)	① ②
(5)	① ②
(6)	① ②
(7)	① ②
(8)	① ②
(9)	① ②
(10)	① ②

メモ欄

2 次試験

2次試験は，受験者と試験委員との個別面接形式の口頭試験です．約35±3語（5級～4級程度の基本単語）からなるフランス語文の音読と，その文とイラストに関する仏問仏答の2部構成です．試験は5分間で行います．配点は，音読が10点で，5つの質問が20点の合計30点です．この試験では，正確にフランス語文を読み上げることと，質問を正しく理解し適切に応答することが求められます．まずは，「受験者心得」を確認しておきましょう．

準2級　2次試験　受験者心得

留意事項

1. 試験は，一人の面接委員と一人の受験者との対話形式による口頭試験です．
2. 試験室入室時に，Bonjour など挨拶することは差し支えありませんが，握手は不要です．
3. 試験室入室後はメモを取ったり，辞書を使用することはできません．
4. 受験者確認と試験の説明は日本語で行います．これらは採点の対象にはなりません．
5. 試験が終了して試験室から退出したら，控室に戻ったり，待機中の他の受験者と話したりしないでください．
6. 試験を録音することはできません．

試験の進行

1. 待　　　機：係員の指示に従って，控室から試験室前の待機席に移動してください．（控室へ戻ることはできませんので，荷物等を持って移動してください．）
2. 入　　　室：係員の指示に従って，速やかに試験室にお入りください．（ノックをして応答を待つ必要はありません．）
3. 着　　　席：面接委員の日本語の指示に従い，着席してください．
4. 本人確認：面接委員が日本語であなたの受験級と氏名を確認しますから，日本語で答えてください．
5. 試　　　験：試験は以下の順に進行します．
　　　　　　　　(1) 面接委員が受験者に問題カードを手渡します．

(2) カードに印刷されたフランス語の文章を黙読して，イラストに目を通しておいてください．時間は1分間です．

(3) 面接委員の指示に従い，カードに印刷されたフランス語の文章を音読してください．

(4) 音読終了後，フランス語の質問（Question）を5つします．フランス語で答えてください．質問開始以降の会話は，すべてフランス語で行われます．試験終了まで日本語は使用できません．

＊ Question 1 と Question 2 は音読したフランス語の文章に関するものです．問題カードを見ても構いません．

＊ Question 3，Question 4，Question 5 はイラストについてのものです．問題カードのイラストを見て答えてください．

＊各 Question は2度繰り返します．答える時間は，ひとつの Question につき10秒ずつです．

6. 試験終了：面接委員が「これで試験を終わります．退出して結構です．」と言ったら，問題カードを試験委員に返して，自分の持ち物を持って速やかに退出してください．

以上が，事前に配布される「受験者心得」です．これだけでは具体的にどのような点に気をつけなければならないのかが，よく分かりませんね．まずは，過去問題を検証することによって，口頭試験を実感してみましょう．

入室後，面接委員から問題カードが渡されます．問題カードには，フランス語の文章とイラストが印刷されていて，その大きさはA4サイズです．

161

En France, il y a beaucoup de gens qui aiment la musique. Ils vont souvent au concert. Certains concerts sont donnés dans des jardins ou dans des églises. Ils sont en général gratuits.

(2010 年度秋季)

〈音読文の全訳〉

「フランスには，音楽を好きな人がたくさんいます．彼らはよくコンサートに行きます．いくつかのコンサートは，公園や教会で開催されます．それらは一般的に無料です．」

　音読を分かりやすくするために，文全体の発音を一番近い音のカタカナで表記します．また，活用されている動詞は □ で囲みます．

アン　フランス　イリヤ　　ボク　　ドゥジャン　キ　　エム　　ラ　ミュズィックイル　ヴォン
En France, il y a beaucoup de gens qui aiment la musique. Ils vont

スヴァン　　オ　コンセール　　セルタン　コンセール　ソン　　ドネ　　ダン　デ ジャルダン ウ　ダン
souvent au concert. Certains concerts sont donnés dans des jardins ou dans

デゼグリーズ　　イル　ソン　アン ジェネラル　グラテュイ
des églises. Ils sont en général gratuits.

　では，重要なポイントを押さえていきましょう．まず，il y a はアンシェヌマンで読みます．souvent と au, sont と en はリエゾンしてもしなくてもよいケースですので，普段通りに読めば大丈夫です．des と églises は必ずリエゾンします．そして，動詞の活用形はほとんどが 3 人称複数です．aiment の活用語尾の -ent の読み方に注意しましょう．

〈仏問仏答〉

質問文と応答例

　📖 Question 1 : En France, qu'est-ce que beaucoup de gens aiment ?
応答例⇒ Ils aiment la musique.

　📖 Question 2 : Où est-ce que certains concerts sont donnés ?
応答例⇒ Ils sont donnés dans des jardins ou (dans) des églises.

　🖼 Question 3 : La dame à gauche, qu'est-ce qu'elle fait ?
応答例⇒ Elle joue du piano.

　🖼 Question 4 : Qu'est-ce qu'il y a à côté du garçon ?
応答例⇒ Il y a un chien.

　🖼 Question 5 : Quel temps fait-il ?
応答例⇒ Il fait beau. / Il fait soleil. / Il y a du soleil.

　質問は，最初の 2 つが音読したフランス語文に関してのもので，残り 3 つはイラストについてです．いずれも疑問詞を用いた質問文です．今回は，疑問代名詞の qu'est-ce que と疑問副詞の où, そして疑問形容詞の quel が使われました．疑問詞の確認をしましょう．疑問代名詞は第 4 問の章（p.87）を，疑問副詞と疑問形容詞は聞き取り試験第 1 問の章（p.149）を参照して下さい．それぞれの疑問詞に対する応答のしかたも復習

しましょう．準2級の口頭試験では，発音においても文法においても正確さを求められます．ですから，単語だけで答えるのではなく，正しい文でかつ適切な発音で答えなければなりません．まずは満点（各4点，合計20点）を目指しましょう．とはいえ，完全な文を作ることができなくてもあきらめてはいけません．部分点を獲得することもできますから，一部の単語を使ってでも答えておきましょう．では，ポイントを押さえながら，1つずつ応答例を解説します．また，適切な発音の参考になるように質問文および応答例に読みのカタカナをつけます．

📖 音読文に関する質問

　　　　　　　　アン　フランス　　　ケ　ス　ク　　ボク　ドゥジャン　エム
Question 1: En France, qu'est-ce que beaucoup de gens aiment ?
　　　　　　「フランスでは，多くの人たちは何が好きですか？」

　　　　　　イルゼム　　ラ　ミュズィック
応答例⇒ Ils aiment la musique.「彼らは音楽が好きです．」

　qu'est-ce que を使って「何が好きか？」を尋ねているので，重要点は目的語の la musique ですが，主語と動詞を省かずに文にして答えましょう．ただ，すでにお分かりだと思いますが，冒頭の一文がそのまま答えになっています．その際に，主語の beaucoup de gens（男性複数）を，主語人称代名詞の ils に言い換えることに気をつけましょう．さらに，ils aiment を［イルゼム］とリエゾンすることも忘れてはいけません．うっかり［イレム］(il aime) と言ってしまうと，主語人称代名詞を間違えたことになり，また，［イルエム］と言うとリエゾンをしていない誤答となります．

　　　　　　　ウ　エ　ス　ク　セルタン　コンセール　ソン　　ドネ
Question 2: Où est-ce que certains concerts sont donnés ?
　　　　　　「コンサートのいくつかはどこで開催されますか？」

　　　　イル　ソン　ドネ　　　ダン　デ　ジャルダン　ウ　　ダン　　デゼグリーズ
応答例⇒ Ils sont donnés dans des jardins ou (dans) des églises.

　疑問副詞の où で［場所］を尋ねています．この質問も3番目の文がそのまま答えになっています．その際に，主語の certains concerts（男性複数）を，主語人称代名詞の ils に言い換えることを忘れないで下さい．

〽 イラストに関する質問

　　　　　　　　ラ　ダム　ア　ゴーシュ　　ケ　ス　ケル　フェ
Question 3: La dame à gauche, qu'est-ce qu'elle fait ?
　　　　　　「左にいる女性は何をしていますか？」

　　　　エル　ジュ　デュ　ピヤノ
応答例⇒ Elle joue du piano.「ピアノを演奏しています．」

　まず，la dame à gauche, というようにイラスト上の人物を特定します．この手法は毎回と言っても過言ではないくらいによく使われます．その人物について答えるわけですが，それが男性名詞であるのか女性名詞であるのかを頭の中ではっきりさせておきましょう．楽器を演奏するという場合には，jouer de 〜を使います．du piano の du は，de と定冠詞 le の縮約形です．また，faire du piano で「ピアノを弾く」という意味になりますので，Elle fait du piano. と答えることも可能です．なお，この場合の du は部分冠

詞です.

Question 4: Qu'est-ce qu'il y a à côté du garçon ?
ケ ス キリヤ ア コテ デュ ガルソン

「少年のかたわらには何がいますか？」

応答例⇒ Il y a un chien.「1匹の犬がいます.」
イリヤ アン シヤン

　qu'est-ce que を使った疑問文です．イラストの右端に少年がいて，そのかたわらに犬がいますね．少し分かりづらい印象がありますが，イラストにはくまなく目を通すようにしましょう．il y a できかれたのですから，il y a で始める文で答えましょう．

Question 5: Quel temps fait-il ?「どんなお天気ですか？」
ケル タン フェティル

応答例⇒ Il fait beau. / Il fait soleil. / Il y a du soleil.「晴天です.」
イル フェ ボ イル フェ ソレイユ イリヤ デュソレイユ

　このようにイラストの背景に関する質問もよく出題されます．quel temps といえば，天候に関する質問です．この場合は，背景の右上に太陽が描かれていますので，「天気がよい」と答えましょう．他の応答例で考えられるのは，Il fait soleil. あるいは Il y a du soleil. です．今回は天候ですが，同じように時刻を尋ねたり，登場人物の人数をきいたりするケースもあります．

　いかがでしたか．準2級の口頭試験の特徴をつかめましたか．過去問題に触れただけでは，なかなか出題意図などは見えてきません．そこで，今までの学習内容の繰り返しにはなりますが，次に実際の試験の流れに沿って口頭試験に成功するコツを詳しく解説します．その後，練習問題にトライしてみて下さい．

全体

　準2級の最終的な合格率は約55%です．1次試験・2次試験を別々に考えると，まず1次試験（筆記・書き取り・聞き取り）の合格率が約60%です．では，2次試験のみの合格率はどうでしょうか．それは85%以上です．90%以上の合格率になる年もあります．つまり，1次試験さえ通過すれば，それほど高いハードルではありません．過去の合格基準点（満点：30点）は16点〜19点程度です．しかし，目標は20点以上に定めておいたほうが賢明です．

　冒頭でも述べましたが，この試験は，いかに正確にフランス語文を読めるか，いかに質問を正しく理解して適切に応答することができるかにかかっています．

　また，口頭試験に慣れているかどうかでも結果が大きく左右されることがあります．これらのことを克服するための具体的なテクニックを紹介しましょう．

2次試験

音読文

準2級に求められていることは，とにかく**正確さ**です．いかに正確に初見の
フランス語文を音読できるかがカギとなります．

試験室に入って受験級と氏名の確認が終わると，音読するフランス語文とイラ
ストが印刷されたカード（A4 の大きさ）が渡されます．黙読のために 1 分間の
時間が与えられます．そのときに，文章の黙読とともにイラストにも十分目を通
しておきましょう．イラストは文章の内容に沿ったものとは限りません．文章の
内容は日常的なことがらで，**平易なフランス語（5 級〜 4 級程度の基本単語）**で
書かれています．準2級受験者にとって難しいことばや発音の見当がつかない
ようなものは含まれていません．ですから，**リエゾン・アンシェヌマン・エリジ
ヨンなどの読みのルール**に気をつけて正確になめらかに読みましょう．**声も大き
い**ほうが，試験委員にアピールできます．堂々とした印象を与えましょう．速く
読むことは重要ではありません．もし途中で読み間違えたことに気づいたら，落
ち着いて**訂正して読み直し**ましょう．音読の時間は十分にあります．

ここで，書き取り試験の章でも取り上げた読みのルールについて簡単におさら
いをしましょう．

1) **リエゾンする場合**（p.130 〜 p.131 参照）に注意しましょう．
2) **リエゾンしてはいけない場合**（p.132 参照）に気をつけましょう．特にこの
   ケースは音読問題の**重要なカギ**になりますので，ここでもう一度振り返っ
   てみましょう．
   ① 主語名詞（固有名詞 / 普通名詞）＋動詞

   　メ　　バラン　／ アビットゥ　プレ ドゥ ニース
   Mes parents | habitent près de Nice.　私の両親はニースの近くに住んでいる．
   　フランソワ ／ エ ラ
   François | est là.　フランソワはいます．

   ② 単数名詞＋形容詞

   　モマン　／ アグレアーブル
   moment | agréable　快適なひととき

   ③ 接続詞 et の後で
   　イラ アン ギャルソン エ ／ ユヌ フィーユ
   Il a un garçon et | une fille.　彼には，一男一女がいます．

   ④ 有音の h の前で
   　レ ／ エロ
   les | héros　ヒーローたち

⑤ onze の前で

> レ ／ オンズ　ボム
> **les | onze pommes**　　11 個のリンゴ

3) 動詞の活用語尾に注意

　読みのルールに次いで注意しなければならないのが，3 人称複数の動詞の活用語尾の読みです．本来，-ent は発音されませんので，その直前の文字の音で終わりますね．その -ent の部分を間違って［アン］あるいは［エン］と読んでしまうケースが多いようです．副詞や名詞の語尾の ent は［アン］と発音しますから，うっかりミスを誘います．そのためか，動詞の 3 人称複数の活用形はよく登場します．

> レ　　フランセ　　エ**ム**　ル　スィネマ
> **Les Français aiment le cinéma.**　　フランス人は映画が好きです．
> イル　ボワ**ヴ**　　　ボク
> **Ils boivent beaucoup.**　　彼らはたくさん飲みます．
> エル　　プレン**ヌ**　デ　フォト
> **Elles prennent des photos.**　　彼女たちは写真を撮ります．

　それに関連する注意事項として，3 人称単数と 3 人称複数の違いを表すためのアンシェヌマンとリエゾンの例を挙げましょう．3 人称の主語人称代名詞と後ろに母音あるいは無音の h で始まる動詞が来る場合の音の違いに気をつけましょう．

> イ**レ**ム　レ　シヤン
> **Il aime les chiens.**　　彼は犬が好きです．
> イル**ゼ**ム　　レ　シヤン
> **Ils aiment les chiens.**　　彼らは犬が好きです．
> エ**ラ**ビッ**タ**　　パリ
> **Elle habite à Paris.**　　彼女はパリに住んでいます．
> エル**ザ**ビットゥ　ア　パリ
> **Elles habitent à Paris.**　　彼女たちはパリに住んでいます．

　読みのルール，特にリエゾンする箇所とリエゾンしてはいけない箇所に注意して，3 人称複数の動詞の活用語尾にも気をつけて音読の練習をしましょう．以上のテクニックが分かっても，やはり合格するためには慣れておくことが大切です．書き取り試験の章で，音読しながら聞いて書く練習をお勧めしたのは2 次試験対策もかねていたからです．まずは，この章の練習問題に挑戦してみてください．そして，その後も身の回りのフランス語教材を利用して音読訓練を続けて下さい．

＊いままでのデータ（2006年度春季〜 2018年度秋季）
1) 文中の動詞について
　全部で 84 の動詞が使われました．5 回以上登場した動詞は 13 です．

> être, avoir, aller, aimer, faire, vouloir, voir, habiter, venir, partir, passer, prendre, se promener（使用頻度の高い順）

　時制は，直説法現在が圧倒的に多いです．ほかには，直説法複合過去が 19 回，直説法半過去が 6 回，条件法現在が 6 回で，ジェロンディフが 3 回使われました．また，不定詞も 54 回使われました．
2) 文中の代名詞について
　文章のテーマは日常的なものが多いため，主語人称代名詞以外はあまり使われていません．その他の代名詞は，y が 13 回，en が 3 回，le が 6 回，強勢形の lui が 2 回，elle と eux が 1 回ずつ，指示代名詞の ceux が 2 回，関係代名詞の qui が 7 回で que が 1 回，目的語代名詞の le が 6 回，lui が 5 回です．

🔄 仏問仏答

　5 つの質問文は，最初の 2 つが音読したフランス語文についてのもので，残りの 3 つはイラストについてです．問題カードを見ながら答えます．いずれも疑問詞を用いた質問文です．疑問詞とその答え方の確認をしなければいけません．本書では，疑問代名詞は第 4 問の章で，疑問副詞と疑問形容詞は聞き取り試験第 1 問の章で取り上げています．どうぞ参照してください．準 2 級の口頭試験では，発音においても文法においても正確さが求められます．ですから，単語だけで答えるのではなく，正しいフランス語文でかつ適切な発音で答えなければなりません．部分点を獲得することもできますが，やはり質問ごとの満点の 4 点を目指しましょう．では，疑問詞についてもう一度簡単にまとめます．

疑問代名詞（第 4 問　p.88 参照）
前置詞のない場合

対象	働き	主語	直接目的語
人	単純形	Qui	Qui
	複合形	Qui est-ce qui	Qui est-ce que (qu')
もの	単純形		Que (Qu')
	複合形	Qu'est-ce qui	Qu'est-ce que (qu')

前置詞のある場合

対象	働き	間接目的語・状況補語	
人	単純形	**前置詞＋ qui**	à qui, de qui, pour qui など
もの	単純形	**前置詞＋ quoi**	à quoi, de quoi, pour quoi など

注：数によって使い分ける疑問詞 (lequel など) は対象外です.

　疑問代名詞では，圧倒的に **qu'est-ce que** が用いられます．音読文に関する質問には，その文に忠実に答えましょう．質問文の動詞に faire が使われることもあります．ただし，主語はできる限り主語人称代名詞に言い換えて下さい.

　イラストに関する質問の場合は，多くの場合，質問の対象の人物やものをあらかじめ指し示す文が読まれます．例えば，Il y a une femme à gauche.「左に女性が 1 人います.」／ Il y a un chat sous la table.「机の下に 1 匹のネコがいます.」などです．à droite「右に」や au milieu「真ん中に」などの位置関係を表す表現および前置詞も覚えておきましょう．そして，その対象の人物やものが「何を持っているか」,「何をしているか」などがきかれます．前者は，対象が持っているものや身につけているものを答えましょう．動詞は質問文と同じ動詞を使うほうが無難です．問題は，その目的語に相当する単語が分かるかどうかです．やはり，**基本単語のおさらい**が必要です．2 次試験では，決して難しい単語は用いられません．さて，「何をしているか」の質問では，動詞は faire が使われますが，答えは，ほかの動詞を使わなければならないケースが多いでしょう．基本動詞もしっかり復習しておきましょう．なかでも, manger「食べる」, boire「飲む」, lire「読む」, écrire「書く」, téléphoner「電話する」, chanter「歌う」, courir「走る」などの動詞は，目的語なしでも文章が成立し，それだけでも答えになります.

　そして，一番多く出題されるものといえば，« **qu'est-ce qu'il y a ＋場所？** » です．どこかの場所を指定されて，そこにあるものが何であるかを問われます．必ず il y a で答えを始めましょう．ここでも問題は，その目的語に相当する単語が分かるかどうかです.

疑問副詞 (聞き取り試験第 1 問　p.149 参照)

combien	いくつ／いくら	**quand**	いつ
combien de (d')＋名詞	何人の／いくつの	**pourquoi**	なぜ
où	どこ	**comment**	どのような（に）

　疑問副詞では，イラストに関して「数」をたずねる « **combien de (d')＋名詞 y a-t-il？** » の質問が多く登場します．登場人物の人数，子どもの人数，本の冊数，瓶の本数，フランスパンの数，ペンの本数などです．ですから，イラストの中に複数のものが存在したら，必ず質問されると考えて下さい．答える際に，対象の名詞を中性代名詞の en で言い換えても OK です．il y en a ［イリヤンナ］と en

とaをリエゾンしましょう．この場合の数はだいたい5つまでですが，時間を尋ねる問題もありますので念のため30までは言えるようにしておきましょう．例えば，Combien de bouteilles y a-t-il sur la table?「テーブルの上に何本の瓶がありますか．」と，きかれたら Il y en a cinq.「5本あります．」あるいは／Il y a cinq bouteilles.「5本の瓶があります．」と答えましょう．また，対象の単語を正確に把握できないときには，迷うことなく « il y en a ＋数 » で答えましょう．

次によく登場するのは **où** です．où は，音読文とイラストの両方に関しての質問で使われます．「場所」を尋ねているわけですから，「場所」を表す前置詞を忘れないようにしましょう．次は **quand** です．quand は「時」を尋ねているので，音読文に関する質問で使われます．文中の「時」の表現を探しましょう．そして，「理由」を尋ねる **pourquoi** も音読文に関する質問で使われます．「理由」を表す parce que を冒頭につけることを忘れないで下さい．最後に **comment** ですが，「様態」などを尋ねる疑問副詞なので，おおむね音読文に関する質問で使われます．文中で交通手段，人やものの姿・形あるいは性質などの「様態」の表現を探しましょう．

疑問形容詞 (聞き取り試験第1問　p.149 参照)

	単数	複数
男性	quel	quels
女性	quelle	quelles

疑問形容詞は **quel(le)(s)** ＋名詞の形で主に出題されます．イラストに関する質問で疑問形容詞は時刻あるいは天候を尋ねる形で出てきます．出題頻度は高いので，**時刻や天候の表現**をしっかり把握しておきましょう．また，音読文に関する質問では，quel の直後の名詞を文中から探し出し，その名詞が含まれている文を使って答えればよいです．その際，主語人称代名詞に言い換えることや前置詞をつけることなどを忘れずに．

以上，仏問仏答においての受け答えの具体的なテクニックをお話ししましたが，口頭試験の一番の攻略方法は慣れることです．どんどんフランス語を声を出して読んで下さい．たとえ思いがけない音が聞こえてきても，訓練さえしていれば頭のなかでそのスペルを描くことができて，質問の意図を理解することができるでしょう．身の回りのフランス語教材を使って，文章やフランス語の質問文，その応答文を音読する訓練に励んで下さい．必ずうまくいきます．さらに，本番で**応答文を言い直すことや質問を繰り返してもらうこと**も可能です．そのようなときにも**音読訓練**が必ず功を奏します．

質問文の疑問詞の使用頻度

qu'est-ce que 121 回	combien de 36 回
où 23 回	quel 33 回
quand 13 回	comment 7 回
pourquoi 7 回	de quoi 3 回
avec quoi 1 回	qu'est-ce qui 2 回
chez qui 2 回	quoi 1 回

20 　最後に，上記のデータにもとづいて，質問文に対する答え方の具体例をまとめます．太字の部分は注意を要する箇所です．

1) 音読文に関する質問に対して

Monsieur Leblanc, **qu'est-qu'**il a au bord de la mer ?
ルブランさんは，海辺に何を持っていますか？
⇒ Il a une grande maison.　　彼は大きな家を持っています．

Qu'est-ce que les Japonais aiment **faire** ?
日本人は何をするのが好きですか？
⇒ **Ils** aiment **chanter** au karaoké.　　彼らはカラオケで歌うのが好きです．

Julie et sa mère, **qu'est-ce qu'**elles **font** ?
ジュリーとお母さんは何をしていますか？
⇒ **Elles regardent** la télévision.　　彼女たちはテレビを見ています．

Où va Marc après ses cours ?　授業のあと，マルクはどこへ行きますか？
⇒ **Il** va **au supermarché**.　　　　彼はスーパーマーケットへ行きます．

Jeanne et Marie, **quand** est-ce qu'elles vont au Japon ?
ジャンヌとマリーはいつ日本へ行きますか？
⇒ **Elles y** vont **demain**.　　彼女たちはそこへ明日行きます．

La femme de Pierre, **comment** s'appelle-t-elle ?
ピエールの妻はなんという名前ですか？
⇒ Elle s'appelle Sylvie.　　彼女の名前はシルヴィです．

Le fils de Marcel a **quel âge** ?　マルセルの息子は何歳ですか？
⇒ **Il** a dix-neuf ans.　　　　彼は 19 歳です．

2) イラストに関する質問に対して

Combien de bouteilles y a-t-il sur la table ?
テーブルの上に何本の瓶がありますか？
⇒ Il y a **six** bouteilles. / Il y **en** a **six**.　　6本あります．

Combien d'enfants y a-t-il dans le jardin ? 　庭には何人の子どもがいますか？

⇒ Il y a trois enfants. / Il y **en** a **trois**. 　　3人います．

Qu'est-ce qu'il y a sous le lit ? 　ベッドの下に何がいますか？
⇒ Il y a deux chats. 　　2匹のネコがいます．

Qu'est-ce qu'il y a sur la table ? 　テーブルの上に何がありますか？
⇒ Il y a des verres. 　　いくつかのコップがあります．

Il y a une femme à gauche. **Qu'est-ce qu'**elle a à la main ?
左に1人の女性がいます．彼女は何を手に持っていますか？
⇒ Elle a un livre. 　彼女は1冊の本を持っています．

Il y a un homme à droite. **Qu'est-ce qu'**il fait ?
右に1人の男性がいます．彼は何をしていますか？
⇒ Il court. 　彼は走っています．

Il y a une petite fille au milieu. **Qu'est-ce qu'**elle porte sur la tête ?
中央に小さい女の子がいます．彼女は頭の上に何を被っていますか？
⇒ Elle porte un chapeau. 　彼女は帽子を被っています．

Quel temps fait-il ? 　どんな天気ですか？

⇒ Il fait beau. / Il fait soleil. 　晴れです．
Il fait nuageux. 　曇りです．
Il pleut. 　雨です．
Il neige. 　雪です．
Il y a du vent. 　風があります．

Quelle heure est-il ? 　　　　　　何時ですか？

⇒ Il est une heure (juste). 　　　1時（ちょうど）です．

Il est deux heures dix. 　　　　2時10分です．

Il est trois heures et quart. 　　3時15分です．

Il est quatre heures et demie. 　4時30分です．

Il est cinq heures moins le quart. 　5時15分前です．（4時45分です．）

Il est six heures moins cinq. 　　6時5分前です．（5時55分です．）

Il est midi. 　　　　　　　　　正午です．

Il est minuit. 　　　　　　　　午前0時です．

これだけ勉強すれば，もう大丈夫です．試験委員の前で大きな声ですらすらと音読をこなし，質問に堂々と答えてください．音読は読み直すこともできます．また，仏問仏答でも答えを言い直しても質問を繰り返してもらっても大丈夫です．気楽に本番に臨みましょう．ただし，正確にフランス語を読むこと，そして主語と動詞のある文で応答することを心がけて下さい．

　最後に，質問をもう一度繰り返してほしい場面でのフランス語を紹介しましょう．Répétez, s'il vous plaît.「繰り返して下さい．」あるいは Encore une fois, s'il vous plaît.「もう一度お願いします．」と言いましょう．減点にはなりますが，正解すれば少しでも点数が入ります．

　では，いよいよ練習問題に挑戦してみましょう．

1分間，次のフランス語文を黙読し，イラストにも目を通して下さい．
次に文を音読して下さい．

Jeanne a un petit chien qui s'appelle Ou-la-la. Son nom vient
d'une vieille chanson pop japonaise. C'est parce que Jeanne habitait
au Japon autrefois. Les enfants de Jeanne aiment jouer avec lui dans
le parc près de chez eux.

音読後，CD を聞いてフランス語の質問にフランス語で答えて下さい．
質問は 2 回繰り返されます．答える時間は，それぞれ 10 秒ずつです．

Question 1:

Question 2:

Question 3:

Question 4:

Question 5:

1分間，次のフランス語文を黙読し，イラストにも目を通して下さい．
次に文を音読して下さい．

Les Japonais aiment aller voir les feux d'artifice. On les organise partout dans le pays en été. Là, il y a beaucoup de jeunes gens qui portent un yukata, kimono d'été.

　音読後，CD を聞いてフランス語の質問にフランス語で答えて下さい．
質問は 2 回繰り返されます．答える時間は，それぞれ 10 秒ずつです．

Question 1:

Question 2:

Question 3:

Question 4:

Question 5:

23

1分間，次のフランス語文を黙読し，イラストにも目を通して下さい．
次に文を音読して下さい．

Ken a commencé à étudier le français. Il va dans une école de langues étrangères deux fois par semaine. Heureusement, il vient de rencontrer une étudiante française, et il voudrait bavarder en français avec elle un jour.

音読後，CD を聞いてフランス語の質問にフランス語で答えて下さい．
質問は 2 回繰り返されます．答える時間は，それぞれ 10 秒ずつです．

Question 1:

Question 2:

Question 3:

Question 4:

Question 5:

176

2 模擬試験

1　次の (1) ～ (4) の (　　) 内に入れるのに最も適切なものを、下の ① ～ ⑥ の中から一つずつ選び，解答欄のその番号にマークしてください。ただし，同じものを複数回用いることはできません。(配点　8)

(1)　Les prix ont augmenté (　　) deux pour cent.

(2)　Tournez à gauche, et vous verrez la poste (　　) votre droite.

(3)　Ne vous mettez pas (　　) colère.

(4)　On voit le mont Fuji (　　) la fenêtre.

① de　　　　　② en　　　　　③ depuis

④ derrière　　　⑤ dans　　　　⑥ sur

解答番号	解　答　欄
(1)	① ② ③ ④ ⑤ ⑥
(2)	① ② ③ ④ ⑤ ⑥
(3)	① ② ③ ④ ⑤ ⑥
(4)	① ② ③ ④ ⑤ ⑥

2 次のフランス語の文(1)～(5)が、それぞれあたえられた日本語の文が表す意味になるように、( )内に入れるのに最も適切な語(各1語)を、**示されている最初の文字とともに**、解答欄に書いてください。(配点　10)

(1)　Je vous (r　　) de votre courriel.
　　　メールをありがとうございます。

(2)　À la (p　　) du dessert, je prendrai du fromage.
　　　デザートに代えてチーズにしよう。

(3)　Je t' (i　　).
　　　おごるよ。

(4)　Bonne (a　　)!
　　　あけましておめでとう!

(5)　Aucune (i　　).
　　　何も思いつかないよ。

3 次の (1) ～ (5) について、A、B がほぼ同じ意味になるように、(　　) 内に入れるのに最も適切なものを、下の語群から 1 つずつ選び、必要な形にして解答欄に書いてください。ただし、同じものを複数回用いることはできません。(配点　10)

(1) **A** Ils ont mis longtemps à préparer le dîner.

  B La préparation du dîner leur (　　　) beaucoup de temps.

(2) **A** Vous pouvez utiliser ma voiture.

  B Vous pouvez (　　) de ma voiture.

(3) **A** Elle publiera son nouveau roman le mois prochain.

  B Son nouveau roman (　　) le mois prochain.

(4) **A** Les prix ne cessent de baisser depuis six mois.

  B Les prix (　　) à baisser depuis six mois.

(5) **A** Deux centaines de personnes travaillaient dans cette compagnie.

  B Cette compagnie (　　) deux centaines de personnes.

appartenir	continuer	employer	laisser
prendre	se servir	sortir	

解答番号	解　答　欄	解答番号	解　答　欄
(1)		(4)	
(2)		(5)	
(3)			

4　次の対話 (1) ～ (5) の（　　）内に入れるのに最も適切なものを、下の①
　　　～⑦のなかから1つずつ選び、解答欄のその番号にマークしてください。
　　　ただし、同じものを複数回用いることはできません。（配点　10）

(1) ― Vos élèves ne veulent pas faire une randonnée en montagne sous
　　　la chaleur ?
　　― Si ! Ils sont （　　　） très motivés.

(2) ― Ils se disputent depuis tout à l'heure. Mais pourquoi ?
　　― Je ne sais pas. Je ne comprends pas du tout de （　　　） il s'agit...

(3) ― Qui est la présidente de cette réunion ?
　　― C'est la dame à （　　　） tu as passé le micro tout à l'heure.

(4) ― Ils ont participé à la conférence de presse ?
　　― Oui, presque tous. Mais （　　　） d'entre eux n'étaient pas là.

(5) ― Est-ce que vous voyez ces deux voitures qui sont garées à côté de
　　　l'église ?
　　― Oui, mais laquelle est （　　　） ?

　　　　① qui　　　　② ceux　　　　③ la vôtre　　　　④ quoi
　　　　⑤ laquelle　　⑥ tous　　　　⑦ certains

解答番号	解　答　欄
(1)	① ② ③ ④ ⑤ ⑥ ⑦
(2)	① ② ③ ④ ⑤ ⑥ ⑦
(3)	① ② ③ ④ ⑤ ⑥ ⑦
(4)	① ② ③ ④ ⑤ ⑥ ⑦
(5)	① ② ③ ④ ⑤ ⑥ ⑦

次の文章を読み、(1)～(5)に入れるのに最も適切なものを、それぞれ右のページの①～③のなかから1つずつ選び、解答欄のその番号にマークしてください。(配点 10)

Depuis des centaines d'années, les Français mangent les huîtres crues. (1), ce plaisir de la table pourrait être interrompu dans un proche avenir. En effet, le réchauffement* de la Terre commence à menacer les huîtres françaises.

Il pleut de moins en moins en été, donc les eaux de pluie qui tombent sur le sol et qui en apportent les substances nutritives** jusqu'à la mer diminuent aussi ; (2) les huîtres deviennent petit à petit maigres. En plus, la température de l'eau de mer a tendance à (3) même en hiver et, de ce fait, des bactéries pathogènes*** augmentent dans la mer ; ce qui fait que beaucoup d'huîtres tombent malades, dont une partie finit par mourir.

« Si les situations actuelles durent pendant longtemps, les huîtres qui nous amusaient le goût (4)», disent certains spécialistes. « Pour éviter leur disparition, les huîtres devraient déménager dans les régions du nord où elles pourront jouir d'une mer (5) en été et bien propre en hiver. »

*réchauffement：温暖化
**substance nutritive：栄養素
***bactérie pathogène：病原菌

(1) ① En outre
② Cependant
③ De toute façon

(2) ① il en résulte que
② autrement dit,
③ c'est parce que

(3) ① changer chaque jour
② descendre bas
③ rester élevée

(4) ① nous quitteront un jour ou l'autre
② augmenteront partout dans la mer
③ se vendront bon marché

(5) ① plus fraîche que jamais
② très calme
③ riche en nourriture

解答番号	解　答　欄		
(1)	①	②	③
(2)	①	②	③
(3)	①	②	③
(4)	①	②	③
(5)	①	②	③

6

次の文章を読み、右のページの (1) ～ (6) について、文章の内容に一致する場合は解答欄の ① に、一致しない場合は ② にマークしてください。

（配点 12）

Zoé, son mari Stéphane et leur fille, vivaient en location* dans un appartement à Paris. Mais Zoé voulait acheter une maison car elle pensait sérieusement à l'avenir de sa famille : cet appartement était trop petit et son loyer** un peu trop cher.

Un jour, elle en a parlé à Stéphane et il était bien d'accord avec elle. Zoé a alors commencé à chercher une maison. Cependant, il ne participait pas du tout aux recherches en raison de son travail. En effet, il travaillait dans une entreprise étrangère et il était très pris en semaine. Zoé, qui pourtant travaillait elle aussi à plein temps dans une maison d'édition***, se rendait régulièrement dans les agences immobilières****.

Au bout d'un mois, Zoé s'est finalement disputée avec Stéphane et lui a reproché de ne rien faire concernant leur projet. Il lui a demandé pardon et a promis de faire plus d'efforts. Depuis ce jour-là, Zoé et Stéphane ont repris ensemble les recherches. Ils ont fini par trouver une jolie maison en banlieue, à 30 minutes en train de Paris.

*en location：賃貸で
**loyer：家賃
***maison d'édition：出版社
****agences immobilières：不動産屋

(1) Zoé est pleinement satisfaite de son appartement à Paris.

(2) Le mari de Zoé est contre le projet d'achat d'une maison.

(3) Le mari de Zoé est très occupé. Donc, il ne l'aide pas dans ses visites aux agences immobilières.

(4) Zoé prend un congé pour chercher la maison.

(5) Après une dispute, Zoé et Stéphane recommencent à chercher la maison.

(6) Une demi-heure en train suffit pour aller de Paris à leur nouvelle maison.

解答番号	解　答　欄	
(1)	①	②
(2)	①	②
(3)	①	②
(4)	①	②
(5)	①	②
(6)	①	②

模擬試験

筆記試験

次の会話を読み、（ 1 ）～（ 5 ）に入れるのに最も適切なものを、それぞれ右のページの①～③のなかから1つずつ選び、解答欄のその番号にマークしてください。（配点　10）

Alexis : Je vais à l'école de l'animation.

Isabelle : Ah, bon ?　Tu veux être animateur ?

Alexis : Oui.

Isabelle : （ 1 ） dans l'école ?

Alexis : Par exemple, comment tracer une ligne précisément, ou concevoir des personnages, etc.

Isabelle : Tu （ 2 ） arts plastiques dans l'école primaire ?

Alexis : Oui, mais ça ne suffit pas pour être animateur.

Isabelle : （ 3 ） ?

Alexis : L'on doit comprendre le mouvement du corps de l'homme ou des animaux.　On ne l'apprend pas dans les cours de dessin du collège ou du lycée.

Isabelle : Comment as-tu décidé pour apprendre l'animation ?

Alexis : （ 4 ） les films de l'animation japonaise ces derniers temps. Ils sont beaucoup élaborés et très charmants.

Isabelle : Alors, （ 5 ） au Japon ?

Alexis : Oui, c'est mon espoir.

*concevoir des personnages：キャラクターをデザインする
**arts plastiques：造形芸術、図画工作

(1) ① Qu'est-ce que tu apprends
    ② Comment as-tu trouvé
    ③ Qu'as-tu trouvé

(2) ① n'étais pas faible en
    ② étais fort en
    ③ étais très faible en

(3) ① Comment tu l'as appris
    ② Pourquoi tu n'as pas fait ça
    ③ Qu'est-ce qu'il faut

(4) ① J'ai été séduit par
    ② Je n'ai pas su
    ③ J'ai réalisé

(5) ① il faut que tu ailles
    ② il n'est donc pas nécessaire d'aller
    ③ on nous recommande donc d'aller

解答番号	解 答 欄		
(1)	①	②	③
(2)	①	②	③
(3)	①	②	③
(4)	①	②	③
(5)	①	②	③

書き取り・聞き取り試験

書き取り試験

フランス語の文章を、次の要領で4回読みます。全文を書き取ってください。

・1回目、2回目は、ふつうの速さで全文を読みます。内容をよく理解するようにしてください。

・3回目は、ポーズをおきますから、その間に書き取ってください（句読点も読みます）。

・最後に、もう1回ふつうの速さで全文を読みます。

・読み終わってから2分後に、聞き取り試験に移ります。

・数を書く場合は、算用数字で書いてかまいません。（配点　12）

 24

- まず、Alex と Léna の会話を聞いてください。
- 続いて、それについての 6 つの質問を読みます。
- もう 1 回、会話を聞いてください。
- もう 1 回、6 つの質問を読みます。1 問ごとにポーズをおきますから、その間に、答えを解答用紙の解答欄にフランス語で書いてください。
- それぞれの (　　) 内に 1 語入ります。
- 答えを書く時間は、1 問につき 10 秒です。
- 最後に、もう 1 回会話を聞いてください。
- 数を記入する場合は、算用数字で書いてください。
  (メモは自由にとってかまいません) (配点　8)

25

(1) Ils se sont (　　　) tout à l'heure.

(2) Elle veut faire du (　　　).

(3) Non, elle n'a (　　　) de (　　　) à faire.

(4) Non, ils vont aller chez ses (　　　) à Versailles.

(5) On peut réserver un court de tennis (　　　) Internet (　　　) simplement.

(6) Ils partent samedi matin très tôt, vers (　　　) heures.

解答番号	解　答　欄	解答番号	解　答　欄
(1)		(4)	
(2)		(5)	
(3)		(6)	

2

- まず、Brigitte が Miki に宛てて書いたメールの文章を 2 回聞いてください。
- 次に、その内容について述べた文 (1) ～ (10) を 2 回通して読みます。それぞれの文が文章の内容に一致する場合は解答欄の①に、一致しない場合は②にマークしてください。
- 最後に、もう 1 回文章を聞いてください。

  (メモは自由にとってかまいません) (配点　10)

解答番号	解　答　欄
(1)	① ②
(2)	① ②
(3)	① ②
(4)	① ②
(5)	① ②
(6)	① ②
(7)	① ②
(8)	① ②
(9)	① ②
(10)	① ②

1分間、次のフランス語文を黙読し、イラストにも目を通してください。次に文を音読してください。

2次試験

Pierre fait des études d'art à l'université. Il habite dans la banlieue de Paris. Il peint souvent des paysages dans son quartier. Il n'est pas toujours facile de peindre dehors à cause du mauvais temps.

27

改訂版
徹底攻略仏検準2級
これさえあればすべてわかる！
（MP3 CD-ROM付）

塚越　敦子
太原　孝英
大場　静枝　著
佐藤　淳一
余語　毅憲

2013. 8. 1　初版発行
2022. 7. 1　改訂版2刷発行

発行者　井　田　洋　二

〒101-0062　東京都千代田区神田駿河台3の7
発行所　電話 03(3291)1676 FAX 03(3291)1675　　株式会社 **駿河台出版社**
　　　　振替 00190-3-56669

製版／印刷　㈱フォレスト
ISBN978-4-411-00554-0 C1085
http://www.e-surugadai.com

別冊

解答と解説

改訂版
徹底攻略
仏検 準2級

これさえあればすべてわかる！

塚越敦子 / 太原孝英 /
大場静枝 / 佐藤淳一 / 余語毅憲

SURUGADAI-SHUPPANSHA

筆 記 試 験 （解答と解説）

第 1 問　前置詞を選択する問題

練習問題 ❶　(▶本冊 p.7)

(1) ②　(2) ①　(3) ③　(4) ④　(5) ②　(6) ④　(7) ②　(8) ③　(9) ④　(10) ①　(11) ③　(12) ①

(1)　②　Marie s'habille toujours (**en**) blanc. 「マリーの服装はいつも白だ.」
　　この en は身なりとして「〜を着た」という意味を表します. 11 年度春季に Elle est toujours en robe noire. 「彼女はいつも黒いワンピースを着ている.」という形で出題されたことがあります.

(2)　①　Il apprend (**à**) conduire. 「彼は車の運転を習っている.」
　　この à は「動作の対象」を表し,「〜することを」という意味です.

(3)　③　Sa chambre donne (**sur**) la rue. 「彼（女）の部屋は通りに面している.」
　　この sur は「広がり」を示していて,「〜に面して」の意味です.

(4)　④　La population de cette ville a augmenté (**de**) 15 pour cent.
　　「その市の人口が 15% 増加した.」
　　この de は「差」を示すもので, どの程度違っているかを表します.

(5)　②　On peut changer des yens (**en**) euros ici. 「ここで円をユーロに両替することができる.」
　　この en は「変化した結果」を示します. 日本円を交換した結果, ユーロになるということですね.

(6)　④　Il a couru (**de**) toutes ses forces. 「彼は全力で走った.」
　　この de は「様態」を示し,「〜で」を表します.

(7)　②　Elle peut le faire (**en**) trois jours. 「彼女ならそれを 3 日でできる.」
　　この en は「所要時間」を表し,「〜で, 〜かかって」の意味となります.

(8)　③　Ils sont d'accord (**sur**) ce point. 「その点については彼らの意見は一致している.」
　　この sur は「主題」に関わるもので,「〜について, 〜に関わる」の意味です.

(9)　④　Il s'est levé (**de**) bonne heure ce matin. 「彼は今朝は早く起きた.」
　　この de は「時間, 期間」を表し,「〜に, 〜の間」という意味になります. そのほかに de nos jours 「今日では」のような言い方もあります.

(10)　①　(**À**) ce qu'on raconte, il s'est marié avec une jeune fille.
　　「人の噂では, 彼は若い娘と結婚したということだ.」
　　この à は「準拠」を表し,「〜によれば」の意味です.

(11)　③　Quatre élèves (**sur**) dix ont été reçus à l'examen. 「10 人中 4 人の生徒が試験に合格した.」
　　sur は前後に数量を表す語が来て「〜のうちの…」というときに使われます. 空欄の前後に数量を示す語が来たら注意です.

(12)　①　J'ai deux rapports (**à**) rédiger aujourd'hui. 「私は今日書くべきレポートが 2 つある.」
　　« 名詞＋à＋不定詞 » の形で,「〜すべき…」という意味になりますね.

1

(1) ④ (2) ① (3) ② (4) ③

(1) ④ Le camion s'est heurté (**contre**) un arbre. 「トラックは木にぶつかった.」
contre は「接触」するものを示すことから，「衝突」する対象に使います.

(2) ① La mère tient son enfant (**par**) la main. 「母親は子どもの手を引いている.」
par は「動作が及ぶ部分」を示します. « tenir (saisir) ＋人＋ par ＋定冠詞＋身体の部分 »「人
の〜を引く（つかむ）」という形で覚えておくとよいでしょう.

(3) ② Défense de fumer, (**sous**) peine d'amende. 「禁煙，違反者には罰金を科す.」
sous は「〜に基づいて」という「条件」を表し，sous peine de 〜で「違反すれば〜の刑に
処するものとして」という形で，このような禁止の通告のあとによく使われます.

(4) ③ Il a conduit la voiture (**avec**) prudence. 「彼は慎重に車を運転した.」
avec は「〜を伴って」ということから，このように「(慎重さや喜びなど) を持って」とい
う形で「様態」を示すことができます.

(1) ④ (2) ② (3) ③ (4) ①

(1) ④ (**Après**) avoir mangé, nous sommes allés au cinéma.
「食事をしてから，私たちは映画に行った.」
« après ＋複合不定詞（＝ avoir または être ＋過去分詞）» の形で，主節の動詞より前に完了
したことを明示する用法です.

(2) ② Mon fils s'est caché (**derrière**) un grand arbre. 「私の息子は大木の陰に隠れた.」
この derrière は「〜の後ろに」という基本的な意味ですね.

(3) ③ Je reviens (**dans**) dix minutes. 「10 分後に戻ります.」
dans は「〜後に」の意味です. 「10 分以内」というなら en moins de dix minutes です.

(4) ① Il a paru sur la scène (**dès**) l'enfance. 「彼は子どものときからすでに舞台に立っていた.」
dès は「〜に早くも」ということで，「子ども時代に早くも」つまり「子どものときからす
でに」という意味になります.

(1) ④ (2) ② (3) ③ (4) ①

(1) ④ (**Pendant**) la semaine, les écoliers vont en classe. 「平日の間，小学生は授業に出る.」
pendant の基本的な意味です. なお，semaine には「平日」の意味があることに注意です.

(2) ② Elle a un brillant avenir (**devant**) elle. 「彼女の前途には輝かしい未来が開けている.」
devant はもちろん「〜の前に」ですが，このように自分の前に広がる未来についていう場
合があります.

(3) ③ Y a-t-il quelqu'un (**parmi**) vous qui parle japonais ?
「あなたがたのなかに，日本語が話せる方はいらっしゃいますか?」
parmi の基本的な意味です.

(4) ① Il a voté (**pour**) l'actuel maire. 「彼は現職の市長に投票した.」

voter pour 〜で「〜に投票する」です．pour は「〜に賛成して」という意味ですね．

練習問題 **5** (▶本冊 p.14)

(1) ② (2) ① (3) ④ (4) ③ (5) ⑤

(1) ② Dépêche-toi !（ **Sans**) ça, tu manqueras l'autobus.
「急ぎなさい！さもないとバスに遅れますよ．」
sans ça は「それなしで」ということですが，主文が未来形のときは「それがなければ」すなわち「さもないと」という意味で使われます．

(2) ① Depuis longtemps, il est de coutume de manger de la baleine (**chez**) les Japonais.
「ずっと以前から，日本では鯨を食べるのは慣習です．」
chez のあとに国民を表す語がくると，「〜のところでは」ということから「〜の国では」と同じ意味になります．

(3) ④（ **Depuis**) ma fenêtre, on peut voir la tour de Tokyo.「私の窓から東京タワーが見える．」
準 2 級では，depuis は「〜以来」という基本の意味より，「(空間的な) ある場所から」の意味に気をつけて下さい．

(4) ③ Je serai chez moi (**entre**) onze heures et midi. 「11 時から正午までの間は家にいます．」
entre A et B「A と B の間」という用法は，時間についても，場所についても使います．

(5) ⑤ Ce match de baseball a eu lieu (**malgré**) la pluie.
「その野球の試合は，雨にもかかわらず行われた．」
malgré「〜にもかかわらず」を入れる場合は，後ろに否定的な要素がくるときですので，前後をよく見ることが大切です．

練習問題 **6** (▶本冊 p.16)

(1) ③ (2) ⑥ (3) ⑤ (4) ① (5) ② (6) ④

(1) ③ Ce supermarché est ouvert tous les jours, (**sauf**) le premier janvier.
「このスーパーマーケットは元日を除いて毎日開いている．」
sauf は「〜を除いて」という意味を覚えておけば，ほぼ大丈夫ですが，肯定的なことがらに当てはまらないマイナス要素を除外する場合に用います．この文のように tous les 〜のような表現が前にあったら，sauf が入る可能性を考えましょう．

(2) ⑥ Le malade sera guéri (**avant**) un mois.
「病人は 1 か月以内に治るだろう．」
avant は期間を表す語を伴って「〜以内に」の意味になります．準 2 級ではこの用法に注意してください．

(3) ⑤ Il l'a accompagnée (**jusque**) chez elle.
「彼は彼女を家まで送っていった．」
jusque は à を伴わない用法に注意をしておいて下さい．

(4) ① Il est (**hors**) de doute que vous réussirez.
「あなたが成功するのは間違いないでしょう．」
hors de 〜 は「〜を脱した」「〜をはずれた」という意味になることがあります．Il est hors de doute que 〜 で「〜であることは疑いない」です．

(5) ② Les écoliers sont séparés en plusieurs groupes, (**selon**) leur âge.
「生徒たちは年齢に従っていくつかのグループに分けられている.」
selon は「〜によれば」や「〜に従って」の基本的な意味を押さえておけば大丈夫でしょう.

(6) ④ Elle s'est tournée (**vers**) son mari. 「彼女は夫の方を向いた.」
vers も「〜の方に」と「〜頃に」の基本的な意味を覚えておけば大丈夫です.

総合練習問題 ❶ (▶本冊 p.17)

(1) ⑥ (2) ① (3) ③ (4) ②

(1) ⑥ J'ai acheté des tasses (**à**) café. 「私はいくつかコーヒーカップを買った.」
「〜用の」と「用途」を表す à です. papier à lettres なら「便箋」です.

(2) ① Il a une chance (**sur**) mille de réussir.
「彼が成功する可能性はほとんどない（千に一つの可能性だ）.」
この sur は「対象」を表し,「千に対して」という意味ですね. 数量を表す語が来たときに注意しましょう. 前の名詞に un, une がつく場合, 不定冠詞というより数字の 1 を表すことがあります.

(3) ③ (**Avec**) ce brouillard épais, on ne voit rien. 「こんなに霧が深くては, 何も見えない.」
avec は「条件」を表しますが, このように気象条件を表す文が出題されることがあるので, よく覚えておきましょう.

(4) ② Je l'ai prise (**pour**) sa mère. 「私は彼女を彼女の母親と間違えた.」
prendre A pour B で「A を B と間違える」です. 問いの文に prendre がある場合に, この形で pour が入るかもしれないと考えてみて下さい.

総合練習問題 ❷ (▶本冊 p.17)

(1) ③ (2) ⑥ (3) ② (4) ⑤

(1) ③ Il a été félicité (**pour**) avoir sauvé un enfant. 「彼は子どもを助けたことで賞賛された.」
« pour ＋不定詞複合形 » で「〜したために」と, 主文の動詞より以前に行なわれた原因・理由を表します.

(2) ⑥ Il a allumé une cigarette (**après**) avoir terminé son repas.
「食事が終わると彼はたばこに火をつけた.」
« après ＋不定詞複合形 » の形は「完了」を表すもので, 過去に複数回出題されているので, しっかりと確認しておきましょう.

(3) ② (**Chez**) les Français, les vacances sont un acquis social.
「フランスでは（フランス人にとっては）, 休暇は社会的に認められた既得権である.」
chez のあとに国民を表す語がくると,「〜のところでは」ということから「〜の国では」と同じ意味になります. また「〜の時代には」という意味でも使われます.

(4) ⑤ Vous ne devez pas juger les gens (**sur**) leur apparence. 「人を外見で判断してはいけない.」
sur は「根拠」や「保証」になるものを表し, ここでは「〜に基づいて」という意味です. sur paroles「口約束で」という使い方もあります.

総合練習問題 ③ (▶本冊 p.18)

(1) ⑤　(2) ①　(3) ⑥　(4) ②

(1)　⑤　Elle a consenti (**malgré**) elle.「彼女はしぶしぶ同意した.」
　　malgré soi は「自分の意に反して, 自分の意思にかかわらず」ということなので, このように「しぶしぶ, いやいや」という場合と,「思わず, 心ならずも」という場合があります. En entendant ce qu'il a dit, j'ai pleuré malgré moi.「彼の言葉を聞いて, 私は思わず泣いてしまった.」

(2)　①　Il y a des statues (**en**) marbre dans ce parc.「この公園にはいくつもの大理石の彫像がある.」
　　en は「材質・組成」を示し,「～から成る」ということを表しています.

(3)　⑥　J'ai reconnu mon vieil ami (**parmi**) les invités.
　　「私は招待客の中から古い友達を見つけた.」
　　parmi は「3つ以上のもの（人）の間」を表す場合に用いますが, このような「対象の範囲」を示す場合にも気をつけてください.

(4)　②　Ici, on doit se conduire (**selon**) les règles de la politesse.
　　「ここでは, 礼儀作法通りに振る舞わなければならない.」
　　selon は「～に従って」という意味です.

総合練習問題 ④ (▶本冊 p.18)

(1) ⑤　(2) ⑥　(3) ③　(4) ①

(1)　⑤　Il a neigé (**dès**) le 21 novembre.「11月21日に早くも雪が降った.」
　　dès は「(早くも) ～から」ということで, その時期が感覚的に「早い」という印象のときに使います.

(2)　⑥　Posez les cartons (**contre**) le mur.「段ボール箱は壁に寄せて置いて下さい.」
　　contre は「接触」の用法で, 出題されやすいのでしっかり確認しておきましょう.

(3)　③　J'ai fini (**par**) lui pardonner.「最後には私は彼を赦した.」
　　« finir par ＋不定詞 » の形で,「最後には～する, 結局～する」という用法があります.

(4)　①　Je vous répondrai (**avant**) une semaine.
　　「一週間以内にお返事いたします.」
　　« avant ＋期間を表す語 » で,「～以内に」という意味になります.

総合練習問題 ⑤ (▶本冊 p.19)

(1) ②　(2) ③　(3) ⑤　(4) ④

(1)　②　Tout le monde est d'accord, (**sauf**) Pierre.「ピエールを除いて全員が賛成だ.」
　　sauf は「～を除いて」です. このように tout (tous, toute, toutes) がある場合には, sauf の可能性も考えましょう.

(2)　③　Elle s'est assise (**entre**) ses parents.「彼女は両親の間に座った.」
　　entre は原則として「2つのものの間」です.

(3)　⑤　Il s'est fortifié le corps (**dans**) sa jeunesse.「彼は若い頃に身体を鍛えた.」
　　dans は「～頃に, ～の時分に」という意味です. たとえば, Passez dans la matinée.「午前

中に立ち寄って下さい.」なども同じです.

(4)　④ De nos jours, cette expression est (**hors**) d'usage.
　　　　「今ではこうした表現は使われなくなっている.」
　　　　hors d'usage で「使われなくなった, 使用不能の」の意味となります.

総合練習問題 **6** (▶本冊 p.19)

(1) ④　(2) ①　(3) ②　(4) ⑥

(1)　④ Ne reste pas (**sans**) rien faire !「ボケっとしていないで (何かしなさい)!」
　　　　sans ＋不定詞の形で「～しないで」という意味になります. このように二重否定で使われる場合に注意しましょう.

(2)　① Les marins sont (**en**) mer.「船乗りたちは海に出ている.」
　　　　この en は「位置」を示し,「～上に」という意味です. en のあとは原則として無冠詞名詞なので, そこに注意して下さい. 過去にも Le train va entrer en gare.「列車が駅に入ってきます.」という文が出題されています.

(3)　② Il s'est classé troisième (**derrière**) Nicolas.「彼はニコラに次いで 3 位になった.」
　　　　derrière は「～の次に」の意味があるので, troisième「3 番目の」のような序数詞があるときに注意しましょう.

(4)　⑥ Est-ce que tu peux garder mon chien (**pendant**) mon absence ?
　　　　「私の留守中に, 犬を預かってくれますか?」
　　　　pendant は「～の間に」を覚えておけば大丈夫ですが, absence「留守」や vacances「休暇」のような名詞が後ろにくる場合と, pendant deux heures「2 時間 (の間)」というように具体的な長さを表す語がくる場合があるということを知っておいて下さい.

総合練習問題 **7** (▶本冊 p.20)

(1) ①　(2) ⑤　(3) ④　(4) ⑥

(1)　① Je voudrais le menu (**à**) vingt euros, s'il vous plaît.
　　　　「20 ユーロのコース料理をお願いします.」
　　　　「(いくら) の」と「価格」や「数量」を示す用法です. 過去にも Dix timbres à un euro, s'il vous plaît.「1 ユーロ切手を 10 枚お願いします.」という文が出題されています.

(2)　⑤ La Révolution française s'est passée (**sous**) Louis XVI.
　　　　「フランス革命はルイ 16 世治下で起きた.」
　　　　sous は「～の下に」という基本の意味から,「～のもとに」という意味にもなります.「支配・保護」を示す用法です. sous un régime despotique「独裁体制のもとで」も同じです.

(3)　④ Il ne recule (**devant**) rien.「彼は何事にもたじろがない.」
　　　　devant は「～の面前で, ～を前にして」という使い方があり, たとえば reculer devant le danger なら「危険を前にして尻込みする」ということで, それを全面否定して ne reculer devant rien「何事にも尻込みしない, たじろがない」ということになります.

(4)　⑥ Il a marché (**depuis**) l'Opéra jusqu'à la place de la Concorde.
　　　　「彼はオペラ座からコンコルド広場まで歩いた.」
　　　　depuis はこのように「場所の起点」を示す場合があり, 準 2 級ではこの用法に注意です.

(1) ⑤ (2) ③ (3) ⑥ (4) ①

(1)　⑤　Elle est venue (**vers**) cinq heures.「彼女は 5 時頃に来た.」
　　　vers は「〜頃に」の意味ですね. 5 時ちょうどならもちろん à cinq heures ですが, à が選
　　択肢にないときに vers を探して下さい.

(2)　③　Elle a cherché sa bague perdue (**jusque**) sous son lit.
　　　「彼女はなくした指輪をベッドの下まで探した.」
　　　jusque の à 以外の前置詞や副詞を伴う用法を気に留めておいてください.

(3)　⑥　Il l'a épousée (**par**) amour.「彼は彼女と恋愛結婚をした.」
　　　par は「原因・動機」を表しています. agir par calcul「打算で行動する」なども同じです.

(4)　①　Mon grand-père va (**sur**) ses quatre-vingts ans.「私の祖父はもうすぐ 80 歳になる.」
　　　この sur は「時間」に関わるもので,「(ちょうど) 〜頃に, 〜にさしかかって」という時
　　間帯を表します.

> 　ここでは，どこに着目して正解を導き出していけばよいかを中心に解説しています．ほかに問われる可能性のある表現，同意表現，反意表現も紹介していますので，この機会にボキャブラリーを増やしていきましょう．
>
> 　この問題の難しさは，何よりも成句表現，熟語表現，会話表現の日本語訳が，辞書に記載されている日本語文と異なっている点です．問題文の日本語訳は，時としてあまりにもこなれた訳文になっていて，すぐに対応するフランス語が思いつかないことがあります．とはいえ，英語が得意な方は，フランス語ですぐにピンとこなくても，英語の助けを借りて正解が導き出されるということもあります．そこで，役立つと考えられる場合に限って，英語の表現もあわせて載せました．
>
> 　また，過去に複数回出題された表現には「＊」を付けました．3回以上出題されている表現もありますので，「＊」が付いている表現は必ず覚えるようにしましょう．

練習問題 1 （▶本冊 p.23）

(1)（ façon ）　(2)（ rien ）　(3)（ air ）　(4)（ égal ）

(1)　De toute (**façon**),* on doit y aller.「ともかく行かなければならないよ．」

　　「ともかく，いずれにせよ，どのみち，何があっても」という日本語訳もあります．

　　同意表現は，en tout cas, quoi qu'il arrive, quoi qu'il en soit, de toute(s) manière(s) などです．ほかに同じ意味で，複数形の de toutes façons があります．また，それとよく似た表現に de toutes les façons がありますが，これは「ことごとく，あらゆるやり方で，あらゆる見地から」という意味です．「手段，方法」という意味の façon は多くの熟語を持つ語です．覚えておいたほうがよいものに d'une certaine façon「ある意味で，いわば」，en aucune façon「全然（少しも）～ない」，d'une façon ou d'une autre「いずれにせよ，どのみち，どうにかして」などがあります．この機会に辞書で複数の熟語を確認しておきましょう．過去には，「どちらにしても」（11 年度秋季），「いずれにしても」（19 年度春季，07 年度春季）の日本語訳で出題されたことがあります．また，この表現では 07 年度春季の出題のように façon ではなく，toute が問われることがあります．

(2)　Cela ne fait (**rien**).*「かまいません．」

　　「大丈夫です，いいですよ」という日本語訳もあります．ここでの faire は「結果をもたらす，影響を及ぼす」という意味で，11 年度秋季の出題のように fait を空欄に補充する場合も考えられます．同じような表現に，Ça [Cela] me fait rien.「私はまったく平気です．」があります．この表現は，ça や cela の代わりにものを主語にして《主語（もの）＋ faire rien à ＋人》の構文で，例えば Cet échec ne lui a rien fait.「彼はこんな失敗をしてもまったく平気だった．」というように使います．Ça ne fait rien. のフランス語文は，「たいしたことないよ．」（11 年度秋季）「かまわないよ．」（07 年度秋季）の日本語訳で出題されたこともあります．同意表現は，Ce n'est pas grave. や Ce n'est rien. です．

(3)　Tes biscuits ont l'(**air**)* vraiment bons !「君のビスケットは本当においしそうだね！」

　　« avoir l'air ＋形容詞 »「～のように見える，～のようだ」を使った成句表現です．過去に，Tu as l'air heureux.「うれしそうだね．」（06 年度春季），Ça a l'air bon !「おいしそうだね！」（10 年度春季），Elle a l'air triste.「彼女，悲しそうだな．」（13 年度秋季）という文で出題されました．なお，« avoir l'air ＋形容詞 » の形では，多くの場合，形容詞は主語に性数が一致

します．主語に合わせないのは，「～の様子，表情をしている」などのように人の様子や表情を強調したいときだけです．したがって，ここでは bons が複数形だからといっても，直前の定冠詞 l'(< le) が答えとなる名詞は単数形になることを示していますから，うっかり air に s をつけて複数形にしないように気をつけましょう．

(4)　Cela m'est complètement (**égal**)*!「そんなことはまったくどうでもいいよ！」
　　Cela の代わりに省略形の Ça を使う場合もあります．また complètement の代わりに bien を使っても，同じ意味になります．過去には，Ça m'est égal.「どちらでもかまわない．」(08 年度春季)，「どっちでもいいよ」(15 年度春季)，Cela m'est égal.「どちらでもいいよ．」(10 年度秋季) の文で出題されています．これは話し言葉で，シチュエーションによっていろいろな日本語訳が考えられます．たとえば，「どうでもいい．」「そんなこと知るものか．」「どちらでも結構です．」「そんなことには関心がない．」などの訳も頭に入れておきましょう．また，me の代わりに vous を使うと，si cela vous est égal「もしどちらでもよければ（かまわなければ）」というように，相手の意向を尋ねる表現にもなります．

練習問題 2 (▶本冊 p.24)

(1) (route)　　(2) (bel)　　(3) (sûr)　　(4) (heure)　　(5) (bien)

(1)　Bonne (**route**)!「道中，気をつけてね！」
　　「道中」に着目して，道に関わりのある語を思い出してみましょう．そうすると，rue か route になりますが，やはり道中ということになると，車での移動を念頭に route にするのが適切だと判断できます．また route には，もともと「旅，道程」という意味があります．ほかに「よい旅をしてね！」という日本語訳が辞書に記載されていますので，Bon voyage! の同意表現として，一緒に覚えましょう．

(2)　Il a (**bel**) et bien dit ça.「彼は本当にそう言ったよ．」
　　辞書には，「まったく」と記載されています．この表現では，bien が問われる可能性もあります．また同じ意味で，bien が前に来て，形容詞男性形第 2 形を使わない bien et beau の形もあります．同意表現は tout à fait です．

(3)　Tu viens avec nous ? ― Bien (**sûr**).「ぼくたちと一緒にくる？ ―もちろん．」
　　同意表現は，pourquoi pas「もちろん」です．こうした誘いでは，一般に avec plaisir「喜んで」と答えることも多いです．

(4)　Elle se lève de bonne (**heure**).「彼女は早起きだ．」
　　この表現では，bonne が問われる可能性もあります．この場合の同意表現は，de bon matin, tôt le matin です．ただし，de bonne heure は必ずしも朝に限って使う言葉ではありません．

(5)　Mon frère a mené à (**bien**) son examen.「兄は首尾よく試験に合格した．」
　　同意表現は，mener à bonne fin です．「首尾よく」という意味では，avec succès もよく使われる表現です．この機会に一緒に覚えましょう．

練習問題 3 (▶本冊 p.25)

(1) (tout)　　(2) (peine)　　(3) (jouer)　　(4) (dommage)　　(5) (faute)

(1)　Ce sera (**tout**), madame ?「(店で) ほかにございませんか？」
　　C'est tout ? を単純未来形に変えて，出題したものです．時制が変わると，よく知っている

表現でも感じが変わりますね. このように時制を変えて出題されることがありますので, 気をつけましょう. 店での「ほかにございませんか？」という表現には, Et avec ceci (ça)? もあります. この機会に一緒に覚えましょう. ちなみに, 英語にも That's all ? という表現がありますね.

(2)　Ce n'est pas la (**peine**).＊「それにはおよびません.」

　　「その必要はありません.」という日本語訳もあります. 同意表現は Ce n'est pas nécessaire. です. もともと « ce n'est pas la peine de ＋不定詞 »「～するには及ばない, ～しなくて結構である」という表現から来ています.

　　この表現は過去に全く同じフランス語文で, 日本語訳が「それにはおよびません.」(08 年度春季),「その必要はありません.」(16 年度秋季) で出題されたことがあります.

(3)　C'est à vous de (**jouer**).「次はあなたの番ですよ.」

　　jouer には,「遊ぶ,（カード）ゲームをする, 賭ける」という意味がありますので, 逐語的に訳すと「ゲームをするのは, あなたです.」となります. C'est を省略して, À vous de jouer. という言い方もあります. また, 舞台などに出るときに,「出番ですよ.」という意味でも使います. 同意表現は, C'est (à) votre tour. です.

(4)　C'est bien (**dommage**).＊「とても残念です.」

　　dommage はことがらについて,「残念なこと」を意味します. d で始まっていますが, この場合, désolé は使えません. désolé は一般に, 人を主語にして Je suis désolé(e). のような形で用います. bien は dommage を強調するために使われていて,「非常に, たいへん」という意味です. 同意表現は, Quel dommage ! や Dommage ! です. 過去には, C'est dommage.「残念です.」で, 09 年度春季及び 13 年度春季に出題されたことがあります.

(5)　Ce n'est pas sa (**faute**).＊「それは彼女のせいではありません.」

　　「せい」を「間違い, ミス」というように考えれば, erreur や faute が思いつきますが, f から始まるのは faute だけですね. なお, Ce n'est pas de sa faute. のように de が入る形もあります. 一緒に Ce n'est la faute de personne.「それは誰のせいでもない.」という表現を覚えておきましょう. この表現は過去に肯定形と否定形で 2 度出題されました. それぞれ Ce n'est pas ma faute.「ぼくのせいじゃないよ.」(11 年度春季), C'est ta faute.「あなたのせいよ.」(14 年度秋季) でした.

練習問題 **4**　(▶本冊 p.26)

(1) (marche)　　(2) (dit)　　(3) (longtemps)　　(4) (est)　　(5) (suffit)

(1)　La machine à laver ne (**marche**) pas !「洗濯機が壊れているよ！」

　　« 物＋ ne pas marcher » という構文では, 機械などが「動かない, 作動しない」という意味になります. 同意表現は, être en panne「故障している」です. また,「故障する」は tomber en panne, avoir une panne です. 一緒に覚えるとよいでしょう.

(2)　La littérature, ça te (**dit**)?「文学には興味ある？」

　　dire には「気に入る, 興味をそそる」という意味があります. 同意表現は, Ça [Cela] t'intéresse ? です. 類似の表現で, « Ça [Cela] te [vous] dit de ＋不定詞 » は「～するのはどうですか」といった勧誘表現もあります. また否定形を用いて Ça [Cela] me dit rien.「それには興味がない.」がありますので, 一緒に覚えましょう. なお, この反対の形では, rien が問われる可能性もあります. こちらの同意表現は, Ça [Cela] ne m'intéresse pas du tout. です. また, Ça ne me dit rien. は,「それを聞いても何のことだか思い出せない [分からない].」

と答えるときに使う表現でもあります．この機会に，両方の日本語訳を覚えましょう．

(3) Ça fait (**longtemps**) qu'on ne s'est pas vus.「しばらくぶりだね．」

「久しぶりだね．」と訳すこともあります．この表現では，fait が問われることもあります．« ça fait longtemps que 主語＋動詞 » は，「ずっと以前から〜する」という意味です．que 以下が否定になると，「〜するのは久しぶりだ」という訳になります．同意表現は，ça fait の代わりに，il y a を使う « il y a longtemps que 主語＋動詞 » です．

(4) Ça y (**est**)!「やった！」

日常会話で頻繁に使われる表現です．「これでよし」「よしうまくいった」「もう済んだ」「ほら，やっぱり」「準備はできた」「やった」「そのとおり」「オーケー」など，さまざまな意味を持っています．ここにその使い分けをいくつか紹介しますので，目を通しておきましょう．Tu es prête ? — Oui, ça y est.「準備はできた？ —ええ，できたわ．」，Ça y est ! Il pleut.「やっぱり！ 降りだしたね．」，Ça y est ! J'ai cassé une assiette.「やっちゃった！ お皿を割っちゃったよ．」

(5) Les enfants, ça (**suffit**)＊!「子どもたち，いい加減にしなさい！」

suffire「十分である」を使った話し言葉です．辞書には，「もうたくさんだ」や「うるさい」という日本語訳も記載されています．過去には，Ça suffit comme ça!「いいかげんにしてよ！」(13 年度秋季)，Ça suffit!「いいかげんにやめろよ！」(06 年度秋季) で出題されました．同意表現は，C'est assez! や C'en est assez! です．

練習問題 ⑤ (▶本冊 p.27)

(1) (toujours)　　(2) (coup)　　(3) (comme)　　(4) (suite)　　(5) (avant)

(1) Comme (**toujours**), j'ai mangé à la cantine.

「いつものように，ぼくは社員食堂で食事をした．」

この表現では，comme が問われることもあります．t で始まる語で，「いつも」の意味があるのは toujours ですね．同意表現は，comme d'habitude, comme d'ordinaire, comme à son ordinaire です．否定的な内容の場合，「相変わらず」と訳すこともあります．

(2) Tout d'un (**coup**), une idée m'est venue à l'esprit.「突然，ある考えが頭に浮かんだ．」

この表現では，tout が問われる可能性もあります．ほかに同じ意味で，tout à coup の形もあります．同意表現は，d'un seul coup です．coup はいろいろな意味を持つ語なので，その分，成句表現も多いです．この機会に，いくつか覚えておきましょう．à coup sûr「確実に，間違いなく，必ず」，à tous les coups「いつも，そのたびに」，faire coup double「一石二鳥を得る」，coup pour rien「無駄骨」，du coup「まさに，そのために」，sur le coup「すぐに，即座に」，tenir le coup「我慢する，耐える，長持ちする」，Ça vaut le coup.「やってみる値打ちがある．」

(3) Fais (**comme**) chez toi.＊「くつろいでね．」

「くつろぐ」というのは，「自分の家にいるようにする」ということなので，comme が入ると判断できます．この表現では fais や chez が問われる可能性があります．実際，過去の出題では Faites comme chez vous.「どうぞ楽にしてください．」の問題で，17 年度秋季には comme が，08 年度秋季には chez が問われました．同意表現は，Mets-toi à ton aise. や Mets-toi à l'aise. です．

(4) Il faut partir tout de (**suite**)＊.「すぐに発たなくっちゃ．」

これは，de suite「続けて，連続して」に強調の tout がついた形ですが，「すぐに，直ちに」

11

という意味の成句表現です．08年度秋季に「すぐに」の意味で，suite を問う問題が出されました．ただし，この表現では，tout が問われる可能性もあります．同意表現は，à l'instant, sur le champ, sur le coup です．sans tarder「ぐずぐずしないで」も一緒に覚えるとよいでしょう．また会話表現に À tout de suite!「すぐ行きます！」がありますが，これは12年度秋季に出題されたので，あわせて覚えておきましょう．

(5) Pour lui, les économies passent (**avant**) tout.「彼には，何よりもまず節約が大事だ．」
　　逐語的に訳すと，「すべてに先んじて」という意味です．この表現では，tout が問われることもあります．同意表現は，tout d'abord「まず，第一に」です．英語は before all ですね．

練習問題 ⑥ (▶本冊 p.28)

(1) (passe)　　(2) (vie)　　(3) (Quoi)　　(4) (appareil)　　(5) (désirez)

(1) Qu'est-ce qui se (**passe**)?「どうしたの？」
　　「どうしたの？」を「何が起こったのか？」と考えると，se passer には「起こる」という意味がありますので，passe が入ることが分かりますね．同意表現は，非人称構文の Que se passe-t-il?です．この機会に Qu'est-ce qu'il y a?, Qu'est-ce que vous avez?, Qu'est-ce qui vous arrive?という表現も覚えましょう．ともに「どうしたの？」という意味です．

(2) Qu'est-ce que vous faites dans la (**vie**)?「お仕事は何ですか？」
　　Qu'est-ce que vous faites という表現では，2つの日本語訳を確認しておく必要があります．「何をし（てい）ますか？」と「仕事は何ですか？」です．dans la vie「生活で，生計で」がつけば，後者の意味であることがはっきりします．faire には「（発達，変化して）～になる」という意味があり，« faire ＋不定冠詞＋名詞 »「（職など）に就く，～になる」の形で使われます．例えば，Il veut faire un avocat.「彼は弁護士になりたいと思っている．」となります．なお，このケースで devenir または être を使うときは，Il veut devenir [être] avocat. のように « devenir [être] ＋無冠詞名詞 » の形になります．

(3) Salut, Paul. (**Quoi**) de neuf?*「やぁ，ポール．何か変わったことはあるかい？」
　　これは省略文なので，que の強勢形 quoi を使います．「何か新しいことはあるかい？」と訳すこともあります．同意表現に，Quoi de nouveau?や Qu'y a-t-il de nouveau [neuf]?があります．また，ここでは de neuf や de nouveau のように，形容詞は de を介して男性単数形で使われます．ちなみに英語では，What's new?ですね．過去に2回，同じフランス語文，ほぼ同じ日本語訳で出題されたことがありますが，問われたのはそれぞれ Quoi（09年度春季）と neuf（17年度秋季）でした．

(4) Allô, qui est à l'(**appareil**)?「もしもし，どちら様ですか？」
　　「受話器 l'appareil téléphonique のところには，誰がいるのですか？」という意味です．これは電話の会話では頻繁に使われる決まり文句なので，覚えておきましょう．また，Ne quittez pas.「切らずにお待ち下さい．（⇒少々お待ち下さい．）」も電話での決まり文句です．この機会に覚えておきましょう．

(5) Qu'est-ce que vous (**désirez**)?*「（店で）何にいたしましょうか？」
　　これは，店で店員が客に向かって言う決まり文句です．「何が欲しいですか？」ということですが，この場合頭文字が d なので，vouloir は使えません．また，Que désirez-vous?の形もあります．Vous désirez?のように Qu'est-ce que を省略してきく場合もあります．以前に Qu'est-ce que vous désirez?「何にいたしましょうか．」（09年度秋季）と Vous désirez?「（店員が客に向かって）何をお求めですか．」（16年度春季）が1度ずつ出題されました．

(1) (Pourquoi)　　(2) (combien)　　(3) (quand)　　(4) (quoi)　　(5) (même)

(1)　On va au cinéma ? — (**Pourquoi**) pas ?*「映画に行かない？　―いいね．」
　　これは「どうして駄目なことがあろうか（いやそんなことはない）」という反語表現です．
「もちろん」と訳されることもあります．同意表現は Avec plaisir !「喜んで！」です．英語では，
Why not ? ですね．なお，この表現は Pourquoi pas ?「いいんじゃないの？」の形と日本語訳
で，10 年度春季と 19 年度春季に出題されたことがあります．

(2)　Les bus partent tous les (**combien**) ?「バスはどれぐらいの間隔で運行しているの？」
　　tous les につられて，combien に s をつけてはいけません．この表現では，tous が問われる
可能性もあります．文脈によっては，「何分ごとに」「何時間ごとに」「何日ごとに」など，よ
り具体的に訳されることもあります．combien を名詞として使うのは話し言葉です．こうし
た使い方でおなじみなのが，Nous sommes le combien aujourd'hui ?「今日は何日ですか？」
ですね．

(3)　Venez n'importe (**quand**)．「いつでもいらっしゃい．」
　　n'importe を使った表現には，n'importe comment「どんなふうにでも，いい加減に」，
n'importe lequel「どれでも，誰でも」，n'importe où「どこでも」，n'importe quel ＋名詞「ど
んな～でも」，n'importe qui「誰でも」，n'importe quoi「何でも」などがあります．この機
会に，importer を使った Qu'importe !「どうだっていいさ！」，Peu importe !「何だってか
まわないさ！」などの表現も覚えるとよいでしょう．

(4)　Merci beaucoup. — Il n'y a pas de (**quoi**)．*「どうもありがとう．　―どういたしまして．」
　　「どういたしまして」から「何でもありません」が思いつけば，成句表現の Il n'y a pas de
quoi が思い浮かぶはずです．

(5)　C'est quand (**même**) exagéré de dire ça !
　　「そんなことを言うなんて，いくらなんでも大げさだ！」
　　この表現では，quand が問われる可能性もあります．日本語は，ほかに「それでも，やはり」
となることがあります．これは，日常会話でよく使われる表現ですので，覚えておきましょ
う．同意表現は，tout de même です．

練習問題 8 (▶本冊 p.30)

(1) (part)　　(2) (autre)　　(3) (après)　　(4) (marque)　　(5) (âme)

(1)　De la (**part**) de qui ?「どちら様ですか？」
　　« de la part de ＋人 »「～から，～の代理で」という熟語が思い出せれば，part が分かりま
すね．逐語的に訳すと，「誰からですか？」となります．これは相手が誰かを尋ねるときの決
まり文句です．電話，対面のどちらでも使えます．電話での場合，同意表現は Qui est à
l'appareil ? です．

(2)　Je téléphone à mes parents de temps à (**autre**)．「時々，両親に電話します．」
　　「時々」というと，de temps en temps がすぐに思い浮かびますが，この場合 temps は使え
ません．それでは，「時々」というのはどういうことでしょうか．「ある時間から別の時間に」
というふうに考えることができたら，不定代名詞 autre ではないかと思いつきますね．です
が，これも熟語として de temps à autre で覚えておきましょう．ほかに des fois, par moments
という同意表現もあります．

(3)　D'(**après**) ce que j'ai entendu dire, il est très riche.「噂では，彼はとてもお金持ちだそうだ。」

同意表現は，selon です．d'après lui「彼の言うところによれば」，d'après la météo「天気予報によれば」などのように，熟語の形で覚えておくといいですね．

(4)　On parle d'un vin de grande (**marque**).「有名な銘柄ワインの話をしているんだ。」

「銘柄ワイン」というのは，すなわち「ブランドのワイン」という意味です．このように考えれば，自然と marque「ブランド」が思いつきますね．de marque は「ブランドの」という意味の熟語です．今回の出題は，この熟語に grande「有名な」がついたものです．

(5)　Elle l'aime de toute son (**âme**).「彼女は彼を心から愛している。」

「心から」を「全身全霊で」というふうに着想できれば，â とあわせて âme が思いつきますね．同意表現は，de tout son cœur「心から，喜んで」です．また類似表現として，de toutes ses forces「全力で」，avec tous ses efforts「一生懸命に」もこの機会に一緒に覚えておくとよいでしょう．

練習問題 **9**　(▶本冊 p.31)

(1) (haute)　(2) (bon)　(3) (heure)　(4) (vrai)　(5) (aise)

----

(1)　Ne parlez pas ici à (**haute**) voix !「ここで大声で話さないで下さい！」

同意表現には，parler fort があります．「大声で」とありますので，grande が最初に思いつきますが，声の場合「高い」「低い」という形容詞を使って，「大声」「小声」を表現します．この機会に，一緒に「小声で話す」という表現 parler à voix basse [à mi-voix] を覚えましょう．

(2)　Elle a acheté ce sac à (**bon**) prix.「彼女はそのかばんを安く買った。」

「安く」というのは，すなわち買い手にとって「よい」値段ということです．そのように考えると，自然と bon が思いつきますね．同意表現は，(à) bon marché です．ほかの類似表現に，à bas prix「廉価で」，à vil prix「捨て値で」，à moitié prix「半値で」などがありますので，一緒に覚えましょう．また，Je vous fais un prix.「安くしますよ。」という表現もあります．余力があれば，反意表現の à prix fort「高値で」も覚えましょう．

(3)　Les trains partent toujours à l'(**heure**) au Japon.「日本では電車はいつも定刻に発車する。」

フランス語で「時間」と言えば，temps か heure ですね．この場合，h で始まっているので，temps ではなく，heure を選びます．日本語では，「時間どおりに」というふうに表記されることもあります．また，temps を用いた à temps は「ちょうど間に合って，遅れずに」という意味となります．

(4)　À (**vrai**) dire, je n'ai pas envie d'aller au concert.
「本当は，コンサートには行きたくないのよ。」

このときの vrai は名詞です．副詞と間違えて，vraiment と書かないようにしましょう．なお，à dire (le) vrai という語順もあります．この場合，定冠詞はつけてもつけなくてもよいとされています．同意表現は，au vrai です．

(5)　Je suis mal à l'(**aise**) ici.「ここは，気づまりだわ。」

être (bien) à l'aise「（とても）くつろいでいる」の反意表現です．この表現では，mal が問われることもあります．同意表現は，Je ne me sens pas à l'aise ici. です．

14

練習問題 ⑩ (▶本冊 p.32)

(1) (table)　(2) (jours)　(3) (secours)　(4) (heure)　(5) (prochaine)

(1)　À (**table**)！「ごはんですよ！」
　　逐語的に訳すと，「食卓につきなさい．」となりますが，一般には「ごはんですよ！」「食事にしましょう！」と訳されます．

(2)　À un de ces (**jours**)！「では，また近いうちに！」
　　もともと un de ces jours は，「近いうちに，そのうちに」という意味の成句表現で，À bientôt！と同じように，à がついて「また近いうちに！」という意味になります．同意表現は À un jour ou l'autre！です．少し意味合いは異なりますが，この機会に一緒に d'un jour à l'autre「明日にでも，今にも，そのうちに」も覚えておくとよいでしょう．

(3)　Au (**secours**)！「助けて！」
　　助けを求めるときの決まり文句です．secours は，もともと語末が s で終わる語なので単複同形です．s をつけるのを忘れないようにしましょう．同意表現に，À l'aide！があります．ちなみに，「応急手当」les premiers secours の意味で使うときは，secours は複数形で使います．また，secours には，「助けになる，役に立つ」という意味があります．この機会に，être d'un grand secours「大いに役立つ」も覚えておくとよいでしょう．

(4)　À tout à l'(**heure**)！「また後でね！」
　　あいさつの表現ですので，このまま暗記しましょう．この言葉は，すぐ後でまた会う予定の人に対して使います．同意表現には À bientôt！「近いうちにまた！」，À plus tard！「また後ほど！」，À tout de suite！「またすぐ後でね！」があります．これらの表現の違いは，次に会うまでの時間の長さです．À bientôt は原則として次に会う予定が決まっていない場合に用い，それ以外はその日のうちに再び会うことがわかっている場合に使います．À tout de suite！は次に会うまでの時間がずっと短いときに使う表現です．

(5)　À la (**prochaine**) fois.「またお会いしましょう．」
　　これも別れるときの挨拶です．逐語的に訳すと，「また次回に．」となります．「またお会いしましょう．」という日本語と fois「～回」から，次の回と思いつけば，自然と prochain が思い出されるはずです．このとき，fois が女性名詞なので，あわせて女性形の prochaine にすることを忘れないようにして下さい．また，口語では fois を省略して，À la prochaine. という表現もよく使います．

練習問題 ⑪ (▶本冊 p.33)

(1) (dérange)　(2) (laisse)　(3) (entends)　(4) (dois)　(5) (écoute)

(1)　Je ne vous (**dérange**) pas？「お邪魔じゃないですか？」
　　Ça ne vous dérange pas？というきき方もあります．「お邪魔してすみません．」は，Excusez-moi de vous déranger. です．また，「どうぞそのままでおかまいなく．」は，代名動詞 se déranger の命令形を使って，Ne vous dérangez pas. と言います．さらに，ホテルのドアノブに下げる「起こさないで下さい．」という札は，Prière de ne pas déranger. です．この機会に一緒に覚えておくとよいですね．

(2)　Je vous (**laisse**) ici.「ここで，失礼します．」
　　簡単に，「さようなら」と訳す場合もあります．もともと laisser には，「残す」のほかに，「離れる，別れる」という意味があります．そのため逐語訳では，「私はあなたと別れます．」と

いう日本語になります．これは，人と別れるとき，電話を切るとき，手紙の末尾など様々な
シチュエーションで使える表現です．

(3)　Allô, allô, je ne vous (**entends**) pas bien.「もしもし，もしもし，お電話が遠いようです．」
　　　電話で相手の声がよく聞こえないときに言う表現です．J'entends mal. という同意表現もあ
　　　ります．その場合，mal が問われることもあります．また，Je ne vous entends pas. は，「あ
　　　なたの言うことが理解できません．」という意味でも使います．また，Vous entendez?「聞こ
　　　えますか？分かりますか？」という表現もありますので，一緒に覚えましょう．

(4)　Je vous (**dois**) combien en tout ?「全部でおいくらですか？」
　　　devoir には，「〜に金品を借りている」「〜に支払わなければならない」という意味があり
　　　ます．そのため，店などで支払いをする際の言葉として使われます．同意表現は，Ça coûte
　　　combien ?, C'est combien ?, Ça fait combien ? です．この機会に一緒に en tout「全部で」
　　　も覚えましょう．また，お金を貸してくれた人に返済をするというシチュエーションでは，
　　　「全部でいくらお返しすればいいですか？」というような日本語も考えられます．

(5)　Alors, je vous (**écoute**)* maintenant.「では，これからあなたのお話をうかがいます．」
　　　« écouter ＋人 » には，「〜の話を聞く」の他に「〜のいうことをきく」という意味もあり
　　　ます．Je vous écoute. の場合，「どうぞお話し下さい．」という訳になることもあります．また，
　　　電話で J'écoute. と言うと，「はい，何でしょうか？」という表現になります．この表現は Je
　　　vous écoute. のフランス語文で，過去に 2 回出題されましたが，日本語訳はそれぞれ「どう
　　　ぞお話しください．」(17 年度秋季)，「お話をうかがいましょう．」(07 年度秋季) でした．

練習問題 12　(▶本冊 p.34)

(1) (forme)　　(2) (sûre)　　(3) (envie)　　(4) (raison)　　(5) (mal)

(1)　Thomas est toujours en pleine (**forme**)*.「トマはいつも元気いっぱいだ．」
　　　forme には「心身の好調，元気」という意味があり，être en forme で「元気である」と訳
　　　します．ここでは pleine「いっぱい」がついた形です．この表現では，pleine が問われる可
　　　能性もあります．過去には，11 年度秋季と 06 年度秋季に出題されています．
　　　être の代わりに se sentir を用いて，se sentir en forme でもほぼ同様の意味になります．ま
　　　た絶好調と強調するためには bonne を用いて en bonne forme という形もあります．同意表
　　　現は aller bien, être en bonne santé, se porter bien です．

(2)　Marie, tu en es (**sûre**) ?「マリ，それは確かかい？」
　　　この表現は « être sûr(e) de ＋名詞 »「(de）確信している，信頼している」からきていま
　　　す．ここでは « de ＋名詞 » の部分が en になっています．主語が女性なので忘れずに sûr を女
　　　性形の sûre にしましょう．あわせて C'est sûr et certain.「それは絶対に確かだよ，絶対に間
　　　違いないよ．」や bien sûr「もちろん」も覚えておきましょう．

(3)　Je n'ai (**envie**) de rien.「何もいらないよ．」
　　　この表現は « avoir envie de ＋名詞 »「〜が欲しい」からきています．名詞のところが不定
　　　代名詞の rien になり，ne とともに「何も〜ない」を表しています．envie を使った熟語表現
　　　では « donner envie à ＋人＋ de ＋不定詞 »「人に〜する気を起こさせる」を Ça me donne
　　　envie de voyager.「旅がしたくなったよ．」のような例文で覚えておくとよいでしょう．

(4)　Tu as (**raison**).「もっともね．」
　　　avoir raison は多くの辞書で「〜は正しい」という意味が記載されています．出題の日本語
　　　訳が「君は正しいよ．」であれば「道理・理性・理由」という意味を持つ raison が導き出され

やすいでしょう．しかし「おっしゃる通りです．」「もっともです．」「当然です．」などの日本語訳も覚えておく必要があるでしょう．また，必ず対になる反対表現 avoir tort「〜は間違っている」も一緒に暗記しましょう．こちらは 19 年度春季に Tu as tort.「君はまちがっているよ．」の形で出題されました．

(5) J'ai du (**mal**) à trouver le travail.「仕事がなかなか見つからないんだ．」
　　これは « avoir du mal à ＋不定詞 »「〜するのに苦労する」という熟語表現です．mal を用いた表現に « avoir mal à ＋定冠詞＋体の部位 »「〜が痛い」がありますが，混同しないようにしましょう．その他に « faire mal à ＋人 »「人を苦しめる」(Ça me fait mal au cœur.「それは胸が痛くなるね．」) や « donner du mal à ＋人 »「人に苦労をかける」(Il donne du mal à ses vieux parents.「彼は年老いた両親に苦労をかけている．」)，pas mal de「かなりの〜，相当の〜」(Il y a pas mal de gens.「かなりの人出だよ．」) もあわせて覚えておきましょう．

練習問題 13 (▶本冊 p.35)

(1) (main)　　(2) (lit)　　(3) (mettre)　　(4) (crois)　　(5) (porte)

(1) Je vous donne un coup de (**main**)?「お手伝いしましょうか？」
　　donner un coup de main は，「手伝う，手を貸す」という意味の熟語です．m で始まる語で「手伝い」ですから，文字どおりに考えて main「手」を入れると，正解になります．同意表現は，donner (prêter) main-forte です．

(2) Les enfants, allez au (**lit**) tout de suite!「子どもたち，すぐに寝なさい！」
　　この表現では，allez が問われる可能性もあります．aller au lit は「寝に行く」ですね．英語の go to bed を思い出すと，助けになりますね．また aller を省略して，Au lit!「寝なさい！ベッドに入りなさい！」という言い方もあります．

(3) Bon, je vais me (**mettre**) au travail.「じゃ，これから仕事に取りかかるよ．」
　　« se mettre à ＋名詞 » は，「〜の状態になる，〜を始める」という意味です．この場合は，「仕事に着手する」と訳すこともできます．ほかに，se mettre à table「食卓につく」，se mettre au lit「寝床につく」，se mettre au régime「ダイエットをする」なども一緒に覚えておくとよいでしょう．

(4) C'est vrai? Je n'en (**crois**) pas mes oreilles.「それは本当かい？　耳を疑うよ．」
　　「疑う」の否定での同意表現は，「信じない」ですね．そうすると，自然と croire が思い出されます．この機会に一緒に，Je n'en crois pas mes yeux.「目を疑うよ．」も覚えましょう．同意表現は C'est incroyable! です．

(5) Mon grand-père se (**porte**) toujours bien.「祖父はいつも元気だ．」
　　se porter は，「体調が〜である」という意味です．したがって，se porter mal は，「体調が悪い」となります．同意表現は，aller bien, être en bonne santé, être en (pleine) forme です．

練習問題 14 (▶本冊 p.36)

(1) (hors)　　(2) (passant)　　(3) (attendant)　　(4) (par)　　(5) (Faute)

(1) Cet ascenseur est (**hors**) service.「こちらのエレベーターは故障中です．」
　　本来は「使用停止」という意味です．この表現では，同意表現は être en panne です．英語は out of order, out of service ですね．

(2) Je suis venue te voir en (**passant**).「通りがかりに寄ってみたわ．」

「通りすがり」あるいは「ついでに」と訳すこともあります．p で始まる語で，「通りがかり」と訳すことと直前に en があることを考えると，ジェロンディフの「通っているときに」が思いつきますね．

(3) En (**attendant**) de prendre le train, on va boire un café.
「電車に乗るまでの間，コーヒーを飲みましょう．」
　a で始まる語で，「〜するまでの間」と訳すことと直前に en があることを考えると，「〜を待ちながら」が思いつきますね．そうすると自然に，現在分詞の attendant が出てきます．とはいえ，これは熟語として覚えておきましょう．« en attendant de ＋不定詞 »「〜するまでの間」です．この機会に en attendant「さしあたり，それまでの間，それでも，やはり」や，同意表現の « dans l'attente de ＋名詞 »「〜を待ちながら」も覚えましょう．

(4) On dit qu'ils habitent (**par**) ici.「彼らはこの辺りに住んでいるそうだ．」
　par ici には，「こちらへ，こちらを通って」という意味もあります．同意表現は，dans ces environs, près d'ici です．なお，「あちらから（あちらを通って）」は，par là です．また，Par ici, s'il vous plait.「こちらへどうぞ．」は，レストランなどで席に案内されるときに使われる表現にもなります．同様の表現として，Suivez-moi, s'il vous plait.「こちらへどうぞ．」があり，10 年度秋季に出題されたことがあります．

(5) (**Faute**) de temps, je n'ai pas pu l'appeler.
「時間がないので，彼女に電話できませんでした．」
　« faute de ＋無冠詞名詞 » です．faute は「ミス，過ち，罪」という意味ですが，かつては「欠如」という意味でも使っていました．現在では，この意味で使われるのは，熟語表現に限られています．同意表現は，« par manque de ＋無冠詞名詞 »，« à défaut de ＋無冠詞名詞 » です．faute de を使った熟語表現には，faute de goût「趣味の悪さ，センスのなさ」，faute de mieux「やむをえず，仕方なく」，faute de quoi「さもないと，さもなければ」などがあります．一緒に覚えておきましょう．

練習問題 15 (▶本冊 p.37)

(1) (**Après**)　　(2) (**voir**)　　(3) (**Laisse**)　　(4) (**agit**)　　(5) (**particulier**)

----

(1) (**Après**) vous.*「お先にどうぞ．」
　逐語的に訳すと，「あなたのあとに（行きます）．」ですが，これは相手に道を譲るときに使う決まり文句です．そのため，日本語は「お先にどうぞ．」になります．過去に 2 度，Je vous en prie; après vous.「どうぞお先に．」(15 年度秋季)，Après vous.「お先にどうぞ．」(07 年度秋季) の形で出題されました．英語では，After you. です．

(2) On va (**voir**) pour le moment.「今のところは様子を見ましょう．」
　voir は，会話では「見る，会う」以外に，しばしば「様子を見る，検討する」という意味で使われます．C'est à voir.「それは検討すべきだ．」などの表現もあります．ほかに，On verra.「様子を見ましょう．」などの表現もよく使われます．

(3) Tu me gènes. (**Laisse**)-moi tranquille !「邪魔だよ．かまわないで！」
　laisser には，「残す」のほかに，「放っておく，かまわないでおく」という意味があります．「放っといて！」と訳すこともあります．この機会に一緒に，Laissez, je vous prie. C'est moi qui paie.「どうぞお任せ下さい．支払いは私がします．」のような表現を覚えておくとよいですね．

(4) De quoi s'(**agit**)-il ?「何の話ですか？」

これは《 il s'agit de ＋名詞 》「〜が問題だ，〜が話題になっている」の名詞が疑問代名詞になった形ですね．「何のことですか？」「どうしたのですか？」と訳すこともあります．

(5) Quoi de neuf ? — Rien de (**particulier**)! 「何か変わったことはある？ —別に！」
Il n'y a rien de particulier. 「別に変ったことはない．」の省略した形です．particulier の代わりに spécial を使う形もあります．「特に何も．」と訳すこともあります．

練習問題 **16** (▶本冊 p.38)

(1) (mal)   (2) (fois)   (3) (aller-retour)   (4) (certainement)   (5) (affaires)

(1) Pas (**mal**)! 「いいね！」
逐語的に訳すと，「それは悪くない．」ですが，これは C'est bien. の同意表現です．日本語は「いいですね．」になります．英語では，That's not bad. です．また，de がついて pas mal de になると「かなりの〜，相当の〜」の意味になります．Il y a pas mal de gens. 「かなりの人出だよ．」という例文で覚えておくといいでしょう．

(2) Ce sera pour une autre (**fois**). 「また今度にしよう．」
「それはまた別の機会にしましょう．」ということで，誘いを断るときによく使う表現です．省略形は Pour une fois. です．「別の機会に．」という日本語訳も覚えておきましょう．fois を使った熟語では，à la fois 「同時に」，des fois 「時々」，《 (vingt, trente-six, cent, mille などの)数詞＋ fois 》「何度も」，encore une fois 「もう一度，再度」などがあります．また，fois には deux fois plus grand 「2 倍大きい」のように「倍」という意味があります．Quatre fois cinq font vingt. 「5 の 4 倍は 20（5 かける 4 は 20）．」のような例文も暗記しておくとよいですね．

(3) Un (**aller-retour**) pour Paris, s'il vous plaît. 「パリまでの往復切符をください．」
aller-retour で「往復」を表し，ここでは「往復切符」の意味で用いられています．「片道切符」なら aller simple で，16 年度春季に出題されたことがあります．なお，「往復切符」には aller et retour という形もあります．

(4) Pourras-tu me prêter ton stylo ? — Mais (**certainement**).
「ペンを貸してもらえる？ —もちろんだよ．」
certainement は「確かに，きっと」という意味の副詞ですが，強い肯定を表す会話表現としても使われます．その場合は「もちろんです，そのとおりです，そうです」と訳します．単独でも使われますが，しばしば強調を表す mais を伴います．仏検では 11 年度春季に，Certainement, monsieur. 「もちろんですとも．」の問題が出題されました．同意表現は，mais oui, bien sûr, absolument などです．あわせて覚えておきましょう．

(5) Ne laisse pas tes (**affaires**) en descendant. 「降りるときに，荷物を忘れないようにね！」
これは逐語訳をすると「降りるときに，あなたの持ち物を置き忘れないでね．」となります．affaire はいろいろな意味をもつ単語で，ここでは複数形で「所持品，身のまわりの物」という意味になります．laisser には「置き忘れる，なくす」という意味がありますので，覚えておきましょう．なお，en descendant はジェロンディフで同時性を表しています．また，この機会にいくつかの表現を押さえておきましょう．J'ai affaire dans la ville. 「街で用事がある．」や C'est (une) affaire de goût. 「それは好き好きだよ，好みの問題だよ．」などの例文を見ておくとよいでしょう．

(1) (pourquoi)　　(2) (quoi)　　(3) (marché)　　(4) (tout)　　(5) (habitude)

(1)　Ma mère est malade. C'est (**pourquoi**) je fais la cuisine.
　　「母が病気なの．だから私が料理をするの．」
　　「そのため，そういうわけで」と訳すこともあります．同意表現は，c'est pour cela [ça], par conséquent, voici [voilà] pourquoi です．

(2)　Il n'y a pas de (**quoi**).＊「どういたしまして．」
　　これは相手の謝意に対して答えるときに使う決まり文句です．会話では省略形の Pas de quoi!「なんでもないさ！」もよく使われます．より丁寧に言うときは，Il n'y a pas de quoi me remercier.「お礼にはおよびません．」を使います．同意表現には Je vous en prie, De rien があります．18 年度秋季及び 07 年度春季に同じフランス語文，同じ日本語訳で出題された ことがあります．

(3)　Cet appareil-photo est vraiment bon (**marché**).「このカメラは本当に安い．」
　　この問題では，bon が問われることもあります．bon marché は，性・数の変化はしません．比較級は meilleur marché です．副詞の「安く」は (à) bon marché, à bon prix です．ほかの類似表現に，à bas prix「廉価で」，à vil prix「捨て値で」，à moitié prix「半値で」などがありますので，一緒に覚えましょう．

(4)　C'est (**tout**) de ma part.「私からは以上です．」
　　c'est tout は，「これで全部です」「これでおしまいです」と訳すこともあります．これは日常会話で頻繁に使われる表現です．例えば，お店でのやりとりでは，C'est tout, Madame? — Oui, c'est tout.「ほかにございませんか？　— ええ，これでおしまいです．」のように使われます．英語には，That's all. という表現がありますね．de ma part (de la part de ＋人) は，「～から，～の代理で」という意味です．この機会に一緒に覚えましょう．

(5)　Paul est en retard comme d'(**habitude**).「いつものように，ポールは遅刻だ．」
　　「いつも」でよく使われるのは，toujours ですが，ほかに d'habitude, ordinairement もあります．ここでは comme d' に続くので habitude が正解となります．「いつも通りに」と訳すこともあります．この表現では，comme が問われることもあります．同意表現は，comme toujours, comme d'ordinaire, comme à son ordinaire です．なお，d'habitude は「ふだん」という日本語訳で，19 年度秋季に出題されました．

(1) (quoi)　　(2) (arrive)　　(3) (faire)　　(4) (vacances)　　(5) (Prenez)

(1)　Ils disent vraiment n'importe (**quoi**).「彼らは本当にいい加減なことを言う．」
　　本来は「何でも」という意味です．n'importe を使った表現には，n'importe comment「どんなふうにでも，いい加減に」，n'importe où「どこでも」，n'importe qui「誰でも」，n'importe quand「いつでも」などがありましたね．

(2)　Ça (**arrive**)＊ souvent.「よくあることだよ．」
　　この arriver は「起こる，生じる」という意味です．この機会に，Qu'est-ce qui t'arrive ?「どうしたの？」や Cela peut arriver à tout le monde.「それは誰にでも起こり得ることだ．」も覚えておきましょう．また非人称構文の « il arrive à ＋人＋ de ＋不定詞 »「～することがある，たまたま～する」(Il peut arriver à tout le monde de se tromper.「誰にでも間違えることはあ

る.」) も覚えておくといいですね. なお, 過去に Ça arrive à tout le monde.「だれにでもあることさ.」（15 年度春季）と Ça arrive.「そういうこともあるさ.」（11 年度春季）の形で出題されたことがあります.

(3) Comment (**faire**)?*「どうしたものか.」

　これは « comment ＋不定詞 » の構文で, よく使われる言い回しです. 他にも Comment dire?「どう言おうか.」, Comment y aller?「そこにどうやって行こうか.」などは会話で頻繁に耳にします. これまで, Comment faire?「どうしようか.」（19 年度春季）, Comment dire?「どう言えばいいのかしら.」（09 年度春季）の形でそれぞれ 1 度ずつ出題されたことがあります.

(4) Bonnes (**vacances**)! — Merci, vous aussi!「よい休暇を！　—ありがとう, あなたもね！」

　夏休みなどの長期休暇の時期になると, よく耳にする表現です. 辞書には「よいヴァカンスを！」と書かれていますね. vacances と複数形にするのを忘れないようにしましょう. その他に, Bon séjour!「滞在を楽しんでください, 良い滞在を！」というあいさつも覚えておきましょう.

(5) (**Prenez**) votre temps.*「どうぞごゆっくり.」

　熟語 prendre son temps「ゆっくり時間をかける」の vous に対する命令形です. prendre tout son temps のように, tout「十分に」をつけて強調する形もあります. 同じフランス語文, 同じ日本語訳でこれまで 2 回（14 年度春季, 07 年度秋季）出題されました.

総合練習問題 3　（▶本冊 p.40）

(1) (nouveau)　　(2) (grave)　　(3) (tout)　　(4) (plaisir)　　(5) (appétit)

(1) C'est (**nouveau**)!「それは初耳だ！」

　話し言葉です. 逐語的に訳すと,「それは新しい！」となりますが, nouveau を「初めて聞いた」という意味にとり,「初耳だ」と訳します. 同意表現は, nouveau の名詞形を使う C'est une nouveauté. です. 英語の new にも同じ意味がありますね.

(2) Ce n'est pas (**grave**).「大したことはありません.」

　grave は,「重大な, 深刻な」と言う意味ですから, 逐語訳をすると「それは重大なことではありません.」となりますね. 同意表現は, Ça ne fait rien. や Ce n'est rien. です.

(3) Après (**tout**), c'est la même chose.「結局, 同じことだよ.」

　この表現では, après が問われることもあります. 同意表現は, enfin, en fin de compte, tout compte fait, en définitive です. 英語には, after all という表現がありますね.

(4) Ça me fait (**plaisir**).*「うれしいです.」

　この表現では, fait が問われることもあります. 同意表現は, C'est un plaisir. や C'est une joie. です. この機会に一緒に, Ça me rend heureux(se).「うれしいです.」という表現も覚えましょう. 過去に同じフランス語文で 2 度出題されたことがありますが, 日本語訳はそれぞれ「それはうれしいな！」（13 年度秋季）,「うれしいです.」（06 年度春季）でした.

(5) Bon (**appétit**)!「たっぷり召し上がれ！」

　食卓での決まり文句です. 逐語訳ですと「よい食欲で（お食べなさい）.」となりますが, 一般には「たっぷり召し上がれ.」か「おいしく召し上がれ.」という日本語になっています.

(1) (temps)　　(2) (devient)　　(3) (possible)　　(4) (rien)　　(5) (pour)

(1)　Il est (**temps**) d'aller au lit, les enfants !「子どもたち，寝る時間ですよ！」
　　　« il est temps de ＋不定詞 »「〜する時だ」に grand がつけば，「とっくに〜する時間だ」という意味になります．英語にも « it's time to ＋不定詞 » という類似の表現がありますね．

(2)　Qu'est-ce qu'il (**devient**) ?「彼はどうしている？」
　　　Que devient-il ? の形もあります．devenir の属詞が疑問代名詞の qu'est-ce que になっている形で，「どうしている？」という意味になります．ほかに「（その後）どうしていますか？」「お変わりありませんか？」という日本語になることもあるので注意しましょう．同意表現はQuoi de neuf [nouveau] ? や Qu'y a-t-il de neuf [nouveau] ? です．

(3)　Elle a raté son examen. ― Pas (**possible**) !*「彼女は試験に落ちたよ．―まさか！」
　　　「不可能だ！」「ありえない！」が転じて「まさか！」になっています．この機会に一緒に，Penses-tu ! (Pensez-vous !) という表現も覚えましょう．同様に，「まさか！とんでもない！」という意味です．過去に同じフランス語文で 2 度出題されたことがありますが，日本語訳はそれぞれ「まさか！」(17 年度春季)，「ありえないよ！」(11 年度秋季) でした．

(4)　Il n'y a (**rien**) à faire.「どうしようもないさ．」
　　　この表現では，faire が問われることもあります．日本語訳は，「することが何もない．」が転じて「どうしようもない．」になっています．ほかに「手のほどこしようがない．」「とんでもない．」などの訳になることもあります．また，Il n'y a を省略した Rien à faire. という形もあります．

(5)　Ne prends pas ça au sérieux. C'est (**pour**) rire.「まじめに取るなよ，冗談だよ．」
　　　「笑うためだ．」が転じて「冗談だ．」になっています．同意表現は，C'est pour rigoler. です．この機会に一緒に，prendre au sérieux「まじめに取る」という表現も覚えましょう．

(1) (courgae)　　(2) (aider)　　(3) (mieux)　　(4) (dépend)　　(5) (effort)

(1)　Bon (**courage**) !*「がんばってね！」
　　　会話でよく耳にする表現です．同意表現として Courage ! や Du courage ! があります．あわせて覚えておきましょう．過去に同じフランス語文で，ほぼ同じ日本語訳で 09 年度秋季と15 年度秋季に出題されたことがあります．

(2)　Je peux vous (**aider**) ?「（お店で）何かお探しですか？」
　　　aider はもともと「手伝う，助ける」という意味ですが，問題文のように店で店員が客に声をかけるときの決まり文句としても使われます．このことを知らないと，日本語訳から aiderを思いつくのは難しいので覚えておきましょう．もちろん「お手伝いしましょうか？」と，ふつうに日本語を当てれば良い場合もあります．また物が主語となって，「〜の助けとなる」という用法もあり，例えば Ça [Cela] m'a beaucoup aidé.「それで私はとても助かった．」となります．この機会に « aider ＋人＋ à ＋不定詞 »「人が〜するのを助ける，人にとって〜が役立つ」を Elle aide son frère à faire ses devoirs.「彼女は弟が宿題をするのを手伝う．」の例文で覚えておくと良いでしょう．

(3)　Tu vas (**mieux**) ?*「調子はよくなった？」
　　　これは « aller bien »「元気である，体調がよい，（物事が）うまく運んでいる」からきていて，

副詞の bien を優等比較級の mieux に代えたものです．一般に，体調が快復したかどうか，事態が好転したかどうかをきくときに使います．過去に 2 度，Vous allez mieux ?「よくなりましたか．」(17 年度秋季) と Ça va mieux qu'hier, Paul ?「昨日より具合はいいかい，ポール？」(09 年度春季) という問題文で出題されました．Tout va bien [mieux].「万事好調だ [好転している]．」も覚えておきましょう．

(4) Ça (**dépend**).*「場合によるね．」

　　よく使われる会話表現です．過去に 2 度 (13 年度春季，06 年度春季)，同じフランス語文，同じ日本語訳で出題されました．dépendre de ～は「～に依存する，～次第である」という意味です．ここは慣用的に de 以下が落ちた形で「それは（さまざまなことに）よる，依存する」ということから「それは時と場合による」くらいの意味になります．

(5) Encore un (**effort**).「もうひと頑張りして！」

　　これは会話表現です．このまま覚えましょう．effort は本来，「努力，骨折り」という意味ですが，会話では「頑張り」という意味で使うことが多いです．petit「少しの」を加えて，Encore un petit effort !「あともうちょっと頑張って！」のように使うこともあります．

総合練習問題 6 (▶本冊 p.41)

(1) (pareil)　　(2) (libre)　　(3) (feu)　　(4) (temps)　　(5) (tombe)

(1) C'est (**pareil**).「同じだよ．」

　　pareil は「よく似た，同じような」という意味です．同意表現は C'est la même chose. です．Ce n'est plus pareil.「もう以前とはちがうよ．」なども覚えておくとよいでしょう．また，前置詞 à をともなって，「～によく似た，～と同じような」という意味にもなります．Cette cravate est pareille à la mienne.「このネクタイは僕のとそっくりだ．」のような例文で暗記しておきましょう．

(2) Entrée (**libre**).*「入場無料．」

　　Entrée には「入場」という意味があります．libre の意味で押さえておきたいのは「自由な，暇な，（席などが）空いている，無料の」です．同意表現は Entrée gratuite. です．また有料の場合は，Entrée payante.「入場有料」です．これまで 17 年度春季と 10 年度秋季に同じフランス語文，同じ日本語訳で出題されたことがあります．

(3) Au (**feu**) !「火事だ！」

　　火事を知らせるときの決まり文句です．feu では「火，火事，信号」の意味を覚えておく必要があります．feu を問う問題文が過去に 2 度出題されましたが，それぞれ「火事」と「信号」の意味でした．08 年度春季は Au feu !「火事だ！」で，18 年度春季は Il faut s'arrêter au feu rouge.「赤信号で止まらなければなりません．」でした．この機会に Au secours !「助けて！」や Au voleur !「泥棒だ！」を一緒に覚えておくことをお勧めします．

(4) Ce garçon mange tout le (**temps**).「この男の子は食べてばかりいる．」

　　tout le temps は「絶えず，始終，いつも，休みなく」という意味です．この表現では，tout が問われることもあります．この表現は，« ne pas arrêter de ＋不定詞 »「絶えず～する」，« ne (pas) cesser de ＋不定詞 » で言い換えることもできますので，あわせて覚えておくといいでしょう．

(5) Ça (**tombe**) mal.「間が悪いね．」

　　tomber ＋状況補語で「偶然～にやって来る」「たまたま起こる」という意味になり，特に tomber bien「ちょうど都合がよい」，tomber mal「具合が悪い，あいにくだ」という表現を

覚えておきましょう．主語は，ça の他に，人称代名詞を使うことができます．例えば，Tu tombes bien.「いいところに来たね．」や Vous tombez mal.「間が悪いですね．」などのように使います．ほかに「タイミングよく」という意味の表現としては，à propos があります．例えば La voilà qui arrive à propos.「ほら，ちょうどいいところに彼女が来てくれたわ．」の例文で覚えておくと良いですね．

以上で筆記第 2 問についての学習は終わりです．

さらに会話表現の知識を増やすように努力しましょう．たとえば，辞書で単語を調べるたびに，必ず下の成句・熟語欄にも目を通し，覚えやすいものから 1 つずつ暗記するといいですね．でも場合によっては，成句，熟語が多くてどれを覚えればいいか迷うこともありますね．そのときは目安として，2 語〜5 語くらいで構成されているもので，日本語でもよく使いそうな表現を優先的に覚えましょう．

第3問　同じ意味の文を作る問題

> ここでは，どこに着目して正解を導き出していけばよいかを中心に解説しています．
>
> 筆記の第3問は同じ意味の文を作る問題です．第3問の章にある通り，動詞の同義語・対義語や，主語と目的語の入れ替わり，否定表現に注意しましょう．
>
> この問題は自分で動詞の活用形を書かなければなりません．活用を間違えたり，スペルミスをすると0点になってしまうので，気をつけましょう．

練習問題 **1**　(▶本冊 p.52)

(1) passeront　　(2) se moquaient　　(3) dire　　(4) avertissait　　(5) a coupé

まず，選択肢の動詞の一般的な意味を確認しましょう．

adorer	大好きである	dire	言う	passer	立ち寄る　　laisser　残す
se moquer	無視する	avertir	警告する	couper	切る，止める

(1)　A　Ils viendront nous voir après-demain.
　　　B　Ils (**passeront**) nous voir après-demain.
　　　A「彼らはあさって私たちに会いにくるであろう．」
　　　B「彼らはあさって私たちに会いに（立ち寄るであろう）．」
　　　Aの文では動詞として venir「くる」が用いられています．選択肢の中で類似した移動の動詞を探すと passer「立ち寄る」があるので，これをAの文の venir と同じように単純未来形にします．venir, passer, aller, partir のように移動を表す動詞は，共に不定詞をつけてそれぞれ「〜しにくる」，「〜しに立ち寄る」，「〜しに行く」，「〜しに出発する」という意味になります．

(2)　A　Avant, ils négligeaient tous mes conseils.
　　　B　Avant, ils (**se moquaient**) de tous mes conseils.
　　　A「以前，彼らは私のあらゆる忠告を無視していた．」
　　　B「以前，彼らは私のあらゆる忠告を（無視していた）．」
　　　Aの文の négliger は tous mes conseils を直接目的語とします．これと類似の意味を持ち，（　　）の直後の de に気づけば se moquer de が思い浮かびますね．négliger と同じように半過去形にしましょう．

(3)　A　Tu peux lui demander de partir tout de suite ?
　　　B　Tu peux lui (**dire**) de partir tout de suite ?
　　　A「君，彼にすぐ発つよう頼んでくれる？」
　　　B「君，彼にすぐ発つように（言って）くれる？」
　　　この設問では demander「頼む」に近い意味を持つ動詞として dire「（口頭で）言う」が選ばれます．依頼を意味する助動詞 peux「〜してくれる」のあとですから，動詞は不定詞で OK です．

(4)　A　La météo annonçait une forte tempête.
　　　B　La météo (**avertissait**) d'une forte tempête.
　　　A「天気予報が暴風雨を報じていた．」
　　　B「天気予報が暴風雨を（警告していた）．」

Aの文の動詞 annoncer「知らせる」と同様に「伝える」ことを意味するのは avertir de です．avertir はただ伝えるだけでなく「警告する」というニュアンスを持っていて，ここでは，悪いことを「伝える」という意味で使っています．Aの文が半過去なので，avertir も半過去形にします．finir と同じ第2群規則動詞なので，半過去の語尾 -ait の前の -ss- に気をつけましょう．

(5)　A　En me répondant, Paul a éteint la radio.
　　　B　En me répondant, Paul (**a coupé**) la radio.
　　　A「ポールは私に返事をしながらラジオを止めた．」
　　　B「ポールは私に返事をしながらラジオを（止めた）．」
　　　Aの文の éteindre は「（機器を）止める，消す」を意味しています．これと同義語を選択肢から選ぶと couper です．couper は「切る」という意味だけでなく「（水道，ガス，電気，テレビ，ラジオなどを）止める，断つ」という意味もあります．他動詞なので助動詞に avoir を用いて複合過去形にします．

練習問題 2　（▶本冊 p.53）

(1) partager　　(2) sont passées　　(3) montre　　(4) Suivez　　(5) persuaderez

　まず，選択肢の動詞の一般的な意味を確認しましょう．
suivre　従う，たどって行く　　　avoir　持つ　　montrer　見せる　　　　faire　する，作る
partager　分ける　　　　　　　passer　通る　　persuader　説得する

(1)　A　Tu vas couper ce gâteau en trois.
　　　B　Tu vas (**partager**) ce gâteau en trois.
　　　A「あなたがこのケーキを3つに切って．」
　　　B「あなたがこのケーキを3つに（分けて）．」
　　　Aの文の couper 〜 en trois は，切った結果3つになったことを表しています．つまり，「ケーキ」を3つに「分ける」ことになるので，partager を入れればよいですね．（　）の前が弱い命令を表す近接未来の vas（< aller) ですので，解答は不定詞です．なお，他に diviser も同じ意味で用いられます．

(2)　A　Pour aller au musée, elles ont traversé un vieux pont.
　　　B　Pour aller au musée, elles (**sont passées**) sur un vieux pont.
　　　A「美術館に行くのに，彼女たちは古い橋を渡りました．」
　　　B「美術館に行くのに，彼女たちは古い橋の上を（通りました）．」
　　　Aの文の traverser は「渡る」という他動詞なので，直後に un vieux pont が直接目的語として続きますが，Bの文では後ろに前置詞 sur「〜の上を」があります．passer は自動詞で「通る，通過する」の意味なのでこれを選びます．Aの文に合わせて複合過去形にします．passer は移動の自動詞なので，助動詞を être にし，性・数の一致を忘れないようにして下さい．

(3)　A　Dans le train, on présente son billet au contrôleur.
　　　B　Dans le train, on (**montre**) son billet au contrôleur.
　　　A「列車内では，自分の切符を車掌に提示します．」
　　　B「列車内では，自分の切符を車掌に（見せます）．」
　　　Aの文の présenter は「提示する」という意味なので，「見せる」という意味の montrer を選べばよいですね．Aの文と同様，直説法現在形にします．

(4)　A　Continuez cette rue jusqu'au deuxième carrefour.

　　　B　(**Suivez**) cette rue jusqu'au deuxième carrefour.

　　　A「この通りを 2 番目の交差点までこのまま行って下さい.」

　　　B「この通りを 2 番目の交差点まで（たどって行って下さい）.」

　　　A の文 continuer は「来た道をそのまま行く」ということです. 選択肢の動詞のうち道案内で用いられるのは suivre「（道を）たどる」ですので, これを A の文に合わせて vous に対する命令形にします. 文頭なので, 初めの文字を大文字にしましょう.

(5)　A　Vous les convaincrez de terminer ce travail d'ici trois jours.

　　　B　Vous les (**persuaderez**) de terminer ce travail d'ici trois jours.

　　　A「あなたが彼らにこの仕事をここ 3 日間で終えるよう説き伏せて下さい.」

　　　B「あなたが彼らにこの仕事をここ 3 日間で終えるよう（説得して下さい）.」

　　　A の文の convaincre「納得させる, 説得する」とほぼ同義なのが persuader です. これを A の文に合わせて単純未来形にします. 単純未来で主語が 2 人称なので, 弱い命令や依頼が示されています.

練習問題 **3** 　(▶本冊 p.56)

(1) a dit　　(2) Donne　　(3) rendre　　(4) savait　　(5) passera

　まず, 選択肢の動詞の一般的な意味を確認しましょう.

rendre　返す	dire　言う	passer　通る, 受ける	enseigner　教える
donner　与える	savoir　知っている, できる	craindre　恐れる	

(1)　A　On nous a adressés au guichet d'à côté.

　　　B　On nous (**a dit**) d'aller au guichet d'à côté.

　　　A「私たちは隣の窓口へと差し向けられた.」

　　　B「私たちは隣の窓口に行くよう（言われた）.」

　　　まず, A の文と B の文に共通する語句を取り除きます. 残った部分で比較すると, A の文の動詞 adresser「差し向ける」＝ B の文の動詞句（　　）d'aller「行くことを（　　）」と考えることができます. 人を「差し向ける」というのは, その人に「行かせる」ことです. 後ろに de ＋不定詞が続くので, 「～するように言う」という dire を選びます. これを A の文の adresser と同じ複合過去形にします.

(2)　A　Appelle-moi à ton arrivée à Paris.

　　　B　(**Donne**)-moi un coup de téléphone à ton arrivée à Paris.

　　　A「パリに着いたら私に電話しなさい.」

　　　B「パリに着いたら私に電話を（かけなさい）.」

　　　2 つの文に共通する語句を取り除いて, A の文の動詞 appeler「電話する」＝ B の文の（　　）un coup de téléphone と考えます. donner un coup de téléphone で「電話機を使った動作をする」＝「電話をする」となるので, ここには donner が入ります. 関連する表現として donner un coup de frein「ブレーキをかける」や se donner un coup de peigne「櫛をあてる, 髪を直す」なども覚えておくとよいでしょう.

　　　なお, donner は tu に対する命令形になりますが, -er 動詞ですので, 末尾に -s をつけないように気をつけて下さい. 文頭なので, 最初の文字を大文字にしましょう.

(3)　A　Pouvez-vous m'aider un peu ?

B Pouvez-vous me (**rendre**) un petit service ?
　　A「少し手伝ってくれませんか？」
　　B「ちょっと手助けを（して）くれませんか？」
　　2つの文の共通する語句を取り除くと，Aの文の aider un peu「少し手伝う」＝Bの文の
（　）un petit service となります．service を使った熟語には rendre service à ～「～に役立つ」
という表現があります．この機会に覚えておきましょう．文頭に Pouvez-vous がありますの
で，rendre は不定詞です．なお，ここは rendre un petit service という形で「ちょっとした手
助けをする」という意味になっています．
　　また，rendre を用いた熟語表現として《 rendre visite à ＋ 人 》「～を訪問する」，rendre
compte de ～「～を報告する」なども覚えておくとよいでしょう．

(4)　A Marie était capable de jouer du violon à l'âge de trois ans.
　　B Marie (**savait**) jouer du violon à l'âge de trois ans.
　　A「マリーは3歳でヴァイオリンを弾くことができていた．」
　　B「マリーは3歳でヴァイオリンを弾くことが（できていた）．」
　　2つの文の共通する語句を取り除くと，Aの文の être capable de「～できる」を1語で表す
動詞を選ぶしかありません．選択肢の動詞のうち，これに相当するのは「能力として～でき
る」という意味の savoir ですね．Aの文と同様に，半過去形にします．

(5)　A S'il travaille sérieusement, il réussira à son examen.
　　B S'il travaille sérieusement, il (**passera**) son examen avec succès.
　　A「まじめに勉強すれば，彼は試験に受かるだろう．」
　　B「まじめに勉強すれば，彼は試験で合格するだろう．」
　　Aの文の動詞 réussir「～に成功する」に対し，Bの文の（　）son examen avec succès「成
功を伴って（　）する」が対応します．選択肢の動詞のうち passer が入れば「成功をとも
なって受ける」＝「合格する」となりますね．Aの文に合わせて passer を単純未来形にします．

（練習問題 **4**）（▶本冊 p.57）

(1) prendre 　　 (2) a informés 　　 (3) intéresse 　　 (4) a mis 　　 (5) Faites

　　まず，選択肢の動詞の一般的な意味を確認しましょう．
intéresser 興味をひく，関心をひく　　 rendre 返す　　 mettre 置く，（ある状態に）する
prendre とる，飲む　　 savoir 知っている，～できる　　 faire する，作る，～させる
informer 知らせる

(1)　A Voulez-vous boire avec nous ?
　　B Voulez-vous (**prendre**) un pot avec nous ?
　　A「私たちと一緒に一杯飲みませんか？」
　　B「私たちと一緒に一杯（やり）ませんか？」
　　2つの文に共通する語句を取り除いて，Aの文の動詞 boire ＝Bの文の（　）un pot と考
えます．boire は目的語なしの単独でも「酒を飲む」の意味を持ちます．pot を使った熟語に
は prendre un pot「一杯やる」という表現があります．したがって，（　）には「飲む」の
意味を持つ prendre が入ります．Voulez-vous のあとですから，形は不定詞です．

(2)　A Nicolas leur a fait part de votre arrivée.
　　B Nicolas les (**a informés**) de votre arrivée.

A「ニコラがあなたの到着を彼らに知らせました．」

B「ニコラがあなたの到着を彼らに（通知しました）．」

Aの文のfaire は « faire part à ＋人＋ de ＋物 » の形で，「〜に…を知らせる」という意味の熟語で，à ＋人の部分が leur になっています．選択肢の動詞の informer は，« informer ＋人＋ de ＋物 » の形で，「〜に…を通知する」とほぼ同じ意味になるので，これを選びますが，〈人〉の部分は直接目的語 les になります．ですから，Aの文に合わせて複合過去形にするとき，過去分詞は，前の直接目的語 les に性・数の一致をします．informé の末尾に -s をつけるのを忘れないようにして下さい．

(3) A L'histoire, ça ne me dit rien.

B L'histoire, ça ne m' (**intéresse**) pas.

A「歴史というものは私の気を引かない．」

B「歴史というものは私の関心を（引か）ない．」

2つの文に共通する語句を取り除いて，Aの文は ne me dit rien で「私の気を引かない」＝Bの文の ne m'( ) pas と考えます．それを同じ意味にするには，選択肢から「関心を引く」の意味の intéresser を選びます．( ) の直前が m' ですから，母音で始まる語が入ることからも分かりますね．直説法現在形にします．

一般に，ものごとに対する興味の有無を述べるとき，フランス語ではたとえば「歴史」のような事物を主語とし，それが「私の興味を引かない」という言い方をよくするので慣れておきましょう．

(4) A Son attitude a fâché tout le monde.

B Son attitude (**a mis**) tout le monde en colère.

A「彼(女)の態度がみんなを怒らせた．」

B「彼(女)の態度がみんなを怒りの状態（にした）．」

2つの文の共通する語句を取り除くと，Aの文の fâcher「怒らせる」＝Bの文の( ) en colère となります．en colère で「怒りの状態」を表すので，Bの文の( )にはその状態「にする」という意味の動詞を入れればよいですね．それは mettre で mettre tout le monde en colère で「みんなを怒らせる」となります．助動詞 avoir を用いますが，過去分詞 mis の形をしっかり覚えておきましょう．

(5) A Annoncez-lui l'arrivée de Monsieur Leblanc.

B (**Faites**)-lui savoir l'arrivée de Monsieur Leblanc.

A「彼(女)にルブランさんの到着を知らせて下さい．」

B「彼(女)にルブランさんの到着を知ら（せて下さい）．」

2つの文の共通する語句を取り除くとAの文の動詞 annoncer「知らせる」の1語が，Bの文では( ) ＋ savoir の2語になります．savoir は「知る」ですので，これに使役動詞 faire「〜させる」が加われば「知らせる」となります．なお，faire は命令形にします．文頭なので最初の文字を大文字にしましょう．

練習問題 **5** (▶本冊 p.59)

(1) avons continué   (2) acceptera   (3) Souviens-toi   (4) a manqué   (5) ose

まず，選択肢の動詞の一般的な意味を確認しましょう．

accepter 受け入れる	oser あえて〜する	voir 見える，見る，会う	
manquer 不足する，欠席する	se souvenir 覚えている	continuer 続ける	poser 置く

(1)　A　Sur le chemin du retour, nous n'avons cessé de bavarder.

　　　B　Sur le chemin du retour, nous (**avons continué**) à bavarder.

　　　A「帰り道で，私たちはおしゃべりを止めなかった.」

　　　B「帰り道で，私たちはおしゃべりを（続けた）.」

　　　Aの文では cesser「止める」が否定形となり，「止めない」という内容になっています.一方，Bの文にはこの否定がありませんから，cesser の対義語である「続ける」を意味する動詞を探します.continuer が見つかれば OK で，Aの文に合わせて複合過去形にします.助動詞も同じく avoir です.なお，cesser はしばしば，このように pas が省略されます.

(2)　A　Marie refusera l'invitation de son camarade.

　　　B　Marie n'(**acceptera**) pas l'invitation de son camarade.

　　　A「マリーは彼女の友だちの招待を断るだろう.」

　　　B「マリーは彼女の友だちの招待を（受けないであろう）.」

　　　Aの文では refuser「断る」が用いられています.Bの文には，否定形でこれと同じ意味になる動詞が入るので「受け入れる」という意味の動詞を探すと accepter があります.これをAの文の動詞と同じ単純未来形にします.

(3)　A　N'oublie jamais mes paroles.

　　　B　(**Souviens-toi**) toujours de mes paroles.

　　　A「私の言葉をけっして忘れないで.」

　　　B「私の言葉をずっと（覚えていて）.」

　　　Aの文では「忘れる」という意味の動詞 oublier が否定命令形となり，「忘れないで」となっています.Bの文では否定表現がなく，mes paroles の前に de があるので，「〜を覚えている」という意味になる動詞を入れたいですね.代名動詞 se souvenir de 〜 で「〜を覚えている」ですから，se souvenir を肯定の命令形にすれば正解となります.なお，代名動詞の肯定命令形では，再帰代名詞は強勢形にして動詞のあとにつけます.また，Aの文の oublier のように第1群規則動詞の tu に対する命令形では，-s がつかないので注意して下さい.文頭なので最初の文字を大文字にしましょう.

(4)　A　Il n'a assisté à aucun cours la semaine dernière.

　　　B　Il (**a manqué**) tous les cours la semaine dernière.

　　　A「彼は先週，どの授業にも出席しなかった.」

　　　B「彼は先週，すべての授業を（欠席した）.」

　　　Aの文では assister「出席する」が否定表現 « ne 〜 aucun ＋名詞 »「いかなる…も〜ない」と組み合わされ，「いかなる授業も出席しなかった」となっています.（本冊 p.92 参照）Bの文では，（　　）の直後に tous les cours「すべての授業」が来ているので，それを直接目的語として「すべての授業」を「欠席した」という意味にする動詞 manquer を選びます.助動詞は avoir を用いて複合過去形にします.

(5)　A　Il me semble qu'elle hésite à dire la vérité.

　　　B　Il me semble qu'elle n'(**ose**) pas dire la vérité.

　　　A「私には，彼女が真実を言うのをためらっているように思われる.」

　　　B「私には，彼女が（あえて）真実を言えないでいるように思われる.」

　　　Aの文では hésiter「ためらう」が用いられています.Bの文では否定形となっていて，「真実を言うことを（　　）しない」という意味の動詞を考えます.oser は « oser ＋不定詞 » で「〜する勇気を持つ，思い切って〜する」という意味になるので，これを入れれば，「真実を言う勇気がない」となって，Aの文の「真実を言うことをためらう」とほぼ同等の意味にな

ります．非人称構文 il me semble に続く従属節 que ～ の中では，動詞は直説法となり，A の
文に合わせて現在形にします．

練習問題 **6** (▶本冊 p.60)

(1) a empêché　　(2) quitte　　(3) avoir　　(4) a interdit　　(5) respectaient

　まず，選択肢の動詞の一般的な意味を確認しましょう．

refuser　拒む　　　　quitter　離れる　　respecter　尊敬する　　mettre　置く
empêcher　妨げる　　avoir　持っている，持つ　　　　　　　interdire　禁止する

(1)　A　Le bruit des voitures ne m'a pas laissé dormir hier soir.
　　B　Le bruit des voitures m'(**a empêché**) de dormir hier soir.
　　A「昨夜は車の騒音が，私を寝かせてくれなかった．」
　　B「昨夜は車の騒音が，私が眠るのを（妨げた）．」
　　A の文の laisser は «laisser ＋直接目的語＋不定詞 » で，「～させておく，望み通りに～させ
てやる」という意味になるので，あとに dormir が続いて複合過去の否定形となって，「(寝た
いのに) 寝かせなかった」という意味になります．B の文で m'(　　) de dormir の形で，同
等の意味にするには「(私が眠るのを) 妨げる」という意味の動詞を入れたいですね．
«empêcher ～ de ＋不定詞 » で，「～が…するのを妨げる」という意味になるので，empêcher
を選んで複合過去形にします．laisser と empêcher はともに長文問題でも重要な動詞なので，
その使い方をよく確認しておきましょう．

(2)　A　Le bateau reste dans le port depuis le mois dernier.
　　B　Le bateau ne (**quitte**) pas le port depuis le mois dernier.
　　A「その船は先月から港に留まっている．」
　　B「その船は先月から港を（離れずにいる）．」
　　A の文の garder は他動詞で「(ある場所) に留まる，(ある場所) から離れない」という意
味です．つまり港から離れずにいるということですから，B の文で，否定形で同等の意味を
表すためには「(ある場所) を離れる」という意味の quitter を選べばよいですね．これを A
の文の動詞と同じ直説法現在形にします．また quitter も他動詞ですので，le port が直接目的
語として，pas の直後に置かれることを確認して下さい．

(3)　A　Faites attention à éviter les accidents.
　　B　Faites attention à ne pas (**avoir**) d'accidents.
　　A「事故を避けるように注意して下さい．」
　　B「事故に（遭う）ことのないように注意して下さい．」
　　A の文では éviter「避ける」が使われています．B の文において，否定形でこれと同等の意
味になる動詞は avoir です．avoir は行為をしたり，経験したりする場合にも用いられ，事故
や出来事などに「遭遇する」という意味で使われます．たとえば，Nous avons eu beaucoup
de pluie cet hiver. の avoir も「(雨に) あう」ということですから，この avoir と同じ用法です．
A の文の「事故を避ける」というのは「事故に遭わない」ということですから，ほぼ等しく
なりますね．なお，熟語表現の faire attention à ～「～に注意する」に動詞が続く場合，不定
詞のまま用いられ，不定詞の前に ne pas をつけます．

(4)　A　Sa mère ne lui a pas permis de sortir ce matin.
　　B　Sa mère lui (**a interdit**) de sortir ce matin.

A「彼(女)の母は今朝，彼(女)に外出することを許さなかった．」

B「彼(女)の母は今朝，彼(女)に外出することを（禁じた）．」

Aの文の permettre は « permettre à ～ de ＋不定詞 » の形で「～が…するのを許す」という意味になり，複合過去形に否定が加わり，「外出するのを許さなかった」となっています．Bの文において肯定文でこれと同等の意味を表すには，「禁じる」という動詞が必要でしょう．interdire は « interdire à ～ de ＋不定詞 » の形で「～が…するのを禁じる」という意味になるので，これを選び，Aの文の動詞と同様に複合過去形にします．

なお，「許す」には他に « autoriser ～ de ＋不定詞 » で「（権限を持った人が）～に…をするのを許す」という表現があり，「許可を与える」なら donner la permission という表現もあります．また「禁じる」には « défendre à ～ de ＋不定詞 » で「～が…するのを禁じる」という表現もあります．

(5)　A　Les gens se moquaient alors de ce docteur.

　　　B　Les gens ne (**respectaient**) pas alors ce docteur.

　　　A「人々はそのころ，この博士を軽んじていた．」

　　　B「人々はそのころ，この博士を（尊敬して）いなかった．」

　　　Aの文の代名動詞 « se moquer de ＋人 » は「(人)を軽んじている，(人)を笑いものにする，(人)をからかう」という意味です．Bの文では，否定形になってこれと同等の意味を持つ動詞を探さなければなりません．人を軽んじたり，笑いものにするということは，人を尊敬していないということですから，respecter を選びます．これをAの文に合わせて半過去形にします．これは日本語だけで考えるとピンとこないかもしれませんが，この se moquer de ～ と respecter が対になるパターンは覚えておくとよいでしょう．

練習問題 7（▶本冊 p.65）

(1) évoluera　　(2) rétablir　　(3) s'amusait　　(4) a attrapé　　(5) a construit

　まず，選択肢の動詞の一般的な意味を確認しましょう．

rétablir　回復させる　　envoyer　送る　　participer　参加する　　s'amuser　楽しむ

construire　建てる　　attraper　捕まえる　　évoluer　発展する

(1)　A　Le projet qu'ils ont conçu développera cette ville.

　　　B　Cette ville (**évoluera**) à l'aide du projet qu'ils ont conçu.

　　　A「彼らが考えた計画がこの街を発展させるだろう．」

　　　B「この街は彼らが考えた計画によって（発展するだろう）．」

　　　Aの文の主要部分は Le projet développera cette ville.「その計画がこの街を発展させるだろう．」ですが，Bの文はAの文で直接目的語だった cette ville「街」が主語となり，（　　）の後は à l'aide du projet.「その計画のおかげで」と続きます．ですので，（　　）には「発展するだろう」という自動詞が入れば2つの文の内容は同等になりますね．解説の (a) のタイプ（本冊 p.60 ～ p.62 参照）です．選択肢には évoluer がありますので，これを単純未来形にして入れます．

(2)　A　Vous allez bientôt guérir avec ce médicament.

　　　B　Ce médicament va bientôt (**rétablir**) votre santé.

　　　A「あなたはこの薬で間もなく治りますよ．」

　　　B「この薬が間もなくあなたの健康を（回復させますよ）．」

　　　Aの文は guérir「治る」という自動詞を用い，avec ce médicament「この薬で」と修飾語が

続き「この薬で治る」という形になっています．Bの文では，ce médicament「この薬」が主語となり，（　）のあとが votre santé「あなたの健康」と続きます．この votre santé を直接目的語として「あなたの健康を（　）する」という他動詞を探せばよいですね．rétablir は「〜を回復させる」という意味で，後ろの目的語の「あなたの健康」と合います．Aの文と同様，近接未来の va との組み合わせですので，（　）は不定詞のまま rétablir を入れれば正解です．(1) と同様，(a) のタイプですが，今度は自動詞を使った文に対して他動詞を探す問題です．

(3)　A Jouer à la poupée divertissait toujours Alice.

　　B Alice (**s'amusait**) toujours à jouer à la poupée.

　　A「人形遊びはいつもアリスを楽しませていた．」

　　B「アリスはいつも人形遊びを（楽しんでいた）．」

　　Aの文は jouer à la poupée「人形遊びをすること」が主語で，他動詞の divertir「〜を楽しませる」を用いて「彼女を楽しませていた」という形になっています．Bの文は Alice が主語ですので（　）には「楽しむ」という自動詞を入れなければなりません．s'amuser à 〜で「〜を楽しむ」で，後ろの à jouer à la poupée とうまく合うので，s'amuser を選んで，Aの文の動詞と合わせて半過去形にします．これもやはり (a) のタイプですが，Bの文で，このような自動詞としての意味を持つ代名動詞を使う場合があることを覚えておいて下さい．

(4)　A Cet oiseau a été capturé par Alain dans son jardin.

　　B Alain (**a attrapé**) cet oiseau dans son jardin.

　　A「この鳥はアランに家の庭で捕まえられた．」

　　B「アランはこの鳥を彼の家の庭で（捕まえた）．」

　　Aの文の主要部分は Cet oiseau a été capturé par Alain.「この鳥はアランに捕まえられた．」と受動態を用いた文です．それに対してBの文は，Aの文で par のあとにあった Alain を主語とし，（　）のあとには cet oiseau「この鳥」と続いています．ですので，（　）には capturer と同義語で「〜を捕まえる」の意味になる他動詞を入れればよいですね．選択肢の動詞のうち attraper が当てはまります．Aの文が複合過去ですので，もちろん複合過去形にし，他動詞ですから助動詞は avoir を使います．受動態の文を，同義語を用いた能動態の文に変える (b) のタイプ（本冊 p.62 〜 p.63 参照）です．

(5)　A C'est par ce jeune architecte que le musée a été bâti.

　　B C'est ce jeune architecte qui (**a construit**) le musée.

　　A「その美術館が建てられたのはこの若い建築家によってだ．」

　　B「その美術館を（建てた）のは，この若い建築家だ．」

　　Aの文もBの文も C'est で始まっています．これがともに強調構文であることに気がつけば，正解にぐっと近づきます．与えられた文が強調構文であるかどうかを確かめるには，文から c'est と que（あるいは qui）を取り除いて，文が成り立つかどうかを見るのがコツです．Aの文の c'est と que を取り除いて，語順を入れ替えると Le musée a été bâti par ce jeune architecte.「その美術館は，この若い建築家により建てられた．」という受動態の文ができます．Bの文は Ce jeune architecte（　）ce musée.「この若い建築家が，その美術館を（　）．」という文が成立します．ですので，普通の文に直して考えれば，(4) と同様，(b) のタイプで，（　）にはAの文で使われている bâtir「建てる」の同義語を能動態にして入れればよいことが分かります．選択肢から construire を選べばOKで，助動詞に avoir を用いて複合過去形にします．

(1) appartenait　(2) emprunterai　(3) plaît　(4) avons reçu　(5) s'emploient

　　まず，選択肢の動詞の一般的な意味を確認しましょう．

plaire　気に入る　　　envoyer　送る　　　　　appartenir　属する
apprendre　学ぶ　　　s'employer　使われる　　emprunter　借りる　　　recevoir　受け取る

(1)　A　À cette époque-là, mes parents possédaient cette villa.
　　　B　À cette époque-là, cette villa (**appartenait**) à mes parents.
　　　A「その時期，私の両親はこの別荘を所有していた.」
　　　B「その時期，この別荘は私の両親（のものであった）.」
　　　Aの文の主要部分 mes parents possédaient cette villa「私の両親はこの別荘を所有していた」
　　の中で possédaient の直接目的語であった cette villa「この別荘」が，Bの文では主語となり，
　　（　　）のあとに à mes parents「私の両親に」が続きます．両親が別荘を所有していたとい
　　うことは，別荘が主語になれば，両親に「属していた」ことになります．« appartenir ＋名
　　詞 »で「〜に属している」という意味で，à mes parents にうまくつながるので，これを選ん
　　でAの文の動詞と同様，半過去形にします．目的語であった語を主語にして，無生物を主語
　　とする自動詞を選ぶ (a) のタイプ（本冊 p.60 ～ p.62 参照）です．
　　　なお，Aの文の posséder は「〜を所有する」ですから avoir「〜を持つ」でも言い換えられ
　　ます．またBの文の « appartenir à ＋名詞 » の同義的表現として « être à ＋名詞 »「〜のもの
　　である」もありますね．あわせて覚えておきましょう．

(2)　A　Mon oncle me prêtera sa voiture.
　　　B　J'(**emprunterai**) sa voiture à mon oncle.
　　　A「私のおじは私に彼の車を貸してくれるだろう.」
　　　B「私は私のおじに彼の車を（借りるだろう）.」
　　　Aの文 Mon oncle me prêtera sa voiture.「私のおじは私に車を貸してくれるだろう.」に対
　　して，Bの文は je が主語になって sa voiture を目的語としていますから，これは (c) のタイプ
　　（本冊 p.63 ～ p.64 参照）で，もちろん（　　）は「借りる」の意味の emprunter が入ります．
　　Aの文の動詞と同じ単純未来形にします．なお，レンタカー店でお金を払って借りる場合は
　　louer です．

(3)　A　J'aime beaucoup voyager seul.
　　　B　Ça me (**plaît**) beaucoup de voyager seul.
　　　A「ぼくは1人で旅行するのが大好きだ.」
　　　B「1人で旅行することはぼくの大の（お気に入りだ）.」
　　　Aの文 J'aime beaucoup voyager seul.「ぼくは1人で旅行するのが大好きだ.」は，j'aime
　　と人を主語とし，voyager seul「1人で旅行をすること」を目的語とする形です．それに対し，
　　Bの文は主語が ça, そのあとに me「ぼく」を目的語（ここでは間接目的語）としているので，
　　無生物を主語として，人の好みを表せる動詞が入ることが分かります．plaire は，無生物を
　　主語として，« plaire à ＋人 »で「人の気に入る」という形になる動詞で，これをAの文の動
　　詞と同じ直説法現在形にすれば正解です．ここでは，ça は最後の de voyager seul「1人で旅
　　行すること」を受ける形式主語の構文になっています．これは (a) のタイプです．なお，慣
　　用句の s'il vous plaît は plaire を用いた表現で，もともとは「もしそれがあなたの気に入るな
　　らば」という意味ですね．

(4) A C'est Jacques qui nous a donné de leurs nouvelles.

B C'est de Jacques que nous (**avons reçu**) de leurs nouvelles.

A「彼らの知らせを私たちにもたらしたのはジャックだ.」

B「私たちが彼らの知らせを受け取ったのはジャックからだ.」

練習問題7の (5) と同じように, 強調構文が組み合わされているので, C'est と que を取り除いて2つの文を比較しましょう. A の文は Jacques nous a donné de leurs nouvelles.「ジャックは私たちに彼らの知らせをもたらした.」となり, B の文は de Jacques を後ろにして語順を入れ替えれば nous (   ) leurs nouvelles de Jacques「私たちは彼らの知らせをジャックから (   )」となります. つまり主語と目的語が入れ替わったときに, 対になる動詞を選ぶ (c) のタイプです. donner「もたらす」の対の表現である「受け取る」recevoir を選び, 複合過去形にすれば正解です. recevoir の過去分詞 reçu はしっかり覚えておきましょう.

(5) A On n'utilise plus ces expressions ces derniers temps.

B Ces expressions ne (**s'emploient**) plus ces derniers temps.

A「人々はそれらの表現を最近はもう使わない.」

B「それらの表現は最近はもう (使われ) ない.」

A の文の主要部分 on n'utilise plus ces expressions「人々はそれらの表現をもう使わない」の直接目的語である ces expressions が, B の文では主語となり ces expressions ne (   ) plus「それらの表現はもう (   ) ない」という形になっています. ですので, (   ) には「使われる」という意味の動詞を入れたいですね. つまり能動態の文を同義語の受動態の文に書き換える (b) のタイプ (本冊 p.62 ~ p.63 参照) の一種ですが, ここは « être ＋過去分詞 » の形ではなく, s'employer という受動的用法の代名動詞を選ぶことが重要です. A の文に合わせて直説法現在形にしますが, このように -oyer で終わる -er 動詞の活用には十分に注意しましょう.

練習問題 **9** (▶本冊 p.69)

(1) a renvoyé   (2) accompagner   (3) marchait   (4) seront   (5) empêchait

まず, 選択肢の動詞の一般的な意味を確認しましょう.

être 〜である	renvoyer 送り返す, 更迭する		marcher 歩く, 動く
voir 見える, 見る	sortir 外出する	empêcher 妨げる	accompagner 同行する

(1) A Le président a fait quitter son poste au Premier ministre.

B Le président (**a renvoyé**) le Premier ministre.

A「大統領は首相にその職から去らせた.」

B「大統領は首相を (更迭した).」

A の文では使役動詞 faire「〜させる」が用いられて, faire quitter son poste au Premier ministre で「首相にその職を去らせる」という内容になっています. これと B の文の (   ) le Premier ministre「首相を (   )」の部分が同じになるわけです.「職から去らせる」ということは「辞めさせる」ということであり, 少し硬い言い方ですが renvoyer「更迭する」がこれに当たります. 助動詞に avoir を用い, 複合過去形にします.

なお, renvoyer に関連する自動詞として démissionner「辞職する」があります. あわせて覚えましょう.

(2) A Pouvez-vous aller à la gare avec eux ?

B Pouvez-vous les (**accompagner**) à la gare ?

A「彼らと一緒に駅まで行ってくれますか？」

B「彼らに駅まで（同行して）くれますか？」

Aの文のaller à la gare avec eux「彼らと一緒に行く」の部分と，Bの文のles（　　）à la gare「彼らに駅まで（　　）」の部分が同じになるように考えます．これは「一緒に行く」とほぼ同義語の「同行する」，すなわちaccompagnerが見つかればOKですね．文頭に依頼を表すpouvezがありますから不定詞のままです．

(3)　A　Le chauffage était en panne depuis la veille.

　　B　Le chauffage ne (**marchait**) pas depuis la veille.

　　A「暖房はその前日から故障していた．」

　　B「暖房はその前日から（動いてい）なかった．」

Aの文のêtre en panne「故障している」がBの文のne（　　）pas「（　　）ない」と同等の意味になるようにします．「故障している」という内容を否定形で表すには「動いていない」「機能していない」としたいですね．marcherは「歩く」だけでなく，機械などが「動く，機能する」という意味を持っているので，これをAの文に合わせて半過去形にします．marcherのこの用法はよく出題されるので，注意しておきましょう．

(4)　A　Le nombre d'étrangers augmentera dans ce quartier.

　　B　Les étrangers (**seront**) de plus en plus nombreux dans ce quartier.

　　A「この地区では，外国人の数が増加するであろう．」

　　B「この地区では，外国人がますます多数に（なるであろう）．」

Aの文の主要部分Le nombre d'étrangers augmentera「外国人の数は増えるであろう」をBの文の主要部分Les étrangers（　　）de plus en plus nombreux「外国人はますます多く（　　）」と同等の意味にします．Aの文ではaugmenter「増加する」という動詞を使っているのに対し，Bの文では（　　）のあとは，de plus en plus「ますます」に続いてnombreux「多数の」という形容詞があることが分かります．つまりここでは « être ＋形容詞 » で「〜の状態である」という形を使うことに気づけばOKです．êtreをAの文と同じく単純未来形にすれば「ますます多数になるであろう」となりますね．

(5)　A　Ce jour-là, Éric ne pouvait pas sortir à cause du mauvais temps.

　　B　Ce jour-là, le mauvais temps (**empêchait**) Éric de sortir.

　　A「その日，エリックは悪天候のため，外出できずにいた．」

　　B「その日，悪天候がエリックが外出するのを（妨げていた）．」

Aの文Éric ne pouvait pas sortir à cause du mauvais temps「エリックは悪天候のため外出できなかった」に対して，Bの文は無生物である le mauvais temps が主語となっているので，「悪天候がエリックの外出を（　　）した」という内容にすればよさそうです．empêcher は無生物を主語とする代表的な動詞で， « empêcher 〜 de ＋不定詞 » で「〜が…するのを妨げる」となります．ここはAの文に合わせて半過去形にすれば正解です．

練習問題 **10** （▶本冊p.70）

(1) a retardé　　(2) sommes　　(3) Montrez　　(4) fallait　　(5) a cessé

まず，選択肢の動詞の一般的な意味を確認しましょう．

| falloir | 必要である | ouvrir | 開ける | être | 〜である | montrer | 見せる，示す |
| retarder | 遅らせる | rester | とどまる | cesser | 止める | | |

(1) A L'avion est arrivé en retard en raison du brouillard épais.

    B Le brouillard épais (**a retardé**) l'arrivée de l'avion.

    A「飛行機は濃霧のために遅れて到着した．」

    B「濃霧が飛行機の到着を（遅らせた）．」

    Aの文のle brouillard épaisがBの文では主語になっています．したがってBの文は「濃霧が飛行機の到着を遅らせる」と考えましょう．（　　）には「遅らせる」という意味のretarderが入ります．Aの文の動詞と同じ複合過去形にします．なお，この動詞に対応する名詞retardを用いたêtre en retard「遅れている」という慣用句はよく使われますね．

(2) A Nous partageons vos idées.

    B Nous (**sommes**) de votre avis.

    A「私たちはあなたの意見を共有しています．」

    B「私たちはあなたと同じ意見（です）．」

    2つのフランス語文にあるidéesとavisは「意見，考え」の意味の同義語なので，実質的には2つの文は動詞部分しか違っていないものといえます．つまり，Aの文の動詞partager「共有する」＝Bの文の動詞（　　）deとなればよいわけです．（　　）のあとのdeがポイントで，deには「～（に関する性質）を備えた」という用法があり，多くは « être de ＋名詞 » の組み合わせで使われます．Vous êtes de quelle nationalité ?「あなたはどちらの国籍の方ですか？」やDe quelle couleur est ta voiture ?「君の車は何色なの？」などの疑問文に用いられているdeと同じです．ここではêtre de votre avisで「あなたの意見を備えている」＝「あなたと同じ意見である」の意味になり，partager vos idées「あなたの意見を共有する」と同等の意味になります．êtreは直説法現在形でよいですね．

(3) A Indiquez-moi le chemin pour aller à la gare de Lyon.

    B (**Montrez**)-moi comment aller à la gare de Lyon.

    A「リヨン駅へ行くための道を私に教えて下さい．」

    B「どうやってリヨン駅に行くのかを私に（教えて下さい）．」

    Aの文のIndiquez-moi le chemin pour ～「私に～までの道を教えて下さい」に対して，Bの文は（　　）-moi comment aller à ～「私にどうやって～に行くのかを（　　）」となっています．つまり，（　　）には「教える」の意味のindiquerの同義語で，comment ～「どうやって～するか」を目的語とすることができる動詞を選べばよいことが分かります．選択肢のなかにはmontrerしかありませんね．それを命令形にしましょう．また，文頭なので最初の文字を大文字にしましょう．

    なお，おなじみのdireもこの意味で用いられます．Dites-moi comment faire pour aller à la gare de Lyon.「リヨン駅に行くにはどうすればよいか，私に教えて下さい．」

(4) A À ce moment-là, j'avais besoin de 10 000 euros pour mes affaires.

    B À ce moment-là, il me (**fallait**) 10 000 euros pour mes affaires.

    A「その時，私は商売のため10,000ユーロが必要だった．」

    B「その時，私には商売のため10,000ユーロが（必要だった）．」

    Aの文はjeを主語としavoir besoin de ～「～を必要とする」という慣用表現を用いて，「私には～が必要だった」となっているのに対し，Bの文では，il me（　　）とilを主語とし，「私」に当たるものは目的語のmeで示されています．ここは「必要とする」いう意味で，非人称のilを主語とするfalloirを選べばよいですね．falloirは現在形なら « Il faut à ～＋名詞 » の形で「～には…が必要である」となり，ここでは à ～ がmeという目的語代名詞で表されています．Aの文に合わせて半過去形にしますが，falloirの半過去の活用形を忘れないように

して下さい.

(5) A L'orage a interrompu temporairement la parade.

　　B On (**a cessé**) la parade temporairement à cause de l'orage.

　　A「雷雨がパレードを一時的に中断させた.」

　　B「人々は雷雨のために一時的にパレードを (やめた).」

　　Aの文はl'orage「雷雨」が主語となり, interrompre「中断する」を用いて,「(雷雨が) パレードを中断させた」となっています. 一方, Bの文では, on「人々」が主語となっており,「雷雨」はà cause de 〜「〜のために」という熟語と共に「雷雨のために」となって, 文末に置かれ,「人々は雷雨のためパレードを一時的に (　　) した」となっています. ですから (　　) には人が主語となり,「〜をやめる, 中止する」を意味する動詞を選びたいですね. 選択肢からcesserを選び, 複合過去形にします.

練習問題 11 (▶本冊 p.71)

(1) a permis　　(2) terminerez　　(3) faisait　　(4) vivre　　(5) dérange

　　まず, 選択肢の動詞の一般的な意味を確認しましょう.

vivre 生きる, 暮らす	rendre 返す	permettre 許す, 可能にする
échapper 逃れる	déranger 邪魔をする	terminer 終える
faire する, 作る, 天候が〜である		

(1) A Elles ont pu faire une bonne promenade grâce au temps agréable.

　　B Le temps agréable leur (**a permis**) de faire une bonne promenade.

　　A「彼女たちは好天のおかげで, 素晴らしい散歩ができた.」

　　B「好天が彼女たちに素晴らしい散歩を (可能にした).」

　　Aの文はelles「彼女たち」と人を主語としてpouvoirを用いて「好天のおかげで散歩ができた」という内容です. 一方, Bの文はle temps agréable「快適な天気 (=好天)」を主語として, それが「彼女たちに散歩を (　　)」という内容です. つまりBの文の (　　) には無生物を主語として,「〜を可能にさせる」という意味の動詞を入れればよいことが分かります. permetteは « permettre à 〜 de +不定詞 » で「〜が…することを可能にさせる」という意味で, これをAの文に合わせて複合過去形にします. permettreは無生物を主語とする代表的な動詞なので, ぜひ使えるようにしておきましょう.

(2) A Pour vous, il sera facile d'achever ce travail avant ce soir.

　　B Vous (**terminerez**) facilement ce travail avant ce soir.

　　A「あなたにとって, その仕事を今夜までに終えることは簡単でしょう.」

　　B「あなたは簡単にその仕事を今夜までに (終えるでしょう).」

　　Aの文は « il sera (êtreの単純未来形) +形容詞 + de +不定詞 » の非人称構文で, これに文頭のpour vousを加えて「あなたにとって, その仕事を終えるのは簡単だろう」という内容です. 一方, Bの文はvousが主語となり,「あなたは簡単にその仕事を (　　) するだろう」となっています. ですから, 結局 (　　) にはacheverの同義語で「〜を終える」という意味の他動詞が入りますね. 選択肢にあるterminerを単純未来形にします.

(3) A Le froid n'était pas sévère à la fin du mois dernier.

　　B Il ne (**faisait**) pas très froid à la fin du mois dernier.

　　A「先月末は, 寒さはそれほど厳しくなかった.」

B「先月末は，それほど寒くはな（かった）.」

　Aの文は le froid「寒さ」を主語とし，「寒さは厳しくなかった」という内容です．一方，Bの文は主語に il が使われ（　　）のあとには froid がありますから，天候を表す非人称構文 Il fait froid.「寒い.」の形を使うことは明らかでしょう．もちろん選択肢から faire を選び，Aの文に合わせて半過去形にすれば正解です．

(4)　A　Je vais partager un appartement avec une camarade.
　　B　Je vais (**vivre**) dans un appartement avec une camarade.
　　A「私は友達とアパルトマンを共有するつもりだ.」
　　B「私は友達と一緒にアパルトマンで（暮らす）つもりだ.」
　　Aの文の partager un appartement avec une camarade「友達とアパルトマンを共有する」＝Bの文の（　　）dans un appartement avec une camarade「友達と一緒にアパルトマンで（　　）する」ということです．友達と「共有する」ものはアパルトマンですから，友達と一緒にアパルトマンで「暮らす」と言い換えることができます．ですから選択する動詞は vivre「暮らす」ですね．直前に近接未来の aller がありますから，不定詞のまま（　　）に入れます.

(5)　A　Ton frère dort bien.　Laisse-le tranquille.
　　B　Ton frère dort bien.　Ne le (**dérange**) pas.
　　A「君の弟はよく眠っている．彼をそっとしておきなさい.」
　　B「君の弟はよく眠っている．彼の（邪魔をし）ないように.」
　　AもBも前半の文は「君の弟はよく眠っている」と同一ですので，それぞれ2番目の文を比較すると，Aの文の « laisser ＋人＋ tranquille »「（人を）そっとしておく」をBの文では ne le（　　）pas「（人を）（　　）しない」という形で表したいですね．つまり（　　）には否定形で「そっとしておく」と同等の意味になる動詞が入ります．選択肢の中の déranger「邪魔をする」は，否定形で「邪魔をしない」すなわち「そっとしておく」ということになります．そこで，これを tu に対する命令形にすれば OK です．なお，このとき直説法現在の tu の活用形の末尾の -s がなくなることに注意して下さい.

<u>総合練習問題</u> ❶ （▶本冊 p.72）

(1) cessera　　(2) Fais　　(3) marche　　(4) améliorait　　(5) a coûté

　まず，選択肢の動詞の一般的な意味を確認しましょう.

rester　とどまる	cesser　やめる	améliorer　改善する	coûter　費用がかかる
devoir　〜しなければならない		marcher　動く	faire　〜させる

(1)　A　L'augmentation du coût de la vie ne s'arrêtera pas.
　　B　Le coût de la vie ne (**cessera**) pas d'augmenter.
　　A「生活費の上昇は止まらないであろう.」
　　B「生活費は上昇を（やめないであろう）.」
　　ともに否定文で，Aの文では l'augmentation du coût de la vie「生活費の上昇」が主語となり，これが「止まらないだろう」と言っています．一方，Bの文は le coût de la vie「生活費」が主語で，あとに d'augmenter が続いて「上昇することを（　　）ない」となりますね．ですから（　　）には de ＋不定詞が続いて「〜するのを止める，やめる」の意味の動詞が入ります．選択肢中の cesser がこれに相当し，時制は単純未来にします.

(2)　A　Montre-moi ces photos, s'il te plaît.

B (**Fais**)-moi voir ces photos, s'il te plaît.

A「それらの写真を私に見せてよ.」

B「それらの写真を私に見 (せてよ).」

Aの文の動詞 montre「見せて」の1語が, Bの文では (　　) + voir「見ることを (　　)」という2語で表されています. ここは「～させる」の意味の動詞＝使役動詞が必要でしょう. 選択肢から faire を選び, tu に対する命令形にできれば正解です. また, 文頭なので最初の文字を大文字にしましょう.

(3)　A　Le climatiseur est en panne depuis ce matin.

　　　B　Le climatiseur ne (**marche**) pas depuis ce matin.

　　　A「エアコンはけさから故障している.」

　　　B「エアコンはけさから (動いてい) ない.」

練習問題9の (3) の復習問題です. Aの文の être en panne「故障している」がBの文の ne (　　) pas「(　　) ない」と同等の意味になるようにします. 「故障している」という内容を否定形で表すには「動いていない, 機能していない」としたいですね. 機械などが「動く, 機能する」という意味を持っている marcher を選び, これをAの文に合わせて直説法現在形にします.

(4)　A　Sa santé allait mieux grâce à un rythme de vie régulier.

　　　B　Un rythme de vie régulier (**améliorait**) sa santé.

　　　A「彼(女)の健康状態は規則正しい生活のおかげでよくなりつつあった.」

　　　B「規則正しい生活が彼(女)の健康状態を (改善しつつあった).」

Aの文では sa santé「彼(女)の健康」が主語となり, それが grâce à un rythme de vie régulier「規則正しい生活のために」よくなりつつあったと述べています. 一方, Bの文ではAの文で修飾語だった un rythme de vie régulier「規則正しい生活」が主語となり, それが「彼(女)の健康を (　　) する」という形の文になっています. (　　) は「～を改善する, よくする」という意味の他動詞が入りますね. 選択肢の中の améliorer を半過去形にして入れます.

(5)　A　Combien as-tu payé cette voiture ?

　　　B　Ça t'(**a coûté**) combien, cette voiture ?

　　　A「君はその車にいくら払ったの？」

　　　B「いくら (かかったの), この車？」

Aの文は他動詞 payer「～に支払う」が用いられており, cette voiture「この車」がその直接目的語となっていて, この車にいくら支払ったのかを尋ねています. 一方, Bの文では ça が主語で, これが文末の cette voiture を受けているのは分かりますね. ですから, 物を主語として, その「(費用が) ～かかる」の意味の動詞を選びます. それが coûter ですね. これを複合過去形にすれば正解です.

総合練習問題 ❷ (▶本冊 p.73)

(1) ai donné　　(2) dites　　(3) a recommandé　　(4) Laisse　　(5) oubliait

まず, 選択肢の動詞の一般的な意味を確認しましょう.

oublier　忘れる	donner　与える	laisser　残す, ～のままにする
permettre　許す, 可能にする	recommander　勧める	savoir　知っている, ～できる
dire　言う, 思う		

(1)　A　Je lui ai téléphoné hier soir.

　　　B　Je lui (**ai donné**) un coup de téléphone hier soir.

　　　A「私は昨晩，彼に電話した．」

　　　B「私は昨晩，彼に電話を(かけた)．」

　　　A の文の動詞部分 téléphoner「電話する」と B の文の (　　) un coup de téléphone の意味
が全く等しくなればよいですね．練習問題 3 の (2) でも出てきた donner un coup de
téléphone の表現を覚えておきましょう．donner を複合過去形にすれば正解です．

(2)　A　Comment trouvez-vous ce tableau ?

　　　B　Qu'est-ce que vous (**dites**) de ce tableau ?

　　　A「あなたはこの絵をどう思いますか？」

　　　B「あなたはこの絵をどう (思いますか)？」

　　　A の文の動詞 trouver は « trouver ＋直接目的語＋属詞 » の形で「～を…と思う」という意
味で，comment trouvez-vous ～で「～をどう思うか」となります．それに対し，B の文では
qu'est-ce que vous (　　) de ～という形ですから，まず思いつくのは penser ですが，ここに
はありません．選択肢の中では dire も penser と同様に，疑問詞 que または qu'est-ce que と
ともに用いられると，「(de ... について) どう思うか」という意味で使うことができます．も
ちろん，直説法現在形にします．

(3)　A　Le médecin m'a conseillé un régime.

　　　B　Le médecin m'(**a recommandé**) un régime.

　　　A「医者は私にダイエットを勧めた．」

　　　B「医者は私にダイエットを (勧めた)．」

　　　2 つの文は動詞以外のところは全く同じ形をしているので，A の文の動詞 conseiller「勧め
る」の同義語が B の文の (　　) に入ります．recommander を A の a conseillé と同じ複合
過去形にしましょう．助動詞は avoir です．

(4)　A　N'éteins pas la lampe. Il fait encore noir.

　　　B　(**Laisse**) la lampe allumer. Il fait encore noir.

　　　A「電灯を消さないで．まだ暗いから．」

　　　B「電灯をつけた (ままにしておいて)．まだ暗いから．」

　　　A の文では éteindre「～を消す」という動詞の否定形を用いて N'éteins pas la lampe.「消
さないで．」となっており，B の文では allumer「(明かりを) つける」という動詞を用いて
(　　) la lampe allumer という形になっています．つまり，ここは「(明かりをつけた) まま
にしておく」という「行為の放任」の動詞 laisser を選べばよいことが分かります．laisser も
第 1 群規則動詞なので，tu に対する命令形で，末尾の -s を書かないように注意しましょう．
また，文頭なので最初の文字を大文字にしましょう．

(5)　A　Le nom de ce restaurant échappait toujours à Pierre.

　　　B　Pierre (**oubliait**) toujours le nom de ce restaurant.

　　　A「そのレストランの名前は，いつもピエールの記憶から抜けていた．」

　　　B「ピエールはいつもそのレストランの名前を (忘れた)．」

　　　本冊の解説でも取り上げたように A の文の échapper は，le nom de ce restaurant「そのレ
ストランの名前」のような無生物の名詞を主語として，échapper à ～の形で，それが「(～の
記憶から) 逃げていく」という意味を表します．B の文は，人が主語となり，le nom de ce
restaurant「そのレストランの名前」を目的語としているので，(　　) には「～を忘れる」
の意味の oublier を入れればよいですね．A の文と同じように半過去形にします．

(1) avons eu　　(2) faut　　(3) gardait　　(4) disent　　(5) a surpris

まず，選択肢の動詞の一般的な意味を確認しましょう.

tenir　つかむ		avoir　持っている，経験する	dire　言う	surprendre　驚かせる
falloir　必要である		voir　見える，見る	garder　保つ	

(1)　A　Il a beaucoup plu le mois dernier.

　　B　Nous (**avons eu**) beaucoup de pluie le mois dernier.

　　A「先月は雨がたくさん降った.」

　　B「先月はたくさんの雨が（降った）.」

　　天候の表現には，非人称主語の il を用いて Il pleut.「雨が降る.」のようにする方式と，nous を主語として Nous avons de la pluie. のように「雨を持つ.」つまり「雨を経験する.」という言い方がありましたね. A の文は非人称の il を用いた表現，B の文は nous を主語としていますから，(　　) には avoir を複合過去形にして入れます. 過去分詞の eu はうまく書けましたか.

(2)　A　Vous avez besoin d'écouter les autres.

　　B　Il vous (**faut**) écouter les autres.

　　A「あなたがたは，他人の話を聞くことが必要だ.」

　　B「あなたがたには，他人の話を聞く（必要がある）.」

　　A の文は vous が主語となり，avoir besoin de +不定詞を用いて，「あなたは～することが必要だ」という意味になっています. B の文は il が主語で，vous が目的語となり，(　　) のあとは不定詞が続いています. そこから，選択肢の非人称の il を主語とする falloir を用いて，« il faut (à～) +不定詞 » で，「(～にとって) …することが必要だ」という構文を使えばよいことが分かります. A の文が直説法現在形ですから (　　) も同じ現在形で OK です.

(3)　A　Lorsqu'il est entré dans la salle, personne ne bavardait.

　　B　Lorsqu'il est entré dans la salle, on (**gardait**) le silence.

　　A「彼が部屋に入ったとき，誰もおしゃべりをしていなかった.」

　　B「彼が部屋に入ったとき，人々は静粛を（保っていた）.」

　　本冊の例題（p.66 ～ p.67 参照）にあったように，A の文の personne ne bavardait「誰もおしゃべりをしていなかった」＝ B の文の on (　　) le silence「人々は静粛を (　　) していた」と考えます.「おしゃべりをしていない」という否定表現を (　　) le silence で表すには，「静粛」を「保つ，保持する」という意味の動詞が必要ですね. (　　) には garder が半過去形になって入ります.

(4)　A　Les films de ce réalisateur ne nous intéressent pas.

　　B　Les films de ce réalisateur ne nous (**disent**) rien.

　　A「その監督の映画は私たちの関心を引かない.」

　　B「その監督の映画は私たちの気を（引かない）.」

　　A の文の動詞部分 ne nous intéresse pas「私たちの関心を引かない」が B の文の動詞部分 ne nous (　　) rien「私たちに何も (　　) ない」と同等の表現になるようにします. 人の「関心を引かない」ということは，人の気を「何も引かない」と考えることができるでしょう. dire には物が主語になり，quelque chose, rien を目的語として「(人の) 気を引く (引かない)」という意味になる用法があります. なので，dire を選んで直説法現在形にします. dire のこ

の用法は，Ça ne me dit rien.「それは私には興味がない.」という表現でもよく使われますので，覚えておきしょう.

(5) A Tout le monde a été étonné de ton départ soudain.
   B Ton départ soudain (**a surpris**) tout le monde.
   A「みんなは君の突然の出発に驚かされた.」
   B「君の突然の出発はみんなを（驚かせた）.」
   Aの文は Tout le monde「みんな」が主語となり，a été étonné「驚かされた」という受動態の文になっています.一方Bの文では，Aの文で目的語であった Ton départ「君の出発」が主語になっているので，（ ）にはAの文の étonner「驚かす」の同義語を能動態にして入れる問題であることが分かります.選択肢から surprendre「驚かす」を複合過去形にして入れましょう.過去分詞は prendre → pris と同じタイプで surpris ですね.

総合練習問題 4 (▶本冊 p.75)

(1) diminue   (2) se trouve   (3) avons dû   (4) obéissait   (5) aiment

   まず，選択肢の動詞の一般的な意味を確認しましょう.

mener	連れて行く	obéir 従う	diminuer 減少する	aimer	好きである
se trouver	位置する	se porter 体調が～である		devoir	～しなければならない

(1) A Les enfants sont de moins en moins nombreux au Japon.
   B Le nombre d'enfants (**diminue**) au Japon.
   A「子どもたちは日本ではだんだん数が少なくなっている.」
   B「子どもたちの数は日本では（減少している）.」
   Aの文を見て練習問題9の(4)の問題を思い出せればしめたものです.les enfants「子どもたち」を主語とし，動詞 être と形容詞を使って，それが de moins en moins nombreux「だんだん少数になる」という意味です.これに対しBの文では le nombre d'enfants「子どもたちの数」を主語としているので，「減少する，減る」という動詞が必要ですね.（ ）には diminuer を選び，Aの文に合わせて直説法現在形にします.de plus en plus nombreux のときは augmenter「増える」とペアで使ったことも覚えておいて下さい.

(2) A Indiquez-moi où est le bureau de change, s'il vous plaît.
   B Savez-vous où (**se trouve**) le bureau de change ?
   A「どこに両替所があるのか，私に教えて下さい.」
   B「あなたはどこに両替所が（ある）のかをご存じですか？」
   Aの文は，冒頭の部分が indiquez-moi où ～「～はどこか私に教えて下さい」と命令文になっており，Bの文では savez-vous où ～「～はどこかご存じですか」と疑問文になっていますが，ともに場所を尋ねている点は同じですね.Aの s'il vous plaît を除いて où 以下の部分を比較すると，Bの文の où ( ) le bureau de change は，Aの文の où est le bureau de change と全く同じ形になります.つまり，Bの文の（ ）にはAの文の est と同じく「ある」を意味する動詞が入ればいいことが分かります.代名動詞 se trouver は，主に建物などが「ある」というときに使われますね.これを現在形にして入れれば正解です.
   本冊 p.50 の「空欄以外はほぼ同じ形をしている場合」で紹介した［être「在る」― se trouver「位置する」― se situer「位置する」］のところを参照して下さい.

(3) A La grève nous a obligés à reporter notre voyage.

B Nous (**avons dû**) reporter notre voyage en raison de la grève.

A「ストライキが私たちに旅行を延期することを強いた.」

B「私たちはストライキのために旅行を延期（しなければならなかった）.」

Aの文は la grève「ストライキ」が主語となって，それが nous a obligés à reporter「私たちに延期することを強いた」となっています．Bの文は nous「私たち」が主語となり，en raison de la grève「ストライキのために」と修飾語がついて，nous (　　) reporter で，(　　) には「しなければならなかった」の意味の動詞が入るのは明らかですね．もちろん devoir を複合過去形にして入れます．なお，過去分詞の dû の ^（アクサン・シルコンフレックス）を忘れないようにして下さい．

(4) A Il n'écoutait pas ses parents quand il était petit.

B Il n'(**obéissait**) pas à ses parents quand il était petit.

A「彼は幼いとき，両親のいうことをきかなかった.」

B「彼は幼いとき，両親に（従わ）なかった.」

Aの文の動詞 écouter は，「（注意して）聞く，話を聞く」という意味のほかに，「（人のいうことを）きき入れる，従う」の意味があります．またBの文の (　　) のあとには，à ses parents と間接目的語の形になっているので，obéir が当てはまることが分かります．obéir à ～で「～に従う」となりますね．なお第2群規則動詞ですから，半過去形の活用語尾 -ait の前の ss に気をつけましょう．

(5) A Elles ne font que ce qui leur plaît.

B Elles ne font que ce qu'elles (**aiment**).

A「彼女たちは自分たちの気に入ったことしかしない.」

B「彼女たちは自分が（好き）なことしかしない.」

Aの文の後半は plaire à ～「～の気に入る」を用いて，ce qui leur plaît「彼女たちの気に入っていること」を表しているのに対し，Bの文の後半は ce qu'elles (　　)「彼女たちが (　　) であること」となっています．つまり，(　　) には「～が好きである」を意味する他動詞が入るでしょう．選択肢の中の aimer を使えばよいですね．Aの文に合わせて直説法現在形にします．なお，この2つの文に用いられている指示代名詞 ce ＋関係代名詞の構文，つまり « ce qui ＋動詞 »「～する（ところの）こと」，« ce que ＋主語＋動詞 »「～が…する（ところの）こと」も重要ですので，あわせて覚えておきましょう．

総合練習問題 **5** (▶本冊 p.76)

(1) a conduit　　(2) Traverse　　(3) se vend　　(4) devriez　　(5) doutais

まず，選択肢の動詞の一般的な意味を確認しましょう.

conduire　運転する，連れて行く	devoir　～すべきである	douter　疑う
envoyer　送る	jeter　投げる	se vendre　売られる
traverser　横切る，渡る		

(1) A Éric est allé à l'aéroport dans la voiture de Nicolas.

B Nicolas (**a conduit**) Éric à l'aéroport.

A「エリックはニコラの車に乗って空港へ行った.」

B「ニコラはエリックを空港へ連れて行った.」

Aの文は Éric「エリック」を主語とし，彼が dans la voiture de Nicolas「ニコラの車に乗っ

て」, est allé à l'aéroport「空港へ行った」と述べています. 一方 B の文は, この車の持ち主であり, 同時に運転をしたであろうと思われる Nicolas「ニコラ」のほうが主語で, Éric は目的語となり,「ニコラはエリックを (　　)」という内容になっていますので, (　　) には「送った, 連れて行った」という意味の動詞が入ります. 選択肢から conduire を選び, 複合過去にできれば正解です.

(2) A　Passe sur un pont, s'il te plaît.
　　 B　(**Traverse**) un pont, s'il te plaît.
　　 A「橋を通ってね.」
　　 B「橋を (渡ってね).」
　　 A の文と B の文では, 動詞のあとにある un pont「橋」以下が全く同じです. この共通部分を差し引いて考えると, B の文頭にある (　　) には, A の動詞句 passer sur「(〜の上を) 通る」と同等の意味を持つ動詞が入ることになります. 選択肢には traverser「渡る」がありますので, これを文末の s'il te plaît に合わせ, tu に対する命令の形にしましょう. traverser は -er 動詞ですので, 直説法現在の語尾 -es から s を取ったものになります.

(3) A　Les gens du monde entier achètent ce nouveau modèle.
　　 B　Ce nouveau modèle (**se vend**) partout dans le monde.
　　 A「世界中の人々がそのニューモデルを買っている.」
　　 B「そのニューモデルは世界のいたるところで (売られている).」
　　 A の文は, les gens「人々」が主語, ce nouveau modèle「そのニューモデル」が目的語となり,「人々がそのニューモデルを買っている」という内容です. B ではその ce nouveau modèle のほうが主語ですので, (　　) には「買われている」または「売られている」のような意味の動詞が必要です. 選択肢には後者にあたる se vendre があります. これは動詞 vendre「売る」が再帰代名詞を伴い,「売られる」という受け身の意味を持つ代名動詞となったものですね. これを A の動詞 acheter と同じく直説法現在にしましょう. なお, vendre のほかに parler「話す」や manger「食べる」なども, se parler「話される」, se manger「食べられる」のように受け身の意味の代名動詞になりますので, あわせて覚えておきましょう.

(4) A　Il vous faudrait changer d'idée.
　　 B　Vous (**devriez**) changer d'idée.
　　 A「あなたは考えを変えなければならないでしょう.」
　　 B「あなたは考えを変え (るべきでしょう).」
　　 A の文は動詞 falloir「〜しなければならない」を用いた非人称構文です. そのなかに間接目的語として含まれる vous「あなたに」が, B では主語となり「あなたは変えることが (　　)」という内容になっています. falloir と同様,「必然性」の意味を持ち, しかもあとに changer のような原形を続ける動詞と言えば devoir でしょう. これを falloir と同じく, 語気緩和の条件法現在にしましょう.

(5) A　J'étais sûr de ta parole.
　　 B　Je ne (**doutais**) pas de ta parole.
　　 A「君の約束を信じていたよ.」
　　 B「君の約束を (疑って) いなかったよ.」
　　 A, B ともに主語は je「私」であり, また後半の de ta parole「君の約束を」も同じです. A の動詞部分が être sûr「信頼する」であるのに対し, B の動詞部分には否定の ne 〜 pas「〜しない」が加わっていますので, B には「信頼する」の対義語が入り, これが否定されて A と同じ意味を表すことになります. 選択肢から douter「疑う」を選び, A の être と同じく,

過去の継続的な状況を表す半過去にすれば正解です.

総合練習問題 **6** (▶本冊 p.77)

(1) est arrivé　　(2) rendra　　(3) pleut　　(4) savait　　(5) se portent

　　まず, 選択肢の動詞の一般的な意味を確認しましょう.

arriver　到着する, 〜が起こる　　　pleuvoir　雨が降る　　　　　rendre　返す, 〜にする
savoir　知っている　　　　　　　　se mettre　〜の状態になる　　se porter　体調が〜だ
tomber　落ちる, 転ぶ

(1)　A　L'arrivée du train a été retardée d'un quart d'heure.
　　 B　Le train (**est arrivé**) avec 15 minutes de retard.
　　 A「その列車の到着は 15 分遅延した.」
　　 B「その列車は 15 分の遅れをもって (到着した).」
　　 A の文は l'arrivée du train「列車の到着」が主語となり, それが「15 分だけ遅延させられた」と
いう内容です. 一方, B では le train「列車」のみが主語で, (　　) 以下は「15 分の遅れとと
ともに (　　)」です. 15 分の遅れを伴って列車がした動作といえば「到着する」ですので,
(　　) には A の文の主語に含まれていた名詞 arrivée の動詞形である arriver が複合過去とな
って入ります. なお, 助動詞は être のほうです. また, 過去分詞 arrivé は, 主語が男性単数
の le train であることから, 女性形の e や複数形の s は不要です.

(2)　A　Sophie sera très contente de cette nouvelle.
　　 B　Cette nouvelle (**rendra**) Sophie très contente.
　　 A「ソフィはその知らせにとても満足するだろう.」
　　 B「その知らせはソフィをとても満足 (させるだろう).」
　　 A の文と B の文では「ソフィ」と「その知らせ」が入れ替わっています. A では Sophie「ソ
フィ」が主語で, cette nouvelle「その知らせ」は前置詞 de「〜により」を介して形容詞
contente「満足」に結びつき, 「満足」の原因を表しています. その cette nouvelle が B では
主語となり, Sophie のほうは目的語ですので, B は「知らせがソフィをとても満足した状態
に (　　)」という内容になっています. 選択肢の rendre であれば « rendre ＋名詞＋形容詞 »
の構文で「〜 (名詞) を…(形容詞) にする」という意味になりますので, B の (　　) に
ぴったりです. これを単純未来にします.

(3)　A　La pluie a déjà cessé.
　　 B　Il ne (**pleut**) plus.
　　 A「雨はすでに止んだ (→今は止んでいる).」
　　 B「もう (雨は降って) いない.」
　　 名詞 la pluie「雨」を主語とする A の文は, 動詞 cesser「止む」が複合過去となっています.
これは雨が過去の時点で止んだことを表すとともに, その結果, 現在において雨の止んだ状
況が続いていることも含んでいます. 一方 B の文は, 主語が天気の表現に欠かせない非人称
の il で, さらに動詞が入る (　　) の前後には「もう〜ない」の ne 〜 plus があります. そ
こで, 動詞はこの非人称の il に合わせて pleuvoir「雨が降る」を選び, 直説法現在にして入
れます. すると, 「雨はもう降っていない」という意味になり, A が表す「今は止んでいる」
のと同じ現在の状況が表せます.

(4)　A　Personne ne comprenait ce mot allemand.

B Personne ne (**savait**) ce que voulait dire ce mot allemand.
A「誰もそのドイツ語の単語を理解できなかった.」
B「誰もそのドイツ語の単語が何を意味するのかを（知らなかった）.」

　A，Bともに主語は否定の意味を持つ不定代名詞の personne (ne 〜)「誰も（〜ない）」で，文末には ce mot allemand「そのドイツ語の単語」があります．これらの共通部分を差し引きますと，Aの動詞 comprenait「理解していた」の1語が，Bの（　　）ce que voulait dire「何を意味するのかを（　　）」と対応していることが分かります．そもそも何かを「理解する」というのは，そのものについて表面的な部分だけでなく「内面まで知っている」ことですので，（　　）にはまさに savoir でしょう．これを comprenait と同じく半過去にしましょう．

(5)　A Mes grands-parents sont en bonne santé.
　　　B Mes grands-parents (**se portent**) bien.
　　　A「私の祖父母は健康だ.」
　　　B「私の祖父母は（体の調子が）良い.」

　A，Bともに文頭の主語は mes grands-parents「私の祖父母」ですので，この部分を差し引きますと，どちらも動詞からあとの部分が残ります．Aの sont en bonne santé は「健康である」という意味で，ひとまとまりの動詞句です．これとBの（　　）bien が同じになるように考えましょう．選択肢の動詞のうち，人の健康状態を言い表すのは se porter「体の調子が〜だ」です．これを現在形にすれば正解です．

　以上で筆記第3問についての学習は終わりです．ここで学んだ同義的表現や対義的表現に関する語彙の知識，そして（　　）に入った動詞の活用形に関する形態変化の知識は，このあとのさまざまな問題でも問われることになります．しっかり身につけましょう．忘れてしまったら，いつでも戻って復習して下さい．

第4問　対話完成穴埋め問題

練習問題 ❶ （▶本冊 p.83）

(1) ③　　(2) ④　　(3) ②　　(4) ⑥　　(5) ⑦　　(6) ①

(1) ③ Elles sont (**toutes**) heureuses.
　　「彼女たちは全員幸せです.」
　　主語も形容詞も女性複数形です. 複数形で候補を挙げるならば, plusieurs と toutes です. plusieurs は, 漠然と何かの部分を示す代名詞ですので, 当てはまりません. 女性複数形で見当をつければ, すぐに toutes であると分かりますね.

(2) ④ Il n'y a (**rien**) de nouveau chez nous.
　　「私たちの家には変わったことは何もありません.」
　　( ) の後ろに前置詞 de ＋形容詞があります. この形で使うことができるのは, quelqu'un と quelque chose と rien ですが, 否定文ですから, 当然 rien が入ります.

(3) ② Tu as (**quelque chose**) à manger ?
　　「何か食べるものあるかい？」
　　( ) の後ろに前置詞 à ＋動詞があります. この形で使うことができるのは, quelque chose と rien ですが, 肯定文ですから, quelque chose が入ります.

(4) ⑥ (**Aucun**) d'entre eux n'a été sélectionné pour l'équipe nationale de football.
　　「彼らのうち誰 1 人としてサッカーのナショナルチームに選ばれなかった.」
　　まず気づかねばならないのは, 否定の ne があるのに pas がないことです. そして, 主語にあたる部分が空欄になっています. そうなると, 空欄に入る可能性のある語は rien か aucun の 2 つに限られてきます. rien は物に対して使いますから, 答えは「人に対して」使うことのできる aucun「誰も（何も）～ない」となります.

(5) ⑦ Est-ce que vous avez élevé vos deux fils de la même façon ? — Oui, j'ai donné à (**chacun**) la même éducation.
　　「あなたはお 2 人の息子さんを同じ仕方でお育てになったのですか？　一はい, 各々に同じ教育を施しました.」
　　質問文の内容に対して, 基本的な熟語表現である « donner ～ à ＋人 » がベースになった, j'ai donné à ( ) la même éducation.「同じ教育を施しました（与えました）」と答えているわけですから, 空欄には男性名詞複数形の「2 人の息子」と同一の人物を, 何らかの形で示すことのできる語が入るはずです. そこで, 選択肢の中から（文法的にも文脈的にも）空欄に入れるのに適切なものを探していくと, autres なら空欄の直前の前置詞が aux でないといけませんし, quelque chose は内容的に無理, toutes では質問文の deux fils「2 人の息子」を受けられず, rien も aucun も否定文ではないので可能性は無し, plusieurs も「2 人の息子」が話題になっているので無理がある, quelqu'un にしても, このやり取りが「2 人の息子」を話題にしているため, 唐突すぎます. というように検討していった結果, chacun「各々」であれば, 男性形であり, 2 人まとめてではなく 1 人ずつ取り上げるというやり方ですが, 同一人物の息子たちを示せますね. 無論, これが「息子」ではなく「娘」を受ける場合は, chacun ではなく, その女性形の chacune を選択する必要があります.

(6) ① Elle raconte sa vie privée aux uns et aux (**autres**).
　　「彼女は自分の私生活を誰彼構わずに話してしまう.」
　　この文章中に un(s) を見つけて, 相互関係（一方／他方）を強調する, l'un(e) l'autre / les

48

un(e)s les autres という表現が思いつけるかどうかが，正解への鍵となるでしょう．ただしこ こでは，à + les の縮約形である aux が，空欄と uns の直前にあることに気を配らねばなりま せん．この問題では，raconter 〜 à + 人「人に〜を語る」という構文がベースとなっている のです．こういったときに上記の l'un(e) l'autre / les un(e)s les autres という表現を使う場合 は，必要な前置詞（ここでは à）を間に挟む必要があります．つまり，aux uns et aux autres となるわけです．そうなると，「一方の側にも他方の側にも」語ることになり，それはすなわ ち「誰彼構わずに」語る，という訳が導き出せますね．

練習問題 ❷（▶本冊 p.85）

(1) ④　(2) ⑤　(3) ③　(4) ①

(1)　④　De ces cravates, prends (**celle**) qui te plaît.
　　　「これらのネクタイのなかで気に入ったものを取りなさい．」
　　同じ単語の繰り返しを避けるための指示代名詞ですから，まずどの名詞を受けるのかを見 極めましょう．ここでは女性名詞の cravate です．次に最後の動詞の plaît が 3 人称単数であ ることに注目します．よって，女性単数形の celle が入ります．

(2)　⑤　(**Ceux**) qui ont vu ce film ont tous été émus.
　　　「この映画を見た人たちはみんな感動した．」
　　既出の名詞が見当たりません．その場合は不特定な人を表す指示代名詞を考えましょう． 動詞が 3 人称複数形で，文末の émus が男性複数形ですから，ceux が入ります．

(3)　③　Je fais (**ce**) que je veux !
　　　「何をしようがぼくの勝手だ！」
　　まず，空欄の直後にある que 以下の文，je veux に直接目的語が欠けています．このことか ら，空欄の直後の que が関係代名詞であり，その先行詞を問われていることが分かります． そこで選択肢を検討してみると，関係代名詞の先行詞になれる ce 以外は，すでに言及されて いるもの（名詞や文の内容）に対して使われるものばかりで，どれもベストな選択ではなさ そうだと判断できます．以上のことから正解は，既出でなくても漠然とした内容を受けるこ とができる ce ということになります．関係代名詞とのコンビで使われる，ce qui 〜，ce que 〜「〜なもの／こと」という表現はよく登場する表現ですので，注意しておきましょう．

(4)　①　Ils sont tous arrivés ? — Oui, mais (**celui**) qui est arrivé le dernier avait 20 minutes de retard.
　　　「彼らは全員到着しましたか？　—はい，でも一番最後に着いた人は 20 分遅れでした．」
　　一読すると，空欄はその直後にある関係詞節の先行詞にあたることが分かります．さらに 空欄に入るべき語は，その関係詞節の主語だったものであり，かつ単数名詞であることまで 推察できます．文意の面から考察してみると，質問文の内容に対して「一番最後に着いた〜 は 20 分遅れでした」とあるので，空欄には「（〜な）人」という意味の語が入るのがもっと も自然でしょう．以上のことから，celui qui... / ceux qui... のような形で「〜する人／人々」 を意味する用法がある，指示代名詞の celui を選択することになります．

練習問題 ❸（▶本冊 p.87）

(1) ⑤　(2) ①　(3) ⑥　(4) ④　(5) ②

(1)　⑤　C'est la raison pour (**laquelle**) Jeanne est absente.
　　　「これがジャンヌが欠席した理由です．」

関係代名詞を入れるわけですから，先行詞をよく見極めましょう．（　　）の前には，女性単数名詞の raison と前置詞の pour があります．前置詞があるので複合形です．raison は，人でも不定のことがらでもないので，性・数で使い分ける laquelle となります．

(2)　① Voilà les questions (**auxquelles**) je dois répondre.
「これらは私が答えなければならない質問です．」
　（　　）の前には，女性複数名詞の questions があります．ここで気をつけなければいけないのは，文末の動詞の répondre です．répondre à ～「～に答える」の表現を思い出せば，複合形の auxquelles であると分かりますね．ちなみに選択肢のなかで，女性複数形は auxquelles だけです．

(3)　⑥ Est-ce que vous avez de (**quoi**) boire ?
「何か飲むものがありますか？」
　6 つの選択肢の中で，本問のように前置詞 de と，boire のような不定詞（動詞の原形）との間に入れられるものと言えば，quoi くらいでしょう．本文にもあるように，de quoi ＋不定詞は，「～する（のに必要な）もの」を意味する熟語表現で，de quoi manger「何か食べるもの」といったように使われます．

(4)　④ Je me souviens de ce café à côté (**duquel**) il y avait une librairie avant.
「以前，隣に本屋さんがあったあのカフェを覚えています．」
　（　　）の前には，男性単数名詞の café と未完成の前置詞句の à côté があります．この前置詞句が à côté de であることを思い出せば，duquel であると分かります．前置詞の de が使われていますが，ここでは単独ではなく前置詞句なので，dont は入りません（本冊 p.86 参照）．ひっかけにご用心を．

(5)　② C'est une amie en (**qui**) j'ai confiance.
「私が信頼している女友だちです．」
　この問題文中には，avoir confiance en ＋人 / dans ＋物「～を信頼している」という熟語表現が潜んでいます．このことに気づければ，問題を解くのがだいぶ楽になります．問題文では，この en 以下が関係代名詞となり，前置詞＋関係代名詞のセットという形で前に出ています．他方，前置詞＋関係代名詞という構文において，その先行詞が人である場合は qui が，先行詞が物事ならば quoi が使われます．本問の場合，先行詞は直前の une amie ですから，正解は qui ということになります．

練習問題 **4** (▶本冊 p.89)
(1) ⑥　　(2) ⑤　　(3) ②　　(4) ①

(1)　⑥ À (**quoi**) penses-tu ?
「何について考えているの？」
　選択の表現を伴わない疑問文の場合，選択肢のなかで（　　）に入るのは quoi だけです．

(2)　⑤ (**Laquelle**) de ces étudiantes ira au Japon ?
「これらの女子大学生のなかで誰が日本に行くのですか？」
　女性名詞の étudiantes という選択の表現を伴い，かつ疑問文の主語であることを考えれば laquelle です．

(3)　② (**Auquel**) de ces deux garçons téléphonez-vous ?
「この 2 人の少年のうちのどちらに電話をするのですか？」
　男性名詞の garçons という選択の表現を伴い，動詞 téléphoner à ～の間接目的語であるこ

50

とに注目しましょう．そうすれば，auquel に行き着きますね．

(4) ① (**Duquel**) de ces deux livres parlez-vous ?
「この 2 冊の本のうちのどちらについて話しているのですか？」
男性名詞の livres という選択の表現を伴い，動詞 parler de 〜の熟語であることに気づけば，
duquel であると分かります．

練習問題 **5** (▶本冊 p.90)

(1) ①　(2) ②　(3) ③　(4) ③　(5) ④

(1) ① Tu penses aux vacances d'été ? — Oui, j'(**y**) pense, bien sûr !
「夏休みのこと，考えているかい？　—うん，考えているよ，もちろんさ！」
(　　) のなかには中性代名詞が入るわけですから，前文の熟語表現や構造に気をつけまし
ょう．ここでは，penser à 〜の熟語表現が使われていますから，à + cela = y です．

(2) ② Vous savez que Luc est malade ? — Non, je ne (**le**) savais pas.
「リュックが病気だって知ってる？　—ううん，知らなかったよ．」
前文の que Luc est malade の節を受けるので le です．また，(　　) の前の ne が n' とエ
リジョンされていないことと (　　) の後ろの動詞が母音で始まっていないことに気づけば，
答えは le となりますね．

(3) ③ Tu as mangé tous nos gâteaux ? — Mais non ! Il vous (**en**) reste encore deux...
「あんた，私たちのケーキを全部食べちゃったの？　—食べてないよ！君らにはまだ 2
つ残ってるんだし…」
質問文で話題になっている gâteaux をどの代名詞で受けるかが問題になっています．非人
称構文の Il reste 〜 à + 人「人に〜が残っている」のうしろに数詞表現の deux があります．
本来ならば，Il vous reste encore deux (gâteaux)「(ケーキが) 2 つ残っています」と言いた
いところですが，繰り返しを避けるために gâteaux が代名詞になって動詞の直前に移ってし
まい，数詞 deux が取り残されたと考えて良いでしょう（いわゆる「数詞＋名詞」のケースで
すね）．であるとすれば，動詞の直前にある空欄には en が入ることになります．

(4) ③ Il fait très chaud ! Je veux boire du coca. — Désolé, il n'y (**en**) a plus.
「とても暑い！コーラが飲みたい．　—ごめん，もうないんだ．」
前文の部分冠詞のついた du coca が，否定の応答文の目的語になります．同じ名詞を使う
と否定の冠詞を伴った de coca となります．ですから，en に書き換えます．

(5) ④ Elle est japonaise ? — Non, elle ne (**l'**) est pas.
「彼女は日本人ですか？　—いいえ，違います．」
前文の属詞の無冠詞名詞を受けるので le ですが，(　　) の直後に母音で始まる est がある
ので l' が入ります．

練習問題 **6** (▶本冊 p.91)

(1) ①　(2) ⑥　(3) ⑤　(4) ④

(1) ① Ces lunettes sont à ton père ? — Oui, ce sont (**les siennes**).
「このメガネは君のお父さんのかい？　—うん，それは彼の（メガネ）だよ．」
(　　) のなかには所有代名詞が入るので，前文のなかの該当する名詞の性と数を見極めま
しょう．君のお父さんの lunettes（女性複数）が，「彼のもの」を示す所有代名詞の les

siennes に代わります.

(2) ⑥ Où est ton sac ? — Voilà, c'est (**le mien**).
「君のバッグはどこ？　—ほら，これが私の（バッグ）よ.」
私の sac（男性単数）が「私のもの」を示す所有代名詞の le mien に代わります.

(3) ⑤ Tu n'as pas ta gomme ?　Alors, prends (**la mienne**).
「消しゴム持ってないの？　じゃぁ，私の（消しゴム）を使ったら.」
私の gomme（女性単数）を「私のもの」を表す所有代名詞の la mienne に代えます.

(4) ④ Vous n'avez pas vu mon livre ? — Ah, tenez, c'est (**le vôtre**).
「私の本を見ませんでしたか？　—ああ，はい，これはあなたの（本）なのね.」
あなたの livre（男性単数）を「あなたのもの」を表す所有代名詞の le vôtre に代えます.

練習問題 7　(▶本冊 p.92)

(1) ①　(2) ②　(3) ①　(4) ③

(1) ① Je n'ai (**aucune**) envie de te parler.
「君とはいっさい話したくないね.」
まずは，この文章のベースになっているのが，avoir envie de ＋名詞／ de ＋不定詞「～が欲しい／～したい」という定番の熟語表現であることを見抜きましょう. これに気づくと，envie の直前に置かれた空欄には，envie という名詞を修飾する形容詞が入るのではないか，と判断できます. その一方で，この文章には否定の ne があっても，それとセットであるはずの pas が見当たらないないことに気づきます. 以上のことを踏まえて選択肢を見てみると，不定形容詞の aucune と aucun の 2 つがまず目に入ってくるでしょう. envie は女性名詞であることが頭に入っていれば，正解の aucune を導き出せます. 不定形容詞 aucun(e) は ne とともに用いられて，「どんな～もない」を意味します.

(2) ② Je cherche mon stylo. Mais je ne le trouve (**nulle**) part.
「ペンを探しているのに，どこにも見つからない.」
（　）の後ろに part がある場合は，nulle が入ります. これは熟語としてそのまま覚えましょう.

(3) ① Cela n'a (**aucune**) importance.
「そんなことはどうでもいい.」／「まったく問題にならない.」
（　）の後ろの名詞は女性単数です. ですから，aucune が入ります. この言い回しもよく使われます. フレーズごと覚えましょう.

(4) ③ Elle parle le français sans (**aucun**) accent.
「彼女は少しの訛りもなくフランス語を話します.」
（　）の後ろの名詞は男性単数です. ですから，aucun が入ります.

総合練習問題 1　(▶本冊 p.93)

(1) ⑤　(2) ④　(3) ⑦　(4) ③　(5) ⑥

(1) ⑤ — Comment est votre professeur ?
「君たちの先生はどんな人なんですか？」
— Notre professeur ? C'est (**quelqu'un**) de très sévère.
「私たちの先生ですか？とても厳しい人ですね.」

質問文で「(君たちの) 先生」を話題にしているのですから, 応答文ではその「(私たちの) 先生」についての内容が語られていることが想像できます. であるならば, 応答文の内容は「(私たちの先生は) 〜な人です」となるでしょう. 実際, 空欄のうしろには de très sévère という形容詞句が続いているので, 「彼はとても厳しい人です」という内容になると分かります. つまり, 空欄には「(〜な) 人」という意味の語が入るということです. よって, 選択肢から適切な語を探してみると, 「人」という意味の不定代名詞 quelqu'un に目が行くことでしょう. ただ, ここで注意して欲しい点があります. 普通ならば, 名詞とそれを説明する形容詞の間に前置詞 de が介入することはありません. しかしここでは, 空欄の直後に前置詞 de が介在していますね. このことについては, 不定代名詞に形容詞が付くときには, その間に前置詞 de を挟む必要があることを思い出してください.

(2) ④ — Je n'ai pas pu aller voir ce spectacle... Comment tu l'as trouvé ?

「例の芝居を観に行けなかったよ… どうだった ?」

— C'était magnifique ! Et il paraît que tous (**ceux**) qui ont vu ce spectacle l'ont vraiment apprécié.

「素晴らしかったね ! その芝居を観た人々は皆, 本当に高く評価していたようだよ.」

応答文を見てみると, qui のあとに続く複文に主語が欠けているので, この qui が関係代名詞であることが分かります. となると, その直前に位置する空欄は, qui の先行詞というわけです. 選択肢の中から, 関係代名詞の先行詞となり得るものを探してみると, ceux, quelqu'un, certains が残るのですが, 空欄の直前にある tous「すべての」との組み合わせが成立するものとなると, 文意と性数一致の両面から考えても ceux のみとなります. ということで正解は ceux となります. tous ceux (toutes celles) + qui (que / dont) 〜「〜するすべての人／物」という構文に慣れておきましょう.

(3) ⑦ — On n'arrive pas à résoudre cette affaire.

「この事件は解決できないね.」

— (**Certains**) disent sans doute la vérité, d'autres non.

「多分ある人たちは真実を言っているけれど, ほかの人たちはそうじゃないんだよ.」

( ) の後ろの動詞が 3 人称複数形ですので, 複数名詞が主語になります. 選択肢のなかで, 単独で主語になり得る代名詞は, certains だけです. ちなみに tous の場合は, 前に「すべての人々」の内容を示す別の名詞が必要になりますので除外されます.

(4) ③ — Albert, il prépare bien l'examen d'entrée à l'université.

「アルベールはさ, 大学入試の準備をしっかりとやっているね.」

— Oui, tout à fait. Il étudie tous les jours, (**y**) compris le dimanche.

「うん, まったくだよ. 彼は日曜日も含めて, 毎日勉強しているんだ.」

「毎日」tous les jours という表現のあと, 付加的に「日曜日」le dimanche という語句が置かれていますね. 「毎日勉強している」と言ったあとなので, 「日曜日も含めて」か「日曜日を除いて」のどちらかの内容が「( ) compris」に相当するのではないか, というところまでは推察できても良いかもしれません. そこで compris という単語が問題になるわけですが, これが動詞 comprendre の過去分詞であることには気づいたことでしょう. 動詞 comprendre は「〜を理解する」という意味でおなじみですが, 他方で「〜を含む」という意味も持っています. その過去分詞である, compris を使った表現に, 実はここで問われている y compris ＋人／もの「〜を含めて」というものがあります. というわけで, 応答文の内容からの推察に加えて, 空欄の直後に compris という語が続いていることから, 正解は y となります.

(5) ⑥ — Où est-ce qu'on se reverra demain soir ?

「明日の晩，どこで会う？」

— Euh, alors, dans le café à côté (**duquel**) il y a le cinéma Rex.
「うーん，じゃあ，レックス・シネマの隣のカフェにしよう．」

（　　）の前には café と未完成の前置詞句 à côté があり，後ろには il y a から始まる節が続きます．これは複文ですので，（　　）のなかには関係代名詞が入ります．選択肢のなかの関係代名詞は，duquel です．ここで使われている前置詞句は，à côté de 〜です．このような前置詞句（près de 〜，autour de 〜など）もよく覚えておきましょう．

総合練習問題 ❷ (▶本冊 p.94)

(1) ③　　(2) ⑥　　(3) ①　　(4) ⑦　　(5) ②

---

(1)　③　— Cet homme qui porte des lunettes est vraiment le père de Thomas ?
「メガネを掛けているあの男の人は本当にトマのお父さんなの？」
— Oui, mais il n'a (**rien**) de commun avec son père.
「そうだよ，でも彼は父親にまったく似ていないのさ．」

質問文で「メガネを掛けた（正体不明の）男性」が彼の父親かどうかが問題となっていることに対して，応答文では「そうだよ」とまず認めています．ですが，その oui という返答の直後に逆接の等位接続詞 mais が置かれています．つまり，メガネを掛けた男性は彼のお父さんではあるけれど，そのようには見えない，つまり「似ていない」という内容になるのが自然の流れですね．さらに，空欄の直後には de commun avec son père という語句が続いているので，「彼の父親と共通したところが何もない」という内容になることが想像できるでしょう．それを踏まえた上で，この形容詞 commun の直前に置かれている前置詞 de の正体が，不定代名詞に形容詞を付す際に用いられる de であることや，否定の ne に対応する pas がこの応答文内のどこにも見当たらないことなどを考え合わせた結果，rien が正解であることに行き着きます．ちなみに，ne との組み合わせが可能だということで，nulle part を選んだ人もいるかもしれませんが，これは ne 〜 nulle part「どこにも〜ない」という定型表現を構成する否定の副詞句ですので，ここでは空欄に相応しくありません．なお，avoir quelque chose de commun (avec 〜)「（〜と）共通点／類似点がある」という熟語表現もありますので，セットで押さえておきましょう．

(2)　⑥　— Tiens, ton sac à provisions, il est chouette !
「あら，あなたのショッピングバッグ，ステキね！」
— Ah bon ? Alors, je te le donne. J'en ai d'(**autres**).
「そう？　じゃ，あげるわ．ほかにもあるから．」

（　　）の前に不定冠詞の変形の d' があります．母音で始まる候補は auquel と autres ですが，auquel は疑問代名詞あるいは関係代名詞なので除外されます．中性代名詞を伴う en 〜 un(e) autre や en 〜 d'autres のような用法も覚えておきましょう．

(3)　①　— Ton directeur est déjà arrivé ?
「君のところの部長はもう来てるのかい？」
— Oui, (**celui**) qui porte une veste orange est mon directeur.
「うん，オレンジ色のジャケットを着ているのがぼくのところの部長だよ．」

（　　）qui の後ろの動詞が 3 人称単数形ですので，単数名詞の主語が入ります．また，文末の mon directeur を見ると，男性名詞であることが分かります．選択肢のなかで，単独で主語になり得る代名詞は，celui と chacun です．前文からの流れで celui が正解です．

(4) ⑦ — Elles sont sœurs, mais elles ne cessent de se disputer.

　　「彼女らは姉妹なんですがね，口論が絶えないんですよ．」

　　— Ah bon ? (**Laquelle**) des deux est la plus forte ?

　　「あら，そう？　２人のうちどちらが強いんだろうね？」

　空欄が sœurs「姉妹」を受けること，応答文の動詞が３人称単数の est であること，そして空欄のあとが des deux「２人（の姉妹）のうちの」というように選択的内容であること（このことは応答文末にある最上級表現の la plus forte「一番強い」からも推測可能ですね），以上３点から，男性・女性および単数・複数の区別がある疑問代名詞の laquelle が選択肢の中で最適だと結論づけられます．もしかしたら，応答文が疑問文であることから，qui を選んだ人がいるかもしれませんが，「２人（の姉妹）のうちのどちらか」というように，すでに登場した人や物などを受けての「選択」が問題となっている場合，qui はベストな選択ではないので注意してください．

(5) ② — Tout à l'heure, vous êtes tombée dans l'escalier, mais est-ce que ça va ?

　　「さっき，階段で転んでいらっしゃいましたが，大丈夫ですか？」

　　— Oui, ça va. Je n'ai mal (**nulle**) part.

　　「はい，大丈夫です．どこも痛くありません．」

　応答文を見てみると，２つのことに気づくことができます．１つ目は，この応答文が avoir mal à＋身体の部位「〜が痛いです」という成句を下敷きにしているということ，２つ目は，否定の ne に対応するべき pas がないということです．その上で，このやりとりを見直してみましょう．質問文で「大丈夫ですか」と尋ねられて「大丈夫だ」と答えているわけですから，そのあとに続く内容は「どこも痛くありません」となることが推察できるわけです．よって，「どこも〜ない」という意味を表す否定表現の，ne 〜 nulle part が最適だということになります．他方，rien を選択した人がいるかもしれませんが，本問の空欄の位置に rien を置くのには無理があります．このことからしても，nulle part を選択するべきでしょう．もっとも，否定の ne に対応する pas が見当たらない上，空欄の直後に part があることから，否定表現の ne 〜 nulle part をすぐさま思いつく人も少なくないでしょう．

筆記試験

4

第*5*問　テキスト読解　穴埋め問題

> ここでは，どこに着目して正解を導き出していけばよいかを中心に解説します．
> 　筆記の第5問は長文の穴埋めです．具体的な考察に入る前に，もう一度，解き方のポイントを整理しておきましょう．
> 　手順としては，まず（　　）を気にせず長文を通読し，おおよその流れを把握します．必要に応じて話の内容や方向性などをメモしましょう．次は選択肢の語句に簡単な和訳をつけます．そして2回目に長文を読みながら，選択肢の語句を（　　）のなかに当てはめていきます．そのときには，（　　）の前後の文脈だけでなく，先に取ったメモを見て長文の内容の流れを意識しましょう．

練習問題 1　(▶本冊 p.102)

日本の地方都市に見られる生活施設の郊外化について述べた，総ワード数が空欄を除いて約150の長文です．主語はすべて3人称で，客観的に語られています．

(1) ①　　(2) ③　　(3) ①　　(4) ②　　(5) ③

　まずは，長文中の（　　）は気にせず，大意をつかむことから始めましょう．
　「日本の地方都市での日常生活は便利で，ショッピングモールやレストラン，映画館，病院などが揃っている．それらは街の中心部から離れており，住民の多くは車を利用してやってくる．しかし，そうはいかない人々がいて，たとえば高齢者や子どもたちである．公共の交通機関がないために，街の周辺地区は車がなければ近寄れない場所になっている．こうした問題を，あなたがたはどう考えるか．」くらいでしょうか．
　もちろん，ここでは完璧に要約する必要はありません．空欄や知らない単語は気にせず，分かることをメモしておきましょう．そうすれば解答を選択するときに役立ちます．

(1)　①　En fait, la majorité de ces établissements se trouvent en banlieue, (**loin du**) centre-ville.
　　　「実際のところ，これらの施設の大半が郊外で，街の中心部から離れてあります．」
　　　初めの段落で日本の地方都市の施設の充実による便利さが述べられており，この文はそれに続く第2段落の冒頭です．En fait, la majorité de ces établissements se trouvent en banlieue「実際のところ，これらの施設の大半は郊外にある」と述べ，その後ろに（　　）があり，centre-ville と続きます．
　　　前半部分はそれだけで文として成り立っているので，（　　）以下の部分は，その前の部分を補足的に説明するものと考えられます．すべて当てはめて意味を考えれば，①(loin du) centre-ville「街の中心部（から離れて）」②(près du) centre-ville「街の中心部（の近くに）」③(dans le quartier du) centre-ville「街の中心部（の地区に）」となりますね．つまり，施設の大半がある場所が「郊外」であり，その郊外の説明になっているものを考えれば，答えは①となります．もちろん，du は，loin de の de と le が縮約されたものです．なお，この文は se trouvent と動詞が3人称複数形になっていますが，« la majorité de ＋複数名詞 » が主語の場合は，動詞は単数形・複数形のどちらも可能です．

(2)　③　Cela leur (**permet**) d'arriver à destination sans problème, même s'il fait très chaud ou s'il pleut.
　　　「それにより，彼らは目的地に，暑い日でも雨が降る日でも難なく到着することができ

56

るのです.」

　先頭の指示代名詞 cela は，前文の内容，つまり ils（ = ces établissements）ont tous de grands parkings gratuits, pour les clients「施設にはすべて，来客用の大きな無料駐車場がある」ということを指しています．この文は，「そのことが彼らに，大変暑くても雨が降っても，目的地に難なく到着することを（　　）．」ということを意味しています．選択肢を見ても分かるように，（　　）には，動詞が入り，しかもそのあとの前置詞 de につながるものでなければいけません．選択肢は，① invite「する気にさせる」② interdit「禁じる」③ permet「できるようにする」ですが，②の interdit「禁じる」は明らかに意味が反対です．そして①の inviter は，« inviter à ＋不定詞 » の形で使うことを知っていれば，当てはまらないことが分かるでしょう．「施設の駐車場の存在は，車で目的地まで乗りつける」ことを③「可能にする」が自然で，これが正解です．

(3)　① c'est le cas de ceux（ **qui ne savent pas conduire** ），comme par exemple les personnes âgées et les enfants.
　　　「それは運転ができない人たち，たとえば，高齢者や子どもたちです.」

　直前の文 certains ne sont pas comme eux の意味は，「ある人たちは彼らのようではない」です．つまり「ある人たちは駐車場の利点を活用できるわけではない」ということを言っています．c'est le cas de 〜「〜の場合がそうである」は，駐車場を利用できない人たちの具体的な例を示す表現です．どんな「人たち」なのかといえば，選択肢① qui ne savent pas conduire「運転ができない」，② qui n'aiment pas marcher「歩くのが好きではない」，③ qui habitent dans le centre-ville「街の中心に住んでいる」のなかでは，もちろん①しかないでしょう．なお，（　　）の後ろの par exemple 以下は，「運転できない人たち」の例として les personnes âgées「高齢者」や les enfants「子どもたち」を挙げたものです．

(4)　② （ **Faute de moyens de transport commun** ），les environs de la ville sont maintenant des endroits inaccessibles à ceux qui n'ont pas de voiture.
　　　「公共の交通機関がないために，街の周辺地区は，今や車を持たない人たちにとっては
　　　行くことのできない場所になっています.」

　前の文 Dans ce genre de villes de province, les services d'autobus sont souvent réduits à cause de la baisse des usagers. で，「このような地方都市では，しばしば利用者の減少によりバスの運行本数が削減されている.」と地方都市の問題点を挙げています．一方，（　　）のあとは les environs de la ville sont maintenant des endroits inaccessibles à ceux qui n'ont pas de voiture「街の周辺地区は，今や車を持たない人たちにとっては行くことのできない場所になっています」ということですね．選択肢は① Avec les services d'autobus「バスの便があるので」，② Faute de moyens de transport commun「公共の交通機関がないために」，③ À cause des embouteillages「渋滞が原因で」という内容ですが，都市の周辺地区は，des endroits inaccessibles「行くことができない場所」になっていると言っているのですから，①は意味が反対になり，③の交通渋滞も関係ありません．ここは②の「公共の交通機関がないために」が正解となります．「バスの運行本数が削減された」という内容が，（　　）のなかで「公共の交通機関がないために」と言い換えられたと考えればよいですね．なお，faute de 〜「〜がないので」の表現は第 2 問の章（p.36）でも取り上げられています．確認しておきましょう．

(5)　③ Avez-vous une idée pour（ **améliorer** ）cette situation ?
　　　「このような状況を改善するためのアイデアをお持ちですか？」

　3 つ目の段落は，郊外型施設が抱える問題点に言及しています．その流れを受け，4 つ目の段落では，まず最初の文で la commodité「便利さ」と背中合わせの ces inconvénients「不便

さ」について質問を投げかけています．ついで，cette situation「この状況」に関する何らかの une idée「考え」を問うています．そこで，選択肢の動詞を見てみましょう．① compliquer「複雑にする」② réaliser「実現する」③ améliorer「改善する」の3つのなかから選ぶのですが，「不便さ」という負の要素に対して求められる「考え」は，やはり，③の améliorer「改善する」ための考えとなるでしょう．

〈全訳〉

　日本では，一般に，地方都市での日常生活はとても便利です．大型のショッピングモールやおいしいレストラン，大きな映画館，そして最新設備の病院もあるからです．

　実際のところ，これらの施設の大半が郊外で，街の中心部から離れてあります．そしてどこも広大な無料駐車場を，車でやってくるお客さんのために備えています．それにより，彼らは目的地に，暑い日でも雨が降る日でも難なく到着することができるのです．

　街の住民の多くが，こうした車の便のよさを大いに活用しています．しかし，ある人たちは彼らのようにはいきません．それは運転ができない人たち，たとえば，高齢者や子どもたちです．このような地方都市では，しばしば利用者の減少によりバスの運行本数が削減されています．公共の交通機関がないために，街の周辺地区は，今や車を持たない人たちにとっては行くことのできない場所になっています．

　こうした問題を，あなたがたはどう考えますか？　このような状況を改善するためのアイデアをお持ちですか？

〈選択肢和訳〉

(1) ①〜から離れて
　　②〜から近くに
　　③〜の地区に

(2) ①する気にさせる
　　②禁じる
　　③できるようにする

(3) ①運転ができない
　　②歩くのが好きではない
　　③街の中心に住んでいる

(4) ①バスの便があるので
　　②公共の交通機関がないために
　　③渋滞が原因で

(5) ①複雑にする
　　②実現する
　　③改善する

練習問題 **2**　(▶本冊 p.104)

　パリの新しいレンタル自転車の制度について述べた文章です．総ワード数が空欄を除いて約180の長文です．主語はすべて3人称で，客観的に語られています．

(1) ③   (2) ①   (3) ②   (4) ③   (5) ①

では，こちらも始めに大意を把握しておきましょう.

「多くの人々はほぼ毎日，仕事や買い物に行くのに自転車に乗る．自転車は渋滞も避けられ，われわれの快適な都市生活の助けになっている．パリには 2007 年に誕生したヴェリブというセルフサービスのレンタル自転車がある．駐輪場が点在していて，年間使用の登録により利用できる．自転車は出発地点に返す必要はない．この制度は都市の諸問題との関連で高く評価され，あちこちに広まっている.」というところでしょう.

(1) ③ C'est bon à la fois (**pour la santé et pour l'environnement**).
「これは健康と環境に同時によいことです.」

2 行目から 3 行目にかけての文で，beaucoup de gens prennent leur vélo presque tous les jours「多くの人がほぼ毎日自転車に乗り」，On va au travail ou au supermarché à vélo「仕事やスーパーマーケットに自転車で行っている」と述べており，それに続くこの文 C'est bon à la fois ( ). は「これは ( ) 同時によい.」という内容です．一方，( ) に入る選択肢を見てみると，いずれも pour「～のために」という前置詞で始まっています．つまりこの文は「毎日の自転車の使用が同時に 2 つのもののためによい」という内容になるわけです．選択肢① pour la sécurité et pour l'assurance「安全のためにも保障のためにも」，② pour la guerre et pour la paix「戦争のためにも平和のためにも」，③ pour la santé et pour l'environnement「健康のためにも環境のためにも」のうち，常識的に正解は③となるでしょう．①や②は，毎日の自転車の使用とは何ら関連が感じられず，答えとしては不適切です.

(2) ① (**Bref**), cela nous aide à vivre agréablement en ville.
「要するに，それは私たちが街で快適に生活するための助けとなっています.」

( ) の前の文では，私たちにとっての自転車の利点が具体的に挙げられています．一方，( ) の後ろでは cela nous aide à vivre agréablement en ville「それが，私たちが街で快適に生活するのに助けとなっている」と述べています．つまり，この文は第 1 段落のまとめになっています．そこで ( ) には，話を総括するときに用いる①の Bref「要するに」が入るのです．② Depuis「それ以来」，③ Au contraire「反対に」では文意に合いません.

(3) ② En 2007, à Paris, un système public pour encourager (**l'utilisation**) de vélo est né : le Vélib', un système de location de vélos en libre-service.
「2007 年にパリで，自転車の使用を促進するための公共の制度が生まれました．それはヴェリブといい，セルフサービスのレンタル自転車のことです.」

2 つ目の段落の趣旨は，おおよそ「パリにはレンタル自転車の制度があり，年間使用の登録をすれば街中の駐輪場で自転車が借りられ，30 分無料で使うことができ，出発地点には返さなくてよい」となるでしょう．

( ) のなかには，encourager「促進する」の目的語が入ります．文自体の意味から，パリに 2007 年に設けられた公的制度が，自転車の何を「促進する」のでしょうか．この Vélib'「ヴェリブ」という制度は，後ろで説明されているように，レンタル自転車の制度のことです．選択肢を確認してみましょう．① l'abandon「放棄」，② l'utilisation「使用」，③ l'achat「購入」の中からレンタル自転車の制度に関して，どれを「促進する」といえば，長文の文意とぴったり合うのでしょうか．すぐに正解は②であることが分かりますね.

(4) ③ Il suffit de (**le déposer dans n'importe quelle station**).
「どの駐輪場にそれを返してもいいのです.」

問題文は，その前の文の Il n'est pas nécessaire de rendre le vélo à la station de départ.「自転車を出発地点の駐輪場に返す必要はない。」という内容を受けて，Il suffit de （　　）.「（　　）すれば事足りる。」という意味になります。この問題の選択肢は少し長目の語句になっています。1 つずつ意味を確認していきましょう。① le déposer à la station où on l'a pris「乗り出した駐輪場にそれを返し（てもいい）」② le déposer à l'agent de police「警察官にそれを預け（てもいい）」③ le déposer dans n'importe quelle station「どの駐輪場にそれを返し（てもいい）」の 3 つですね。まず，①は，前の文の「自転車を出発地点の駐輪場に返す必要はない。」という内容と一致しません。②は，レンタル自転車を返したことになりません。そこで，正解は前の文の内容と一致する③となります。

(5)　① En effet, c'est (**une solution efficace**) pour certains problèmes urbains.
「というのも，都市のいくつかの問題の効果的な解決策となっているからです。」

（　　）を含む文の冒頭の en effet「というのも～だから」は，前文の理由を示すために使われています。前文でヴェリブの好評さに触れて，後続の文でその好評さの具体的な内容を都市問題にからめて説明しています。そのことを念頭において選択肢に目を向ければ，自ずと①の une solution efficace「効果的な解決策」が導き出されますね。その他の選択肢の② une solution inutile「無益な解決策」③ une solution difficile「困難な解決策」では，文意に合いません。

〈全訳〉

　かつて大都市では，自転車利用者はそれほど多くありませんでした。しかし，今日では，多くの人がほぼ毎日，自転車に乗っています。仕事あるいは買い物に，雨が降らない限りは自転車で行きます。これは健康と環境に同時によいことです。これはまた，とても便利でもあります。なぜなら，自転車レーンを通れば渋滞を避けることができるからです。要するに，それは私たちが街で快適に生活するための助けとなっています。

　2007 年にパリで，自転車の使用を促進するための公共の制度が生まれました。それは「ヴェリブ」といい，セルフサービスのレンタル自転車のことです。街のあちこちにヴェリブの駐輪場が設けられています。年間使用の登録をすれば，自転車を 30 分間は無料で使うことができます。自転車は出発地点の駐輪場に返す必要はありません。どの駐輪場にそれを返してもいいのです。

　この制度はパリでは大変評価されています。というのも，都市のいくつかの問題の効果的な解決策となっているからです。すなわち，車の駐車場の不足や大気汚染などの問題です。今日では，このセルフサービスのレンタル自転車の制度はフランスのあちらこちらに加え，ほかの国々にまでも広まっています。

〈選択肢和訳〉

(1)　① 安全のためにも保障のためにも
　　② 戦争のためにも平和のためにも
　　③ 健康のためにも環境のためにも

(2)　① 要するに
　　② それ以来
　　③ 反対に

(3)　① 放棄
　　② 使用

③ 購入

(4) ① 乗り出した駐輪場にそれを返し
　　② 警察官にそれを預け
　　③ どの駐輪場にそれを返し

(5) ① 効果的な解決策
　　② 無益な解決策
　　③ 困難な解決策

　第1問〜第4問までのものと違って，長文読解の問題の勉強方法はなんといっても長文に慣れることです．とはいえ，基本的な語彙や表現をしっかり身につけていれば意外とうまく理解できるようになります．接続詞や文と文をつなげる表現などを意識しながら，身の回りのフランス語教材をどんどん読みこなして下さい．

筆記試験
6

第6問　テキスト読解　内容一致問題

> 　ここでは，どこに着目して正解を導き出していけばよいかを中心に，解説します．
> 　出題される長文の総体的傾向はすでに本冊の方でも触れましたが，語りの形式にせよ，テーマや内容にせよ，やはりいろいろなものが取り上げられる可能性があります．どのようなタイプのテキストが出題されようと，読むときの心構えは同じです．登場人物の心理や行為，出来事／事件の展開を丹念に追うとともに，話の状況や背景もきっちりと押さえることを心がけてください．とりわけ，登場人物の主張や出来事／事件の因果関係は，6つの問題の中で必ずと言っていいほど問われることになりますから，テキストを読み進める際にしっかりと把握しておきましょう．
> 　なお，6つの問題はテキストの内容に沿って順番に作られていますから，その点を頭に入れて問題を解いていくことをお勧めします．英語の5W1Hを念頭においてテキストを通読しながら，主題やおおよその内容を把握していきましょう．その際，ただ漫然と読むのではなく，下線を引いたり，ちょっとしたメモを残したりしておくと，あとで探しやすくなり，問題を解く効率も上がることでしょう．

練習問題 **1** （▶本冊 p.112）

　総ワード数が約150の，普通の長さのテキストです．しかしながら，その内容は社会・文化的なテーマになっているので，少々とっつきにくい印象があります．こうしたテキストには，次のような3つの特徴があります．まず，主語が3人称の単数・複数で構成されていること，時制は現在が中心で，複合過去や半過去など他の時制がわずかに混入すること，最後に，あまりなじみのない語が使用されていることが挙げられます．それでは問題を1つずつ丁寧に見ていきましょう．

(1) ①　　(2) ①　　(3) ②　　(4) ②　　(5) ②　　(6) ①

(1)　① 問題文 En France, **il existe** un service public qui **favorise** les familles ayant plusieurs enfants. の訳は，「フランスには，子どもが数人いる家庭を優遇する公共サービスが存在しま

61

す.」です.テキストの冒頭に En France, **il y a** un service public **intéressant** pour les familles ayant plusieurs enfants.「フランスには,子どもが数人いる家庭にとって有利な公共サービスがあります.」という記述があります.il existe は il y a の同意表現です.qui favorise 〜 は関係節で,un service public を修飾しています.これが intéressant の同意表現となっています.したがって,(1) の問題は内容が一致しているということになります.この問題は,同意表現を用いた,比較的単純な言い換え問題ですね.

(2)　①　問題文 « La carte de famille nombreuse » était, **au départ**, un service de la SNCF. の訳は,「最初は,〈大家族カード〉は SNCF のサービスの1つでした.」です.テキストの3行目に,**À l'origine**, c'était un service de la SNCF「これは,もとは SNCF のサービスの1つでした」と書かれています.à l'origine「もとは,元来は」の言い換えとして,熟語の au départ「最初に,初めは」が使われています.したがって,(2) の問題も内容が一致しているということになります.この問題も,同意表現を用いた,比較的単純な言い換え問題です.

(3)　②　問題文 Avec « la carte de famille nombreuse », **on ne peut profiter que des réductions sur les voyages en train**. の訳は,「〈大家族カード〉では,電車の運賃の割引しか受けられません.」です.ne 〜 que「〜しかない」が使われています.また,« profiter de ＋名詞 »「〜を享受する」という熟語も用いられています.問題文は現在形ですので,今の「大家族カード」の使用内容についての記述だと分かります.この内容に関係しているのが,テキストの5行目から6行目にかけての Mais maintenant, cette carte **offre aussi différents avantages auprès des entreprises privées**.「しかし今では,このカードは,民間企業でもさまざまな特典を提供しています.」です.offrir は「与える,提供する」なので,(3) の問題は内容が一致していないということになります.この問いは,文をきちんと理解し,それが何を意味しているのかを解釈しなければならない問題ですね.

(4)　②　問題文 **Toutes les familles qui ont des enfants** peuvent avoir « la carte de famille nombreuse ». の訳は,「子どものいる家庭はすべて,〈大家族カード〉を持つことができます.」です.しかし,テキストの7行目から8行目にかけて,La « carte de famille nombreuse » s'applique à **toutes les familles qui ont au moins trois enfants mineurs**「〈大家族カード〉は,(中略) 未成年の子どもが3人以上いるすべての家庭に適用されます」という記述があります.s'appliquer à〜は「〜に適用される」という意味の熟語です.ここでは,ただ単に子どものいる家庭ではなく,未成年の子どもが3人以上いる家庭という条件がありますので,(4) の問題は内容が一致していません.1行目に,il y a un service public intéressant pour les familles ayant plusieurs enfants「子どもが数人いる家庭にとって有利な公共サービスがあります」という記述がありますが,問題は順番になるように設問されていますので,冒頭の記述に惑わされないようにしましょう.「未成年の」は mineur ですが,「成年の」は majeur です.この機会に,覚えましょう.これも (3) の問題に引き続き,文をきちんと理解し,それが何を意味しているのかを解釈しなければならない問題ですね.

(5)　②　問題文 **Les étrangers ne peuvent pas utiliser** « la carte de famille nombreuse ». の訳は,「外国人は〈大家族カード〉を使用することができない.」です.この内容に関係しているのが,9行目から10行目にかけての **Même les étrangers peuvent avoir** cette carte, s'ils sont en situation régulière et résident en France. です.この部分の訳は「外国人でも,正規の滞在資格があり,フランスに居住していれば,このカードを持つことができます.」です.フランスに滞在資格があり,実際に居住しているという条件はありますが,外国人もカードを持つことができると書いてありますので,(5) の問題は内容が一致していません.この設問も,比較的単純な言い換えと異なり,文をきちんと理解したうえで,判断をしなければならない問題

ですね.

(6) ① 問題文 **Les réductions proposées par la SNCF** varient entre 30 % et 75 % **selon le nombre d'enfants**. の訳は,「SNCF によって提供される割引は,30%から75%の間で,子どもの数に応じて異なります.」です. この内容に関係しているのが,13 行目から 14 行目にかけての **La SNCF accorde plusieurs sortes de réductions**, entre 30 % et 75 % **en fonction du nombre d'enfants**. です. その訳文は「SNCF では,子どもの数に応じて 30%から 75%の割引運賃を数種類提供しています.」です. 2 つの文の大きな違いは,問題文の方が Les réductions proposées par la SNCF「SNCF によって提供される割引」という受動表現になっているのに対し,テキストの文は,La SNCF accorde plusieurs sortes de réductions「SNCF では割引運賃を数種類提供している」と能動表現になっていることです. なお,この場合の accorder「与える,授ける」は,proposer の同義語です. « en fonction de ＋名詞 » は「〜に応じて,〜との関連で」という意味の熟語です. この熟語の同意表現が selon です. したがって,(6) の問題は内容が一致しているということになります. この問題は,同意表現を使った言い換え問題ですが,文の構造が本文の受動態から能動態に変わっているので,一見,判断が難しそうに見えますね. このように受動態から能動態へ,能動態から受動態へと構文が変わる場合がありますので,こうした問題には注意しましょう. なお,第 3 問の章 (p.42 〜) も参考にして下さい.

それでは以下に,全訳を示しますので,最後にもう一度,テキストの内容を確認しましょう.

〈全訳〉

フランスには,子どもが数人いる家庭にとってお得な公共サービスがあります. それは「大家族カード」です. これは,もとは電車の運賃のみを割引する SNCF (フランス国有鉄道) のサービスの 1 つでした. しかし今では,このカードは,民間企業でもさまざまな特典を提供しています.

「大家族カード」は,収入や国籍の要件なしに,未成年の子どもが 3 人以上いるすべての家庭に適用されます. 外国人でも,正規の滞在資格があり,フランスに居住していれば,このカードを持つことができます. 手数料に相当するカードの代金は 19 ユーロです. 3 年間有効です.

SNCF では,子どもの数に応じて 30%から 75%の割引運賃を数種類提供しています. 毎年,平均で 85 万枚の「大家族カード」が発行されています.

練習問題 **2** (▶本冊 p.114)

総ワード数が約 180 の,比較的長いテキストです. しかしながら,内容は,クリスティーヌという女性の生活や仕事についての話です. また,形式も彼女自身が語りかけるという親しみやすい形になっています. こうした談話風のテキストには,次のような 3 つの特徴があります. まず,主語は 1 人称が中心で,かつ 3 人称単数・複数の組み合わせも多いこと,時制は現在,複合過去,半過去が中心となり,まれに他の時制がわずかに混入すること,最後に日常的な語彙や表現が使用されていることです. それでは,各問題を 1 つずつ丁寧に見ていきましょう.

(1) ①　(2) ②　(3) ②　(4) ①　(5) ①　(6) ②

(1) ① 問題文 Christine **a recommencé à travaillcr il y a une semaine**. の訳は,「クリスティーヌは 1 週間前に仕事を再開した.」です. recommencer à travailler は,reprendre son travail の同意表現です. テキストの最初の部分に,**Ça fait une semaine que j'ai repris mon**

travail. 「仕事を再開して 1 週間になります.」という記述があります. « ça [cela] fait ＋時の表現＋ que ＋主語＋動詞 » は, 「〜して〜になる」です. したがって, (1) の問題は内容が一致しています. この問題は, 同意表現を用いた, 比較的単純な言い換え問題ですね.

(2) ② 問題文 Christine n'a pas travaillé pendant un an **pour s'occuper de son deuxième enfant**. の訳は, 「クリスティーヌは 1 年間, 2 人目の子どもの面倒をみるために働いていなかった.」です. テキストの 2 行目から 4 行目に, Après la naissance de mon deuxième enfant, j'ai pris la décision de rester à la maison pendant un an **pour m'occuper de mes enfants**.「2 人目の子どもが生まれたあと, 1 年間家にいて, 子どもたちの面倒をみようと決めました.」という記述がありますので, 一見, 一致しているように思えます. しかし, 「2 人目の子どもの面倒だけをみていた」のではなく, 「子どもたちの面倒をみていた」ので, (2) の問題は内容が一致していません. これは, 一種の引っかけ問題ですね. 慌てずにしっかりと意味をつかんでから, 判断しましょう.

(3) ② 問題文 La carrière est **moins importante** pour Christine. の訳は, 「クリスティーヌにとって, キャリアはそれほど重要ではない.」です. しかしテキストの 5 行目から 7 行目にかけて, Mais je dois avouer que pour moi, faire carrière est **aussi important** que de m'occuper d'eux. という文があります. その訳は, 「しかし私は, 私にとってキャリアは彼ら (子どもたち) の面倒をみるのと同じくらい重要だということを認めなければなりません.」です. したがって, (3) の問題は内容が一致していないということになります. この問題は, 同等比較を劣等比較に変えた, 簡単な言い換え問題ですね.

(4) ① 問題文 Christine **a choisi ce métier parce qu'elle aimait les soins de la peau et les produits cosmétiques**. の訳は, 「クリスティーヌは, 肌のケアと化粧品が好きだからこの仕事を選んだ.」です. テキストの 9 行目から 11 行目にかけて, Quand j'étais petite, **je m'intéressais aux soins de la peau et aux produits cosmétiques. C'est pourquoi j'ai décidé de devenir esthéticienne** au moment où j'ai eu des choix de carrière à faire. 「私は幼いとき, 肌のケアや化粧品に興味を持っていました. だから, 将来の仕事を決めるときに, エステティシャンになろうと決心したのです.」という記述があります. « s'intéresser à ＋名詞 »「〜に興味を持つ」という熟語が使われています. この場合, 「興味を持つ」と「好きである」が同意表現として使われています. ce métier「この仕事」は, もちろん esthéticienne「エステティシャン」の仕事ですね. テキストの関係する部分が 3 行にわたっているので, 少々分かりにくいですが, 問題文の意図が理解できれば, 正誤の判断ができますね. 内容は一致しています.

(5) ① 問題文 Il est nécessaire pour les esthéticiennes **de pouvoir entretenir une relation de confiance avec le client**. の訳は, 「エステティシャンにとって, お客様との信頼関係を維持できることが必要です.」非人称の « il est nécessaire de ＋不定詞 »「〜することが必要だ」に, pour ＋人「〜にとって」がついた構造の文ですね. この内容に関係しているのが, 12 行目から 13 行目にかけての Il demande **d'être capable d'entretenir une relation de confiance avec le client** です. その訳は「それは, お客様との信頼関係を維持できることを求めています」です. Il「それ」が, 前文の un métier を受けていることが分かれば, 「仕事」だと判断できますね. また, demander には「要求する, 必要とする」という意味がありますので, 覚えておきましょう. このように見ていくと, (5) の問題は, 内容が一致していると判断できます. この問題は, 比較的単純な言い換えと異なり, 文をきちんと理解したうえで, 判断をしなければならない問題ですね. なお, こうした言い換えについては, 第 3 問の章 (p.42 〜) を復習することをお勧めします.

(6)　②　問題文 Les esthéticiennes **fournissent des conseils généraux** au client pour l'aider à améliorer ses habitudes. の訳は，「エステティシャンはお客様に一般的な助言を与え，お客様が生活習慣を改善するのを助けます．」です．この内容に関係しているのが，14 行目から 15 行目にかけての Il faut surtout faire évoluer en bien ses habitudes **avec des conseils personnalisés**. です．その訳文は「とりわけ，個別カウンセリングでお客様の生活習慣を改善しなくてはなりません．」です．2 つの文の大きな違いは 2 点あります．まず，問題文の方が fournir des conseils généraux「一般的な助言を与える」という動詞を使っているのに対し，テキストでは avec des conseils personnalisés「個別カウンセリングで」というように前置詞を使っている点と，次に faire évoluer en bien「改善させる」のところを l'aider à améliorer「お客様が改善するのを助ける」というように同意表現で言い換えている点です．目的語人称代名詞 l' は，le client を言い換えたものです．« aider ＋人＋à ＋不定詞 » で，「人が〜するのを助ける」です．問題文はテキストの文に対し，構造を変えた上で同意表現の言い換えをし，最終的に反対語を用いていますので，少々複雑な言い換えをしていることになります．しかし，実際はこのように 2 つの文の違いをきちんと解釈できなくても，ともに肯定文で，問題文の des conseils généraux「一般的な助言」とテキストの des conseils personnalisés「個別カウンセリング」と，大きな違いがありますので，正誤の判断はすぐにつくようになっています．(6) の問題は内容が一致していません．

それでは以下に，全文を訳しますので，最後にもう一度，テキストの内容を確認しましょう．

〈全訳〉
　私はエステティシャンで，エステティック・サロンで働いています．仕事に復帰して 1 週間になります．2 人目の子どもができたとき，1 年間家にいて，子どもたちの面倒をみようと決めました．確かに，育児をすることは，とても興味深いことだと思います．でも私にとって，キャリアは子どもの面倒をみることと同じくらい重要なことだと，認めなくてはなりません．私は，今は同僚たちと一緒にいられて，再び接客ができて幸せです．
　私は幼いころ，肌のケアや化粧品に興味を持っていました．だから，将来の仕事を決めるときに，エステティシャンになろうと決心したのです．しかしこれは，人が想像するほど簡単な仕事ではありません．この仕事には，お客様との信頼関係を保ち，お客様の要求や好みを尊重できることが求められます．とりわけ，個別カウンセリングでお客様の生活習慣を改善しなくてはなりません．それでもやはり，私はこの仕事に夢中です．というのも私は人と接することが大好きだからです．

第7問　テキスト読解　会話文の選択穴埋め問題

(練習問題 1)　(▶本冊 p.120)

　空欄を除いた語数が約 140 語で，この問題のなかでは 30 語ほど長めの文章です．第7問を解くコツは，当然ながら空欄の前と後ろの意味を確実につかむことです．特に文末に？マークがあって，疑問文になっている場合は，何を答えているかを見るのがポイントになります．ただ，前後を見るだけでは確定できないときもあり，そうした場合は，問いの選択は最後まで読んでから決めるようにして下さい．

(1) ②　　(2) ①　　(3) ①　　(4) ③　　(5) ②

(1)　② Le japonais, (**c'est comment**)?「日本語って，どんな感じ？」

　　1 行目でイザベルが，J'ai commencé à apprendre le japonais il y a un an.「1 年前に私は日本語を勉強し始めたのよ．」と言ったので，レアは Ah bon?「ああ，そうなの？」と答えて，le japonais, のあとが空欄になっています．イザベルの答えのうち，je l'ai trouvé difficile の l' は le japonais を表し，sa prononciation の sa も「日本語の」を指しています．つまり「初めは難しいと思ったけれど，実際のところ，日本語の発音は思っていたより易しいわ．」というもので，日本語がどのようなものか，ということを答えているので，②の c'est comment を選び，「それはどんな感じ？」とすればつじつまが合います．①の c'est où は，「それはどこ？」という意味で，また③の c'est pourquoi では「それはどうして？」となり，理由を尋ねることになってしまうので，当てはまりません．

(2)　① Oui, parce (**que le japonais n'a que cinq voyelles**).

　　「ええ，なぜって日本語には母音が 5 つしかないのよ．」

　イザベルの 2 つ目のセリフに対して，レアは C'est vrai?「本当？」と言っています．それに対するイザベルの答えです．parce までが書かれているので，理由を答えるのですが，③の (parce) que les Japonais sont très gentils「なぜなら日本人はとても親切だから」は文脈上，まったく合いません．①（parce）que le japonais n'a que cinq voyelles は「日本語には 5 つしか母音がないから」で，②（parce）qu'il y a beaucoup de mots japonais en français は「フランス語にはたくさんの日本語があるから」ですね．たしかに現代フランス語では tsunami「津波」や manga「マンガ」は，そのまま通じるようですが，イザベルの 2 つ目のセリフは，日本語の発音が思っていたより易しい，ということだったので，発音に関係のある voyelle「母音」という語が入っている①が正解だと分かります．

(3)　① Et j'ai appris un mot japonais (**très pratique**) la semaine dernière.

　　「それで，先週，すごく便利な日本語を習ったわ．」

　イザベルの 4 番目のセリフは空欄を無視すれば，Et j'ai appris un mot japonais la semaine dernière.「それで，先週，ある日本語の単語を習ったわ．」ということですね．選択肢の① très pratique は「すごく便利な」，②は d'esprit で「機知に富んだ」，③の de passe「通過の」は mot と組み合わせると，最近，現代人の生活ではおなじみの mot de passe「パスワード」あるいは「合い言葉」ということになります．レアはイザベルのセリフを聞いて，C'est quoi?「それって何？」と尋ねているので，その後のイザベルのセリフを解釈すればよいでしょう．

　C'est le mot YÔJI, ça veut dire « une affaire », ou bien, « quelque chose à faire ».「それは『用事』という単語で，その意味は une affaire『事柄，問題，用事』か，quelque chose à faire『しなければならないこと』なんだけど，いろいろな場合に使うことができるの．」となって

66

います．選択肢の3つのうち，「すごく便利な」という①が有力です．③の「通過の」は文脈上，無理そうですが，②の「機知に富んだ」の可能性はないわけではないので，一応，ペンディングにして先を読みます．

(4) ③（ **Par exemple** ）?「たとえば？」

　　イザベルの4番目のセリフに対して，C'est quoi?「それって何？」と尋ねています．イザベルは，「用事」という単語の説明として，Si on veut refuser une invitation à une soirée où on n'a pas envie d'aller, on dit simplement « J'ai un YÔJI », et alors les Japonais ne vous demandent pas de détails.「行きたくないパーティへの招待を断りたいとき，『用事がある』と言えば，日本人はそれ以上，詳しいことは尋ねない．」といい，さらに Si on rencontre une connaissance dans la rue quand on est pressé, on dit: « Je suis ici pour un petit YÔJI. »「急いでいるときに，道で知り合いに会ったら，『ちょっと用事で，ここに』と言えば」と続きます．イザベルの答えに時間は関係がないので，①の C'est quand?「それはいつ？」は不適切ですし，② Tu le sais?「君はそれを知ってる？」もうまくいきません．ここは言葉の使い方を2通り紹介しているので，③の Par exemple?「たとえば？」が一番適切でしょう．

(5) ② Si on rencontre une connaissance dans la rue quand on est pressé, on dit: « Je suis ici pour un petit YÔJI. » et la personne (**vous laisse partir sans poser de question**).
　　「急いでいるときに道で知り合いに会ったら『ちょっと用事で，ここに』と言えば，何もきかれずに別れられるのよ．」

　　最後の空欄は，イザベルの6番目のセリフの最後の部分です．(4) で解説した，その前の文の「急いでいるときに，道で知り合いに会ったら，『ちょっと用事で，ここに』と言えば」のあと，on に続く表現を選びます．① vous accompagne sans rien dire「何も言わないであなたと一緒に来てくれる」，② vous laisse partir sans poser de question「何もきかずにあなたと別れる」，③ ne cesse pas de vous déranger「絶えずあなたの邪魔をする」ですから，答えは②となりますね．また，そういう意味で，YÔJI は役に立つ表現として，紹介されていると考えられますから，(3) の答えはやはり，①の très pratique「すごく便利な」が正解でしょう．

〈全訳〉
イザベル：私，1年前に日本語を勉強し始めたのよ．
レア　　：え，そうなの？　日本語って，どんな感じ？
イザベル：初めは難しいと思ったけど，実際のところ，発音は思ってたより簡単よ．
レア　　：本当？
イザベル：ええ，なぜって日本語には母音が5つしかないのよ．
レア　　：ああ，それは私たちフランス人にとってはよいわね．
イザベル：それで，先週，すごく便利な日本語を習ったわ．
レア　　：それって何？
イザベル：それは，「用事」っていう単語で，その意味は「ことがら」とか「すべきこと」っていうことだけど，いろいろな場合に使うことができるの．
レア　　：たとえば？
イザベル：行きたくないパーティーの招待を断りたいときは，「用事があります」と言えば，日本人は詳しく尋ねたりはしてこない．急いでいるときに道で知り合いに会ったら「ちょっと用事で，ここに」と言えば，何もきかれずに別れられるのよ．
レア　　：それは魔法の言葉ね．
イザベル：そうなのよ．

〈選択肢和訳〉
(1) ①それはどこ
　　②それはどんな感じ
　　③それはどうして

(2) ①日本語には5つしか母音がない
　　②フランス語にはたくさんの日本語がある
　　③日本人はとても親切である

(3) ①すごく便利な
　　②機知に富んだ
　　③通過の

(4) ①それはいつ
　　②君はそれを知ってる
　　③たとえば

(5) ①何も言わないであなたと一緒に来てくれる
　　②何もきかずにあなたと別れる
　　③絶えずあなたの邪魔をする

練習問題 2 (▶本冊 p.122)

　空欄を除いた語数が約120語で，練習問題1よりは短いですが，問題としては平均よりやや長めです．この問題は，初めのセリフから空欄があります．2番目のセリフに (1) の空欄があることが多いですが，こうした形の出題は過去にもあります．まずは次のセリフをよく読むことが必要ですが，全体を見渡してから決めてもよいと思って下さい．

(1) ②　(2) ③　(3) ①　(4) ①　(5) ③

....

(1)　②　Il arrive parfois (**des choses incroyables**).
　　　「ときにとても信じられないことが起こるものだよ.」

　空欄のあとの文で，Ah bon ? Qu'est-ce que tu veux dire par là ?「え，そう？　何を言いたいの？」とギーに尋ねられて，二郎は Eh bien, écoute. La semaine dernière, j'ai perdu mon portable en rentrant de l'université.「ちょっと聞いてくれよ．先週，ぼくは大学からの帰りに携帯電話をなくしちゃったんだ.」と答えています．選択肢を見ると，① beaucoup de choses à faire「やらなければならないことがたくさん」，② des choses incroyables「信じられないこと」，③ quelqu'un de bien「実直な人」ですから，①は少し合わない感じがしますが，この段階では決定的なものは分かりません．そのまま次の設問に行きます．

(2)　③　J'ai demandé au bureau des objets trouvés du métro, et je (**l'ai déclaré**) à la police, mais sans succès.
　　　「メトロの遺失物取扱所に問い合わせたり，警察に届けたりしたんだけど，だめだった.」

　携帯をなくして，二郎は J'ai demandé au bureau des objets trouvés du métro, et je (　　) à la police,「メトロの遺失物取扱所に問い合わせたり，警察に（　　）した」と言っています．

68

① l'ai retenu「それを（警察に）引き留めた」② l'ai appelé「それを（警察に）呼んだ」③ l'ai déclaré「それを（警察に）届けた」ですから，内容から見て③しかないですね．

(3) ① Mais c'était (**simplement pour faire des échanges de balle**).
「といっても，単にキャッチボールをしただけなんだけどね．」

二郎は甥が遊びに来て，近くの公園に行って野球をしたと言っています．「しかし，それは」のあとの空欄が問題です．選択肢を見ると，① simplement pour faire des échanges de balle「単にキャッチボールをするため」，② vraiment ce que je ne voulais pas faire「本当にぼくがしたくなかったこと」，③ absolument difficile à faire là-bas「そこでやるには絶対的に難しい」ですね．そのあとを見ると，特に野球に対する否定的な発言はないので，②は合っておらず，公園で野球をすることに支障があることも言っていないので，③もふさわしくなさそうです．①は，そのあとに Tout à coup, la balle qu'il a lancée est passée au-dessus de ma tête「あるとき，彼（甥）の投げたボールがぼくの頭を越えて」というセリフがあるので，まったく矛盾点がなく，この時点ではこの①が正解として有力ですね．

(4) ① Tout à coup, la balle qu'il a lancée est passée au-dessus de ma tête, et (**elle est tombée dans**) un buisson.
「あるとき，彼（甥）の投げたボールがぼくの頭の上を越えて，茂みのなかに入っちゃったんだ．」

(3) の解説に挙げた Tout à coup, la balle qu'il a lancée est passée au-dessus de ma tête, 「あるとき，彼（甥）の投げたボールがぼくの頭を越えて，」の続きの文です．その直後に，Je suis allé la chercher et, à ma grande surprise, j'ai retrouvé mon portable dans ce buisson!「ぼくがボールを探しに行ったら，驚いたことに，茂みのなかでぼくの携帯電話を見つけたんだ！」とありますから，ボールは茂みのなかに入っていなければいけません．③ elle s'est enfuie dans は，「ボールが（自分の意志で）逃げ込んだ」ということになりますから，正解は当然① elle est tombée dans「ボールは茂みのなかに落ちた（入った）」です．② elle a franchi は「ボールは（茂みを）越えた」ですから，おかしいですね．

(5) ③ (**Ce n'est pas vrai**)!「ウソだろ！」
次の二郎のセリフを見ると，Si となっていますから，ここは否定文であることが必須ですね．意味は以下の通りどれでもよさそうですが，① C'est super!「それはすごい！」，② C'est possible!「それはありえる！」の2つは肯定文で，③ Ce n'est pas vrai!「それは本当ではない！→ウソだろ！」だけが否定文なので，正解はこれです．

最後のギーのセリフ C'est vraiment un miracle!「それは本当に奇跡だね！」でわかるように，この話全体は，二郎がなくした携帯電話が，ありえないようなところから見つかったという話です．
したがって，(1) は② des choses incroyables「信じられないこと」が正解ということが分かります．

〈全訳〉
二郎：ときにとても信じられないことが起こるものだよ．
ギー：え，そう？ 何を言いたいの？
二郎：ちょっと聞いてくれよ．先週，ぼくは大学からの帰りに携帯電話をなくしちゃったんだ．
ギー：それは困ったね．
二郎：そうなんだ．で，メトロの遺失物取扱所に問い合わせたり，警察に届けたりしたんだけど，

だめだった.

ギー：それで？

二郎：昨日，ぼくの甥が家に来てね，この近くの公園に行って，野球をやったんだ．といっても，単にキャッチボールをしたんだけどね.

ギー：日本の子どもたちは野球が大好きだよね.

二郎：うん，そうだね．で，あるとき，甥の投げたボールがぼくの頭の上を越えて，茂みのなかに入っちゃったんだ．で，ぼくはボールを探しに行ったら，驚いたことに，その茂みのなかでぼくの携帯電話を見つけたんだ！

ギー：ウソだろ！

二郎：ほんとさ．これがぼくの携帯電話だよ.

ギー：それは本当に奇跡だね！

〈選択肢和訳〉

(1) ①やらなければならないこと
　　②信じられないこと
　　③実直な人

(2) ①それを引き留めた
　　②それを呼んだ
　　③それを届けた

(3) ①単にキャッチボールをするため
　　②本当にぼくがしたくなかったこと
　　③そこでやるには絶対的に難しい

(4) ①それは落ちた
　　②それは越えた
　　③それは逃げ込んだ

(5) ①それはすごい
　　②それはありえる
　　③それは本当ではない

書き取り攻略ポイント
1) 読みのルール（**リエゾン** ⌣，**アンシェヌマン** ⌢，**エリジヨン** ）に気をつける．
2) **つづり字記号**を忘れない．
3) 句読点の名称 を把握する．
4) 複数形の **s** や **x** を忘れない．
5) 形容詞，過去分詞の**性・数の一致**に気をつける．
6) 動詞の 活用形 を正確に書く．

総合練習問題 ① （▶本冊 p.140） **11**

La mère de Marie et la mienne sont très amies. Elles vont souvent faire des achats au centre commercial près de chez moi. Hier, elles m'ont acheté cette robe rouge. Je ne l'aime pas beaucoup. Est-ce que je vais leur dire la vérité ou pas ?

「マリーのお母さんと私の母はとても仲がよいです．彼女たちはよく私の家の近くのショッピングセンターに買い物に行きます．昨日，彼女たちは私にこの赤いワンピースを買ってくれました．でも，私はそれをあまり好きではありません．彼女たちに本当のことを言おうかしら．」

では，もう一度順を追って注意点を丁寧に見ていきましょう．攻略ポイントの項目ごとにマークをつけて区別しやすくしました．

La mère de Marie et la mienne sont très amies. Elles vont souvent faire des achats au centre commercial près de chez moi. Hier, elles m'ont acheté cette robe rouge. Je ne l'aime pas beaucoup. Est-ce que je vais leur dire la vérité ou pas ?

まず，活用している動詞は5つで時制は直説法現在と直説法複合過去の2つです．主語が主に3人称複数なので動詞の語尾活用に気をつけましょう．形容詞の性・数の一致は1箇所あります．リエゾンは3箇所です．そして，目的語代名詞が3つあります．Est-ce の真ん中の [-]（トレ・デュニオン）に気をつけて下さい．最後は，[?]（ポワン・ダンテロガシヨン）です．

総合練習問題 ② （▶本冊 p.141） **12**

Nous avons deux gros chiens noirs. Ils sont aimés de notre voisine. Elle les promène de temps en temps. C'est une chose qu'on apprécie beaucoup. Mais hier, elle est allée aux Champs-Élysées avec eux. Comme il y avait beaucoup de gens, ils étaient complètement paniqués.

「私たちは2匹の大きくて黒い犬を飼っています．彼らは隣家の女性に好かれています．彼女は時々彼らを散歩させてくれます．それは私たちにとって歓迎すべきことです．しかし，昨日，彼女はシャンゼリゼに彼らと一緒に行きました．とてもたくさんの人がいたので，彼らは完全にパニックに陥ってしまいました．」

では，もう一度順を追って注意点を丁寧に見ていきましょう．攻略ポイントの項目ごとにマークをつけて区別しやすくしました．

Nous $\boxed{\text{avons}}$ deux gros chien**s** noir**s**. Ils $\boxed{\text{sont aimé\textbf{s}}}$ de notre voisine. Elle les $\boxed{\text{promène}}$ de temps en temps. C'est une chose qu'on $\boxed{\text{apprécie}}$ beaucoup. Mais hier, elle $\boxed{\text{est allée}}$ aux Champs-Élysée**s** avec eux. Comme il y $\boxed{\text{avait}}$ beaucoup de gens, ils $\boxed{\text{étaient}}$ complètement paniqué**s**.

まず，動詞は 8 つで時制は直説法現在，直説法複合過去そして直説法半過去の 3 つです．主語が主に 3 人称単数と 3 人称複数なので，どちらの語尾活用なのかに気をつけましょう．promène と complètement の è のアクサンの向きに注意しましょう．過去分詞の性・数の一致が 2 箇所あります．形容詞の性・数の一致も 2 箇所あります．目的語代名詞が 1 つで，代名詞強勢形が 1 つあります．リエゾンは 8 箇所で，アンシェヌマンが 5 箇所あります．つながって読まれる部分が多いですね．また，Champs-Élysées の真ん中の〔-〕（トレ・デュニオン）に気をつけて下さい．そして最後に，aux の語尾の x を忘れないようにしましょう．なお，実際の試験で「数は算用数字で書いてください.」という指示がある場合には，deux は 2 と書きましょう．

第 *1* 問　穴埋め問題

ここでは，どこに着目して正解を導き出していけばよいかを中心に解説します．

聞き取りの第1問は，質問に対する解答文の部分的な穴埋めです．具体的な考察に入る前に，もう一度，解き方のポイントを整理しておきましょう．

まず始めに，書かれている解答文に目を通します．（　）にどんな単語が入るのかを，部分的でもかまいませんから予測しておきましょう．たとえば，名詞なら男性か女性か，単数形か複数形か，母音で始まる語か否か，などです．

そのあと，読み上げられる会話文（1回目）を，解答文を見ながら聞きます．会話文と解答文では主語の人称や動詞の語尾が異なっていることもありますが，それに惑わされず，解答文の（　）に入りそうな単語を，フランス語でもカタカナでもかまいませんので，できるだけメモしていきましょう．特に数字は必ずメモして下さい．ときには解答文とそっくりの会話文もありますので，聞き逃さないよう注意して下さい．

次に質問の1回目を聞きます．予測した単語の条件に合うものがあればメモをし，また，質問も必要に応じて書き留めておきましょう．

続いて会話文（2回目）を聞くときには，もう質問はあらかた分かっているはずですので，ある程度ポイントをしぼって聞きます．そして，2回目の質問のあとで，解答用紙の解答欄に単語を記入しましょう．

3回目の会話文が読まれるときに，つづり字記号を含め，記入した単語に間違いがないかどうか確認します．30秒の見直し時間では最終スペルチェックをします．

練習問題 ①　（▶本冊 p.150）　💿**14**

(1) mauvaise　(2) matin　(3) marché, sous
(4) aller　　　(5) jamais　(6) trouve, quelques

総ワード数が約130余りの会話文です．親しい友人同士のジョルジュとヨーコの会話で，ヨーコの体調不良をテーマに je と tu を用いて話されています．文法事項も語彙もさほど難しくありません．動詞の時制は，直説法の現在，複合過去，半過去，それに命令法です．

まず，読まれるテキストとその全訳を示します．読まれるテキストにはリエゾンとアンシェヌマンの箇所を明示しておきますので，**音読練習**をして音のつながりに慣れておきましょう．

〈読まれるテキスト〉

Georges : Salut, Yoko ! Ah, tu as **mauvaise** mine. Qu'est-ce que tu as ?

Yoko　　: Bonjour, Georges. Je ne me sens pas bien depuis ce **matin**. J'ai froid et j'ai mal à la gorge.

Georges : Tu es enrhumée ?

Yoko　　: Oui, peut-être. Hier soir, j'ai **marché sous** la pluie sans parapluie. Et j'étais toute mouillée quand je suis rentrée chez moi.

Georges : **Va** voir un médecin !

Yoko : Non, je ne veux pas.

Georges : Pourquoi ? Tu n'as **jamais** consulté de médecin en France ?

Yoko : Non. Parce que je ne connais aucun médecin ici. Tu connais un bon docteur ?

Georges : Oui. Justement son cabinet se **trouve** dans ce quartier, à **quelques** minutes de marche d'ici. Si tu veux, je t'y accompagne.

Yoko : Merci, c'est gentil. Mais ça ne vaut pas la peine.

Georges : Si, si. On y va ensemble tout de suite.

〈全訳〉

ジョルジュ：やあ，ヨーコ．あっ，君，顔色が悪いね．どうしたの？

ヨーコ　　：こんにちは，ジョルジュ．私，今朝から気分がよくないのよ．寒くてのどが痛いの．

ジョルジュ：カゼをひいたの？

ヨーコ　　：ええ，そうかもしれない．昨日の晩，雨のなかを傘をささずに歩いたのよ．で，家に帰ったときには，ずぶ濡れだったの．

ジョルジュ：医者に診てもらいに行きなよ！

ヨーコ　　：ううん，そうしたくないわ．

ジョルジュ：どうして？　フランスで一度も医者の診察を受けたことないのかい？

ヨーコ　　：そうなの．ここでは医者を誰も知らないから．あなた，いい先生，知ってる？

ジョルジュ：うん．ちょうどその先生の診療所はこの地区にあって，ここから歩いて数分のところだよ．よかったら，ぼくが一緒に行ってあげるよ．

ヨーコ　　：どうもありがとう．でも，それには及ばないわ．

ジョルジュ：だめだめ．すぐに一緒に行こう．

　それでは，問題を一つ一つ順番に検討していきましょう．

(1)　質問文　Comment va Yoko ?　「ヨーコの調子はどうですか？」
　　　解答文　Elle a (**mauvaise**) mine.「彼女は顔色が悪いです．」
　　　Comment で始まる疑問文で，動詞は aller が使われていますから，体調を尋ねる質問文です．しかし，解答文に aller はありません．これは，解答文と似ている文を会話文で聞き取るしかありません．冒頭にジョルジュが tu as mauvaise mine「君，顔色が悪いね」と言っています．この主語の tu が解答文では Elle に変わっただけです．**主語の違いを除けば，この２つの文の発音は全く同じです．**解答文にあらかじめ目を通しておけば，会話文を１回目に聞いた時点ですでに（　　）に入る語が分かります．なお，（　　）に反義語の bonne が入ると，avoir bonne mine で「顔色がよい」となります．あわせて覚えましょう．

(2)　質問文　Yoko ne se sent pas bien depuis quand ?
　　　　　　「ヨーコはいつから気分がよくないのですか？」
　　　解答文　Depuis ce (**matin**).「今朝からです．」
　　　depuis quand「いつから」を使った疑問文です．この問題のカギは前置詞の depuis「〜以来」です．会話文の中に，質問文とほぼ同じ文が存在しています．ヨーコのセリフの Je ne me sens pas bien depuis ce matin. と Yoko ne se sent pas bien depuis quand ? です．主語が Je から Yoko に変わっただけですね．そこで，前置詞 depuis の後ろを注意深く聞きましょう．あわせて，（　　）の前に**指示形容詞の ce** があるので男性名詞の単数形が入り，depuis のあと

には時間的な意味を表す単語が入ることも意識して2回目の会話を聞くことができれば，matin は確実に聞き取れるでしょう．

(3) 質問文　Qu'est-ce que Yoko a fait hier soir ?「ヨーコは昨夜何をしましたか？」

解答文　Elle a (**marché**) (**sous**) la pluie sans parapluie.
「彼女は雨のなか，傘をささずに歩きました．」

qu'est-ce que ～ faire「何をする」の疑問文に対する答えです．ここで，カギになるのは，hier soir「昨日の晩」です．faire できかれているため，答えに使われる別の動詞の見当がつかないと難しくなります．そこで，会話文と質問文の共通項である hier soir に気づけば，該当する箇所が分かります．あとは，2度目に読まれる会話文のときに hier soir に続く文を注意深く聞きましょう．また，会話文では，Hier soir, j'ai marché sous la pluie sans parapluie.「昨日の晩，雨のなかを傘をささずに歩いたのよ．」が，解答文で，Elle a (　　) (　　) la pluie sans parapluie. となっています．つまり，この問題も**主語が変わっているだけで，この2文はほとんど同じです**．1回目に会話文が読まれたときに，この点に気づけば，2つの (　　) は一挙に埋まるかもしれませんね．それから，hier soir が使われているので文の動詞の時制は直説法複合過去であるということも重要な点です．1つ目の (　　) に入る単語が過去分詞であると確信できるからです．正解は過去分詞 marché と前置詞 sous ですが，marché のつづり字記号 ´（アクサン・テギュ）を忘れないように気をつけましょう．

(4) 質問文　Georges dit à Yoko de prendre des médicaments ?
「ジョルジュはヨーコに薬を飲むように言っていますか？」

解答文　Non, il lui dit d'(**aller**) voir un médecin.
「いいえ，彼は彼女に医者に診てもらいに行くようにと言っています．」

この質問文は，疑問詞を用いない疑問文です．それに対しての解答文の冒頭が Non で始まっているのに，後ろには肯定文が続いています．つまり，会話の内容をしっかり把握しなければならないということです．質問文と解答文で使われている動詞の dire は，« dire à ＋人＋ de ＋不定詞 » で「～人に…するように命じる」という意味になる用法ですが，会話文のなかには存在しません．(　　) の直前が前置詞の d' ですので**母音で始まる単語**が入り，かつ，その単語は**不定詞**であることを念頭において考えましょう．ここで重要なのは，会話文のなかの命令表現を聞き取ることです．そうすれば，ジョルジュのセリフの Va voir un médecin !「医者に診てもらいに行きなさいよ！」が該当することが分かります．この文の動詞は，aller の命令法です．そこで，(　　) のなかには **va の不定詞の aller** が入ることになります．少々難易度の高い問題ですが，メモを取りながら，このように順序立てて落ち着いて考えれば，正解を導き出すことができます．

(5) 質問文　Yoko a déjà consulté un médecin en France ?
「ヨーコはすでにフランスで医者に受診したことがありますか？」

解答文　Non, (**jamais**).「いいえ，一度もありません．」

この質問文も，疑問詞を用いない肯定疑問文です．それに対しての解答文の冒頭が Non で始まっています．その後ろには (　　) しかありませんね．肯定疑問文に対して Non のあとに一言で否定の内容を示すことのできる単語を聞き取らなければなりません．やはり，会話の内容をしっかり把握しなければならないということですね．Non がすで解答用紙に書かれているのですから，会話文のなかで，質問文の Yoko a déjà consulté un médecin en France ? を否定している箇所を聞き取るようにします．どれか似ている音に集中しましょう．そうすれば，ジョルジュのセリフの Pourquoi ? Tu n'as jamais consulté de médecin en France ?「どうして？　フランスで医者の診察を受けたことないのかい？」に気づいて，このように単独

でも否定を表す jamais が（　　）に入ることが分かります．なお，**肯定文で使われる déjà と否定文で用いられる jamais の対比**で類推もできますね．

(6)　質問文　Où est le cabinet du docteur?「その医者の診療所はどこにありますか？」
　　　解答文　Il se (**trouve**) dans ce quartier, à (**quelques**) minutes de marche d'ici.
　　　　　　　「それはこの地区で，ここから徒歩で数分のところにあります．」
　　　où「どこ」で始まる疑問文ですから，解答文はその場所を答えています．しかし，場所を示す単語以外のところに（　　）が置かれています．一見，難しそうに見えますが，実は，会話文の最後のジョルジュのセリフは，主語が le cabinet であることを除けば，この解答文と全く同じです．見くらべてみましょう．Le cabinet se trouve dans ce quartier, à quelques minutes de marche d'ici.「診療所はこの地区にあって，ここから歩いて数分のところだよ．」と Il se (　　) dans ce quartier, à (　　) minutes de marche d'ici. です．たとえ1回目に読み上げられた会話文を聞き逃したとしても，1つ目の（　　）には，直前に再帰代名詞 se がありますから**代名動詞の動詞部分**が入り，また，2つ目の（　　）には，後ろが minutes ですから**数量の表現**が入ります．これらの点に気をつけて会話文の2回目に臨めば，trouve と quelques は聞き取れるでしょう．ただし，それぞれ語尾の **-e** や **-s** のつづりを正確に書けるように，気を抜かないで下さい．

練習問題 ②　（▶本冊 p.151）🎧**15**
(1) 48　　　(2) spécialement　　(3) aucun, esthétique
(4) yeux　(5) pois　　　　　(6) faire, paquet

　こちらは総ワード数が約130の会話文です．ベルニエ夫人が，デパートのネクタイ売場で夫へのプレゼントを選んでいます．デパートの店員との改まった口調の会話です．文法，語彙ともに，準2級としては標準的なレベルで，動詞の時制は直説法現在，直説法単純未来と直説法複合過去です．

　まず，読まれるテキストとその全訳を示しておきます．読まれるテキストにはリエゾンとアンシェヌマンの箇所を明示しておきますので，**音読練習**をして音のつながりに慣れておきましょう．

〈読まれるテキスト〉

Le vendeur ：Bonjour madame. Qu'est-ce que vous désirez?

Mme Bernier：Bonjour monsieur. Je cherche une cravate pour mon mari. Il aura **quarante-huit** ans dans huit jours.

Le vendeur ：Très bien, madame. Votre mari a une préférence pour le motif?

Mme Bernier：Non, pas **spécialement**. Il ne s'intéresse pas aux vêtements. On peut dire plutôt qu'il n'a **aucun** sens **esthétique**. C'est donc moi qui choisis toujours pour lui. Comme il a les **yeux** bleus, j'achète souvent des choses bleues.

Le vendeur ：Alors, voyons ... Par exemple, cette cravate à pois, qu'en dites-vous?

Mme Bernier：Non, désolée, pas celle-ci parce que je lui ai déjà offert une cravate bleue à **pois** l'année dernière.

Le vendeur ：Ah bon. Voici une autre cravate à rayures, c'est à la mode.

Mᵐᵉ Bernier : Ah, ça oui. Cette cravate à rayures bleues et orange me plaît beaucoup. Je prends
ça.

Le vendeur : Entendu, madame. Je vous **fais** un **paquet**-cadeau ?

〈全訳〉

店員　　　　：いらっしゃいませ，マダム．何をお求めですか？

ベルニエ夫人：こんにちは．夫のためのネクタイを探してるの．1週間後に48歳になるのよ．

店員　　　　：分かりました．ご主人は柄に好みがおありですか？

ベルニエ夫人：いいえ，特別ないの．服装に関心がないのよ．むしろ，彼は美的センスがまった
くないともいえるわ．だから，いつも私が彼の服を選ぶの．彼の目は青いから，
私はよく青いものを買うわ．

店員　　　　：では，どういたしましょう．例えば，この水玉模様のネクタイはいかがですか？

ベルニエ夫人：それは，だめだわ．ごめんなさい．なぜなら，ブルーの水玉模様のネクタイを去
年プレゼントしたの．

店員　　　　：あ，そうですか．では，こちらにストライプのネクタイがありますが，これは流
行のものですよ．

ベルニエ夫人：あ，これいいわ．このブルーとオレンジのストライプのネクタイ，とても気に入
ったわ．これをいただきます．

店員　　　　：かしこまりました，マダム．プレゼント包装にいたしましょうか？

　それでは，問題を1つずつ順番に検討していきましょう．

(1)　質問文　Quel âge aura Monsieur Bernier ? 「ベルニエ氏は何歳になりますか？」
　　解答文　Il aura (**48**) ans dans huit jours. 「1週間後に48歳になります．」
　　年齢を尋ねるときの quel âge「何歳」を使った疑問文です．この問題は，解答文を一目見
た瞬間に（　　）の後ろの **ans で年齢を表すこと**が分かりますね．つまり，**数字が入ること**
が容易に予測できるのです．この点に気をつけて聞けば，会話文を初めて聞いた時点で，そ
の文中の数字が正解になります．この会話文の中に数字は2度登場します．直後に dans huit
jours「1週間後に」と，huit が登場しています．48と8というように1の位を意識的に同じ
にしていますね．惑わされないようにしましょう．やはり，数字は必ずメモを取っておきま
しょう．特に，**heure(s)，an(s)，euro(s) の単語の前には数字がつくこと**を常に意識しておく
といいでしょう．リエゾンにも要注意です．

(2)　質問文　Quelle est la préférence de Monsieur Bernier pour le motif ?
　　　　　　「ベルニエ氏の柄の好みは何ですか？」
　　解答文　Il n'a pas (**spécialement**) de préférence.「特に好みはありません．」
　　疑問形容詞の quel を属詞用法で使った疑問文で，「何」を尋ねています．ところが，解答
文は Il n'a pas (　　) de préférence.「(　　) 好みはありません．」で，avoir の否定形を使っ
ています．会話文のなかにこの表現は見当たりません．ですから，会話の内容をしっかり把
握しなければならないということです．ここでのキーワードは，préférence です．**会話文の
なかの似ている単語**を聞き取りましょう．そこで，店員のセリフの Votre mari a une
préférence pour le motif?「ご主人は柄に好みがおありですか？」のなかの préférence に気づ
けば，その直後のベルニエ夫人のセリフの Non, pas spécialement.「いいえ，特別ないのよ．」
に正解があることが分かります．

(3) 質問文　Monsieur Bernier a bon goût ?「ベルニエ氏はセンスがいいですか？」

　　解答文　Non, il n'a (**aucun**) sens (**esthétique**).
　　　　　　「いいえ，彼は美的センスがまったくありません.」

　　この質問文は，疑問詞を用いない疑問文です．それに対する解答文は non で始まっています．その続きは，il n'a (　) sens (　).「彼は (　)(　) センスがありません.」となっています．つまり，単なる ne 〜 pas の否定文ではないことが分かります．そして，(　) が sens という名詞の前後にあることから，そのなかには**形容詞**が入ると予測できます．ところが，質問文の Monsieur Bernier a bon goût ?「ベルニエ氏はセンスがいいですか？」という言い回しは，会話文のなかに存在しません．やはり，会話の内容をしっかり把握しなければならないということです．**質問文に使われている goût と解答文で使われている sens が同義語**であることに気づけば，すぐに解決します．なぜなら，解答文は，ベルニエ夫人のセリフでまったく同じ箇所があるからです．なお，« ne 〜 aucun ＋名詞 »「いかなる…も でない」の表現は，第4問の章の最後で勉強しました．このように聞き取り問題では，さまざまな表現を文字通り体得しておく必要があります．本冊の p.92 を参照して下さい.

(4) 質問文　Pourquoi est-ce que Madame Bernier achète souvent des choses bleues pour son mari ?「なぜ，ベルニエ夫人は夫のために青いものをよく買うのですか？」

　　解答文　Parce qu'il a les (**yeux**) bleus.「なぜなら，彼の目が青いからです.」

　　疑問副詞の pourquoi「なぜ」を使った疑問文です．当然，理由を示す parce que で解答文は始まっています．**文頭の parce que「なぜなら」を comme「〜なので」と置き換えれば，ベルニエ夫人のセリフと全く同じ**です．Comme il a les yeux bleus, j'achète souvent des choses bleues.「彼の目は青いの，だから私はよく青いものを買うわ.」の一文のなかに，この質問文と解答文は含まれています．comme が理由を表す接続詞であることが分かれば難しくありません．あとは，［レズュー］とリエゾンされた音が les yeux すなわち「両目」であることを認識できれば大丈夫です．日頃の書き取り練習が役に立ちます.

(5) 質問文　Madame Bernier a fait cadeau de quoi à son mari avant ?
　　　　　　「ベルニエ夫人は以前，夫に何をプレゼントしましたか？」

　　解答文　Elle lui a déjà offert une cravate bleue à (**pois**) l'année dernière.
　　　　　　「彼女は去年すでにブルーの水玉模様のネクタイを彼に贈りました.」

　　de quoi「何の」という前置詞を伴う疑問代名詞を使った疑問文です．これは，faire cadeau de 〜「〜をプレゼントする」の熟語表現から作り出したものです．この質問文は会話文のなかに存在しません．ここでもやはり，会話の内容をしっかり把握しなければならないということです．**cadeau がプレゼントで offert が offrir「贈る」の過去分詞であることに気づけば**，これが共通項となり，ベルニエ夫人が水玉模様のネクタイを断った理由を述べているセリフのなかの parce que je lui ai déjà offert une cravate bleue à pois l'année dernière「なぜなら，ブルーの水玉模様のネクタイを去年プレゼントしたの」に注目できるでしょう．そうすれば，**解答文の主語が elle に変わっただけで，あとはもうそっくりそのまま**です．(　) のなかに入れる語が衣服などの模様を表す独特な単語ですが，［ポワ］という音でスペルは類推できると思います．基本単語の pois「エンドウ豆」を使って à pois「水玉模様」といいます．これを機に，à rayures「ストライプの」とともに覚えておきましょう.

(6) 質問文　Qu'est-ce que le vendeur propose à Madame Bernier à la fin ?
　　　　　　「最後に店員は何を提案していますか？」

　　解答文　Il lui propose de lui (**faire**) un (**paquet**)-cadeau.
　　　　　　「彼は彼女にプレゼント包装をすることを提案しています.」

疑問代名詞の qu'est-ce que「何を」を使った疑問文ですが，動詞に proposer「提案する」が用いられているので，解答文では，« proposer à ＋人＋ de ＋不定詞 »「人に～することを提案する」の言い回しになっています．ここでのキーワードは cadeau「プレゼント」です．**会話文と解答文の共通項である cadeau は，最後のセリフ**にあります．そこを集中して聞けば，paquet「包み」は聞き取れるはずです．faire un paquet-cadeau「プレゼント包装をする」は，知っておくととても便利な表現ですよ．それから，もう１つの決め手は，質問文の最後に à la fin「最後に」と言っています．これが分かれば，文字通り最後の文に正解があることが分かりますね．

　聞き取り問題の第１問は以上で終わりです．いかがでしたか．他の箇所でも指摘しましたが，音に関わる問題は，日頃からできるだけたくさんのフランス語を聞くことが高得点の必須条件です．書き取り訓練の要領で，身の回りのフランス語教材を活用して実践して下さい．また，聞き取れても，実際の単語が書けなくては，正解に至ることはできません．そのため，文字を正確に書くという基本的な練習も欠かさないようにして下さい．

第2問　内容一致問題

　この聞き取り第２問は総ワード数 120 前後～ 160 前後の長文のテキストとその内容に関する 10 の短文を聞いて，長文テキストと短文の内容が一致するかどうかを判断する問題です．2016 年度あたりから，長文テキストの総ワード数が増加する傾向にありますので，日頃から練習問題のテキストよりも長いテキストを聞く習慣をつけておくとよいでしょう．この聞き取り問題では，個人の生活をテーマにした問題が主流です．形式としては，2006 年度春季～ 2018 年度秋季までの過去問では１人称を中心に３人称が混在する形式の談話風のテキストと３人称のみの語りのテキストが同じくらいの頻度で出題されています．また，手紙形式のテキストも過去に数回出題されています．とはいえ，どのようなテキストであれ，解き方は同じです．もう一度解き方のポイントをおさらいしましょう．
　最初のリスニングで，**主題やおおよその内容を把握**します．細部にはあまりこだわらず，リラックスして全体を理解することに努めましょう．２回目のリスニングでは，英語の 5W1H を念頭におき，**誰が，何を，いつ，どこで，どうしたか，なぜそうしたのかなどに注意しながら**，簡単なメモを取るといいでしょう．それでは，問題を１つずつ順番に見ていきましょう．

練習問題 1 （▶本冊 p.157） **17**

(1) ①　(2) ①　(3) ②　(4) ②　(5) ②　(6) ①　(7) ②　(8) ②　(9) ②　(10) ①

　総ワード数が約 130 の，少々長めのテキストです．最も出題頻度の多い，１人称を中心に３人称が混在する形式の談話風のテキストです．内容は，商業学校に通うジャン＝ミッシェルが，企業内研修の研修先に日本を選んだ，その理由や出発前の心境などを語っているものです．こうした個人的な主題のテキストの特徴は，まず je が語り手となって身の回りのことや日常を描写する構成になっていることす．ですので，動詞は１人称を中心として，３人称単数・複数が用いられることが多いです．そして時制は現在が中心で，複合過去や半過去，単純未来など他の時制がいくつか混入します．さらに，馴染みのある語彙が使用されています．
　一方，問題文のほうは固有名詞を使って問われることが多いので，問題用紙に記されている人物の名前をよく確認しておく必要があります．それでは，問題文を丁寧に見ていきましょう．

まず，読まれるテキストとその全訳を示しておきます．読まれるテキストには，リエゾンとアンシェヌマンの箇所を明示しておきますので，**音読練習**をして音のつながりに慣れておきましょう．

〈読まれるテキスト〉

Je suis étudiant dans une école de commerce. Je vais bientôt partir au Japon pour six mois comme stagiaire dans une société franco-japonaise. Dans mon école, les étudiants doivent passer un semestre à l'étranger pour leurs études. Et moi, j'ai choisi le Japon parce que j'aime beaucoup la culture populaire japonaise. J'apprends le japonais depuis l'âge de dix ans, et je voudrais me perfectionner.

Mais je m'inquiète un peu de ma nouvelle vie au Japon, car mes amis m'ont dit que les Japonais travaillaient beaucoup et finissaient souvent leur travail très tard. Alors, j'ai écrit un message sur Internet pour obtenir des informations. Beaucoup de Français qui habitent au Japon m'ont répondu et je ne suis plus inquiet maintenant. Je suis sûr que j'aurai une très bonne expérience au Japon.

〈全訳〉

ぼくは商業学校の学生です．もうすぐ日本の仏系企業の研修生として6か月の予定で日本に出発します．ぼくの学校では，学生たちは学業の一環で，外国で半期を過ごさなくてはなりません．ぼくは，日本のポップカルチャーが大好きなので，日本を選びました．ぼくは10歳から日本語を習っていて，上達したいと思っています．

でも日本での新生活が少し不安で，というのもぼくの友だちが日本人はたくさん働き，しばしば遅くまで仕事をすると言ったからです．それで，インターネットのサイトに投稿して情報を集めました．日本に住んでいる多くのフランス人が返事をくれて，ぼくは今ではもう不安ではありません．日本でとてもよい経験が得られると確信しています．

(1)　① Jean-Michel fait ses études dans une école de commerce.
　　　「ジャン＝ミッシェルは商業学校で勉強をしている．」

　　　冒頭で Je suis **étudiant** dans une école de commerce. 「ぼくは商業学校の**学生**です．」と言っています．問題文では，faire ses études「学業をする」という言い回しを使っていますが，これは商業学校の学生であるということを示していますので，(1) の問題は内容が一致しているということになります．この問題は，同意表現を用いた，比較的単純な言い換え問題です．

(2)　① Jean-Michel va partir pour le Japon comme stagiaire.
　　　「ジャン＝ミッシェルは研修生として日本に向けて出発する．」

　　　読まれたテキストでは，Je **vais** bientôt **partir au Japon** pour six mois **comme stagiaire** dans une société franco-japonaise.「もうすぐ日本の仏系企業の**研修生として**6か月の予定で**日本に出発します**．」が関係する部分です．問題文の方は，テキストの文に比べて，かなり短くなっています．

　　　さらに，partir au Japon「日本に出発する」と partir pour le Japon「日本に向けて出発する」というように若干言い回しが異なっていますが，分かりやすい言い換えです．したがって，これも内容が一致しています．

(3)　②　Dans l'école de Jean-Michel, les étudiants doivent passer trois mois dans un pays étranger.
　　　「ジャン＝ミッシェルの学校では，学生たちは外国で3か月を過ごさなくてはなりません．」
　　　読まれたテキストでは，**Dans mon école, les étudiants doivent passer un semestre à l'étranger** pour leurs études.「**ぼくの学校では，学生たちは**学業の一環で，**外国で半期を過ごさなくてはなりません．**」と言っています．ここで問題となるのが，semestre「半期」という語ですね．これは半年，つまり6か月を指しています．ただ，ここで仮に semestre という語の意味が分からなくても，Je vais bientôt partir au Japon **pour six mois**「もうすぐ**6か月の予定で**日本に出発します」と前文で言っていますので，このことを思い出すことができれば，正誤の判断はつきますね．(3) の問題は内容が一致していません．

(4)　②　Jean-Michel aime la culture traditionnelle du Japon.
　　　「ジャン＝ミッシェルは日本の伝統文化が好きです．」
　　　読まれたテキストでは，parce que **j'aime** beaucoup **la culture populaire japonaise**「**ぼくは，日本のポップカルチャーが大好き**なので」と言っています．問題文は la culture traditionnelle「伝統文化」で，読まれたテキストは la culture populaire「ポップカルチャー」ですから，違いは明らかです．したがって，この問題は内容が一致していません．

(5)　②　Jean-Michel apprend le japonais depuis l'âge de quinze ans.
　　　「ジャン＝ミッシェルは15歳から日本語を習っています．」
　　　読まれたテキストでは，J'apprends le japonais depuis l'âge de **dix ans**「ぼくは**10歳から**日本語を習っていて」と言っています．これは年齢のところがカギになります．dix ans と quinze ans はともに音をつなげて発音しますが，数字の部分の10と15の音が明らかに違いますので，正誤の判断はつけやすいですね．(5) の問題は内容が一致していません．テキストに数字が出てくる場合，出題されやすいので，長文のリスニング時に必ずメモを取っておきましょう．

(6)　①　Jean-Michel veut perfectionner son japonais.
　　　「ジャン＝ミッシェルは自分の日本語を上達させたいと思っています．」
　　　読まれたテキストでは，je voudrais **me perfectionner**「**上達し**たいと思っています」と言っています．代名動詞 se perfectionner には，「上達する」という意味があります．ふつうは « se perfectionner en ＋言語 » で，「～語を上達する」というように使います．今回は，直前に J'apprends le japonais「日本語を習っている」と言っていますので，繰り返しを避けるため言語が省略されています．したがって，(6) の問題は内容が一致しているということになります．

(7)　②　Les amis de Jean-Michel lui ont dit que les Japonais travaillaient peu.
　　　「ジャン＝ミッシェルの友だちは日本人はほとんど仕事をしないと彼に言いました．」
　　　読まれたテキストでは，mes amis m'ont dit que les Japonais travaillaient **beaucoup**「ぼくの友だちが日本人は**たくさん**働き」と言っています．peu と beaucoup の違いですから，聞いてすぐに分かりますね．(7) の問題は内容が一致していません．

(8)　②　Jean-Michel a écrit une lettre à un ami japonais pour avoir des informations.
　　　「ジャン＝ミッシェルは情報を得るために日本人の友人に手紙を書きました．」
　　　読まれたテキストでは，**j'ai écrit un message sur Internet** pour obtenir des informations「**インターネットのサイトに投稿して情報を集めました**」と言っています．まず，大きな違いは lettre「手紙」と message「メッセージ」です．紙媒体のものを lettre といい，メールの場

合は message になります．さらにこの問題文では，宛先が à un ami japonais「日本人の友人に」となっていますが，読まれたテキストでは，sur Internet「インターネットのサイト」と言っています．この問題も内容は一致していません．

(9)　② Jean-Michel n'a plus envie d'aller au Japon.

　　　「ジャン゠ミッシェルは日本にもう行きたくなくなりました．」

　　　読まれたテキストでは，je **ne suis plus inquiet maintenant**「ぼくは**今ではもう不安ではありません**」と言っています．これは，文脈で正誤を判断する問題です．全体の流れを把握していないと分からなくなります．ジャン゠ミッシェルは日本に行くことに不安を持っていましたが，インターネットのサイトに投稿したおかげで，日本在住の多くのフランス人から返事をもらって，もう（日本に行くことが）不安ではありません，というふうに続いています．問題文の « avoir envie de ＋不定詞 » は「〜したい」という意味ですね．否定形で使われています．この熟語は仏検でよく出題される表現ですので，必ず覚えましょう．(9) も内容は一致していません．ne 〜 plus と否定の表現が聞こえても惑わされないようにしましょう．

(10)　① Jean-Michel est persuadé d'avoir une très bonne expérience au Japon.

　　　「ジャン゠ミッシェルは，日本でとてもよい経験が得られると信じています．」

　　　読まれたテキストでは，Je **suis sûr que j'aurai une très bonne expérience au Japon.**「**日本でとてもよい経験が得られると確信しています．**」と言っています．問題文の «être persuadé de ＋不定詞 »「〜を信じる，〜を確信する」と，テキストで使われている «être sûr que ＋主語＋動詞 »「〜が…であることを確信する」は，構文こそ異なっていますが，同意表現です．したがって，(10) の問題は内容が一致しているということになります．

練習問題❷　(▶本冊 p.158)　🄬**18**

(1) ②　(2) ①　(3) ①　(4) ②　(5) ②　(6) ①　(7) ①　(8) ①　(9) ②　(10) ②

　　総ワード数が約 140 の，長めの文章です．3 人称で語られた談話風のテキストです．内容は，化粧品会社の営業部長を務めるニコルの休暇明けの話です．こうしたテキストの特徴としては，まず，個人的な話題に加えて一般的な話題が混在すること，主語は 3 人称の単数・複数で構成され，時制は現在が中心になること，さらに，親しみのある語彙と馴染みのない語彙が併用されていることなどの点が挙げられます．

　　一方，問題文のほうも 3 人称で問われますが，登場人物の名前の他に，les Français「フランス人は」や on「人は」などが主語になることもありますので，注意しましょう．

　　それでは，各問題文を丁寧に見ていきましょう．

　　まず，読まれるテキストとその全訳を示しておきます．読まれるテキストには，リエゾンとアンシェヌマンの箇所を明示しておきますので，**音読練習**をして音のつながりに慣れておきましょう．

〈読まれるテキスト〉

Les Français n'aiment pas beaucoup le mois de septembre, car c'est pour eux le mois de la « rentrée » : la fin des vacances, la rentrée des classes pour les enfants, et surtout le retour au travail.

Nicole pense que la reprise du travail est toujours très difficile. Elle est mère de deux enfants et elle travaille comme directrice commerciale pour une grande marque de cosmétiques. Elle n'arrête pas de courir entre les courses, l'école des enfants et le travail. Et au bureau, une centaine de méls, de nombreux messages téléphoniques et beaucoup de courrier l'attendent toujours après les vacances.

Pour ne pas sentir le stress de la rentrée, Nicole commence déjà à programmer ses prochaines vacances. En hiver, elle veut aller faire du ski avec les enfants. Penser à son prochain voyage lui permet de garder le sourire.　　　　　　　　　　　　　　　*mél は E メールのことです.

〈全訳〉

　フランス人は 9 月があまり好きではありません．それは，夏休みの終わり，子どもたちの新学期，とくに仕事の復帰という「休暇明け」の月だからです．

　ニコルは，仕事の再開はいつもとても大変だと考えています．彼女は 2 児の母で，大手化粧品ブランドで営業部長として働いています．彼女は買い物，子どもたちの学校，そして仕事と絶えず走り回っています．会社では，休暇明けにはいつも 100 通ほどのメールやたくさんの留守番電話メッセージ，数多くの郵便物が彼女を待っています．

　休暇明けのストレスを感じないようにするために，ニコルはすでに次の休暇の計画を立て始めています．冬には，彼女は子どもたちとスキーに行きたいと思っています．次回の旅行を考えることで，ニコルは笑顔を作ることができます．

(1)　② Les Français aiment beaucoup le mois de septembre.
　　　　「フランス人は 9 月が大好きです.」
　　　読まれたテキストの冒頭で, Les Français **n'aiment pas** beaucoup le mois de septembre「フランス人は 9 月があまり**好きではありません**」と言っています. これは否定文を肯定文にした単純な言い換えですね. 当然, (1) の問題は内容が一致していません.

(2)　① Pour les Français, le mois de septembre est le mois du retour au travail.
　　　　「フランス人にとって, 9 月は仕事に復帰する月です.」
　　　読まれたテキストでは, c'est pour eux **le mois de la « rentrée »** : la fin des vacances, la rentrée des classes pour les enfants, et surtout **le retour au travail**「それは, 彼らにとって夏休みの終わり, 子どもたちの新学期, とくに**仕事の復帰**という「**休暇明け」の月だからです**」が関係する部分になります. 問題文の方は, テキストの文に比べて, かなり短くなっています. C'est は全文を受けて, 「9 月は」と解釈できます. la fin des vacances 以下は, la « rentrée » が具体的に何を指しているかが述べられています. これはテキストの一部を抜き出して, 構文を変えた問題文ですね. ですが, 意味していることは同じですので, これは内容が一致していると判断します. この形式の問題は度々出されますので, 注意しましょう.

(3)　① Pour Nicole, le retour au travail est toujours très difficile.
　　　　「ニコルにとって, 仕事への復帰はいつもとても大変です.」
　　　読まれたテキストでは, Nicole pense que **la reprise du travail est toujours très difficile**. 「ニコルは, **仕事の再開はいつもとても大変だ**と考えています.」と言っています. Nicole pense que 〜「ニコルは〜と考える」を Pour Nicole 〜「ニコルにとって〜」という構文に変えています. また le retour au travail は la reprise du travail の同義語です. これは同義的な表

現を使って，構文を変えた問題ですね．よく出る形式の問題です．(3) の問題は内容が一致しています．

(4)　② Nicole a trois enfants et elle s'en occupe à la maison.
「ニコルには子どもが 3 人いて，家で育児をしています．」
　読まれたテキストでは，Elle est **mère de deux enfants** et elle **travaille comme directrice commerciale** pour une grande marque de cosmétiques.「彼女は**2 児の母**で，化粧品の大手ブランドで**営業部長として働いています**．」が関係する部分になります．この問題では，まず子どもが何人いるのかを把握していれば，正誤の判断はすぐつきます．問題文の後半の s'en occuper の en は前述の子どもです．« s'occuper de ＋人 » で「人の面倒をみる」です．したがって，この問題は内容が一致していません．数字に関わる事柄は出題されることがよくありますので，必ずメモをとっておきましょう．

(5)　② Avant, Nicole était directrice informatique pour une grande marque de cosmétiques.
「以前，ニコルは大手化粧品ブランドの情報処理課の部長でした．」
　読まれたテキストでは，elle **travaille comme directrice commerciale**「営業部長として働いています．」と言っています．ここでまず大きな違いは，職業名です．テキストでは directrice commerciale「営業部長」ですが，問題文では directrice informatique「情報処理課の部長」となっています．職業名が違うことで，すぐに正誤の判断はつきますね．(5) の問題は内容が一致していません．
　その他に，時制の違いがあります．avant「以前」や半過去形の était が使われているように，問題文では過去の時制になっています．読まれたテキストでは，ニコルの以前の職位については全く触れられていませんのでその点からも正誤の判断がつきますが，このように時制を変える質問もしばしば出題されていますので注意が必要ですね．

(6)　① Après les vacances, Nicole court tout le temps entre les courses, l'école des enfants et le travail.
「休暇後，ニコルは買い物，子どもの学校，仕事と休みなく走り回っています．」
　読まれたテキストでは，Elle **n'arrête pas de courir entre les courses, l'école des enfants et le travail**.「彼女は**買い物，子どもたちの学校，そして仕事と絶えず走り回っています**．」と言っています．ここでは否定表現を使っているのに対し，問題文では肯定文になっていることが大きな違いです．しかし，« ne pas arrêter de ＋不定詞 »「絶えず〜する」が，否定文でありながら肯定の意味を持っていることが分かれば，正誤の判断はつきます．この熟語は，日常会話でもよく使う表現ですので，ぜひ覚えておきましょう．問題文の tout le temps は「休みなく，しじゅう」という意味です．したがって，(6) の問題は内容が一致しているということになります．

(7)　① Au bureau, à son retour de vacances, Nicole a environ cent méls dans sa boîte de réception.
「休暇明けの会社で，ニコルには，受信箱に約 100 通のメールが届いています．」
　読まれたテキストでは，Et **au bureau, une centaine de méls**, de nombreux messages téléphoniques et beaucoup de courrier **l'attendent** toujours **après les vacances**.「**会社では，休暇明けには，**いつも**100 通ほどのメール**やたくさんの留守番電話メッセージ，数多くの郵便物が**彼女を待っています**．」となっています．これはテキストの一部を抜き出して，構文を変えた問題です．テキストでは，主語（物）＋目的語代名詞（人）＋動詞（「物が人を〜する」）という構文です．一方，問題文は，人＋動詞＋目的語の基本的な文型で，「ニコルには 100 通ほどのメールが届く」という意味です．したがって，(7) の問題は内容が一致しています．な

お，boîte de réception「受信箱」など，メールやインターネットの用語は，今後，出題される可能性がありますので，覚えておくとよいでしょう．

(8) ① Pour éviter le stress de la rentrée, Nicole programme les prochaines vacances aussitôt après son retour.

「休暇明けのストレスを避けるために，ニコルは休暇明けすぐに次の休暇の計画を立てます.」

読まれたテキストでは，**Pour ne pas sentir le stress de la rentrée**, Nicole **commence déjà à programmer** ses prochaines vacances.「**休暇明けのストレスを感じないようにするために**，ニコルはすでに次の休暇の**計画を立て始めています**.」が関係しています．これは，同義語を使った言い換えです．少々長いですが，構文はさほど難しくはありません．

まず，テキストの pour ne pas sentir le stress de la rentrée という否定表現を，pour éviter le stress de la rentrée という肯定表現で言い換えています．次に，テキストでは « commencer (déjà) à＋不定詞 »「(すでに)〜し始める」という熟語が使われていますが，問題文では，副詞の aussitôt を使って「すぐに〜する」と表現しています．言い回しは違いますが，同じことを言っているので，内容は一致していると判断できます．

(9) ② En été, Nicole veut aller en Espagne avec les enfants.

「夏に，ニコルは子どもたちとスペインに行きたいと思っています.」

読まれたテキストでは，**En hiver**, elle veut aller **faire du ski** avec les enfants.「**冬には**，彼女は子どもたちと**スキーをしに**行きたいと思っています.」と言っています．構文はともに同じです．季節や行き先や目的などいくつかの語が異なっているだけですので，正誤はすぐに判断できますね．この問題は，内容が一致していません．

(10) ② Après les vacances, Nicole ne peut jamais garder le sourire.

「休暇明け，ニコルはけっして微笑を浮かべることができません.」

この問題文は，読まれたテキストの Penser à son prochain voyage lui **permet de garder le sourire**.「次回の旅行を考えることで，ニコルは**笑顔を作ることができます**.」に関係しています．この permet は « permettre à＋人＋de＋不定詞 » という形で「〜が人に…させる」という意味になります．これは，文脈で正誤を判断する問題です．全体の流れを把握していないと分からなくなります．ニコルは，休暇明けのストレスを解消するために，次の休暇の計画をすぐに立てます．そして次の休暇のことを考えると，笑顔になってしまうという流れですね．テキストの流れを考えると，「休暇明け，ニコルはけっして微笑を浮かべることができません.」という問題文は，テキストに対して内容が一致していないと判断できます．

いかがでしたか．長文のリスニングでは，何よりも落ち着いて，全体の意味を把握することが重要になります．家にいるときは，フランス語の CD などを流して，なるべくフランス語を自然な形で聞く習慣をつけておきましょう．

聞き取り試験 2

2 次 試 験 （解答・読みと和訳そして解説）

練習問題 ① （▶本冊 p.174） 🔘 **21**

ジャンヌ／ア アン プティ シヤン キ サペル ウララ ソン ノン ヴィヤン デュヌ ヴィエイユ シャンソン

Jeanne |a| un petit chien qui |s'appelle| Ou-la-la.　Son nom |vient| d'une vieille chanson

ポップ ジャポネーズ セ パルス ク ジャンヌ／ アビテ オ ジャポン オートルフォワ レザンファン ドゥ ジャンヌ

pop japonaise.　C'est parce que Jeanne |habitait| au Japon autrefois.　Les enfants de Jeanne

／ エム ジュエ アヴェックリュイ ダン ル パルク プレ ドゥ シェズゥー

|aiment| jouer avec lui dans le parc près de chez eux.

「ジャンヌはウララという名前の小さい犬を飼っています．その名前の由来は日本の古い流行歌です．なぜなら，ジャンヌは昔日本に住んでいたからです．ジャンヌの子どもたちは，彼（その犬）と家の近くの公園で遊ぶのが好きです．」

📖 Question 1 : **D'où** vient le nom du chien de Jeanne ?

応答例⇒ Il vient **d'une vieille chanson pop japonaise**.

📖 Question 2 : **Qui** aime jouer avec Ou-la-la dans le parc près de chez eux ?

応答例⇒ **Les enfants de Jeanne** aiment jouer avec lui (dans le parc près de chez eux).

応答例⇒ Ce sont **les enfants de Jeanne**.

👄 Question 3 : **Combien** d'enfants y a-t-il ?

応答例⇒ Il y a **trois enfants**. / Il y en a **trois**.

👄 Question 4 : Une femme est assise sur le banc. **Qu'est-ce qu'**elle **fait** ?

応答例⇒ Elle **lit** (un livre).

👄 Question 5 : **Quelle heure** est-il ?

応答例⇒ Il est **trois heures vingt**.

86

〈音読文の解説〉

　音読をわかりやすくするために文全体の発音を一番近い音のカタカナで表記します．カタカナ表記で使われている［／］は，リエゾン・アンシェヌマンをしてはいけないところです．また，活用されている動詞は　　で囲みました．

　重要なポイントを押さえていきましょう．Jeanne と habitait，Jeanne と aiment はアンシェヌマンしません．Les と enfants，chez と eux の 2 箇所は必ずリエゾンします．動詞の活用形はすべて 3 人称の単数形と複数形です．活用語尾の -ent の読み方に注意しましょう．habitait のみ直説法半過去で，それ以外は直説法現在です．

〈仏問仏答の解説〉

　ポイントを押さえながら，1 つずつ応答例を解説します．また，適切な発音の参考になるように質問文および応答例に読みのカタカナをつけます．

📖 音読文に関する質問

ドゥー ヴィヤンル ノン デュ シヤン ドゥ ジャンヌ
Question 1 : **D'où** vient le nom du chien de Jeanne ?
　　　　　「ジャンヌの犬の名前の由来は何ですか？」

イルヴィヤン デュヌ ヴィエイユ シャンソン ポップ ジャポネーズ
応答例⇒ Il vient **d'une vieille chanson pop japonaise**.
　　　　「それは日本の古い流行歌が由来です．」

　直訳すると「どこから来ている？」となります．d'où は出発点を表す前置詞の de と où がエリジョンしたものです．答えの中に de を忘れずに入れます．主語の le nom du chien de Jeanne（男性単数）を，主語人称代名詞の il に言い換えることに気をつけましょう．

キ エム ジュエ アヴェック ウララ ダン ル パルク プレ ドゥ シェズゥー
Question 2 : **Qui** aime jouer avec Ou-la-la dans le parc près de chez eux ?
　　　　　「彼らの家の近くの公園で誰がウララと遊ぶのが好きですか？」

レザンファン ドゥ ジャンヌ／エム ジュエ アヴェックリュイ ダン ル パルク プレ ドゥ シェズゥー
応答例⇒ **Les enfants de Jeanne** aiment jouer avec lui (dans le parc près de chez eux).
　　　　「ジャンヌの子どもたちは家の近くの公園で彼（その犬）と遊ぶのが好きです．」

ス ソン レザンファン ドゥ ジャンヌ
応答例⇒ Ce sont **les enfants de Jeanne**.「それはジャンヌの子どもたちです．」

　疑問代名詞 qui は，「誰が」と主語を尋ねています．これは，迷うことなく音読文のなかの一文をそのまま答えましょう．ただし，主語の部分だけを強調したい場合は，« ce sont ＋複数名詞 » の提示表現で答えることもできます．

〽️ イラストに関する質問

コンビヤン ダンファン イヤ ティル
Question 3 : **Combien d'**enfants y a-t-il ?「何人の子どもがいますか？」

イリヤ トロワザンファン イリヤンナ トロワ
応答例⇒ Il y a **trois enfants**. / Il y en a **trois**.「3 人います．」

　イラスト上の人物（もの）の「数」を尋ねる « **Combien de (d') ＋名詞　y a-t-il ?** » の質問で

す．答える際に，対象の名詞の enfants を使っても，また代名詞の en で言い換えても OK です．
後者の場合，il y en a ［イリヤンナ］と en と a をリエゾンしましょう．

Question 4 : Une femme est assise sur le banc. **Qu'est-ce qu'elle fait** ?
ユヌ　ファム　エタスィーズ スュル ル バン　　ケ　ス　ケル フェ

「1 人の女性がベンチに座っています．彼女は何をしていますか？」

応答例⇒ Elle **lit** (un livre).「彼女は本を読んでいます．」
エル リ アン リーヴル

　まず，イラスト上の人物を特定し，「何をしているのか？」を faire を用いて尋ねています．こ
の場合，動詞を新たに考えなければなりません．女性は本を持っていますから，「読書をする」
の lire を使いましょう．lire のみで「読書をする」という意味になるので目的語を言わなくても
大丈夫です．

Question 5 : **Quelle heure** est-il ?「何時ですか？」
ケ ルール　　エティル

応答例⇒ Il est **trois heures vingt**.「3 時 20 分です．」
イ レ　トロワズール　　ヴァン

　「時刻」を尋ねていますから，イラストの背景に描かれた時計の時刻を答えます．trois と
heures のリエゾンに気をつけましょう．「時刻」の表現は，本冊 p.172 を参考にして下さい．「時
刻」表現で使われる数字は言えるようにしましょう．

練習問題 ② (▶本冊 p.175) 22

Les Japonais aimentaller voir les feux d'artifice. On les organise partout dans le pays
レ　ジャポネ　エム　アレ ヴォワール レ　フー ダルティフィス　オン　レゾルガニズ　パルトゥ ダン ル ペイ

en été. Là, il y a beaucoup de jeunes gens qui portent un yukata, kimono d'été.
アンネテ　ラ　イリヤ　ボク　ドゥジュンヌ ジャン キ　ポルトゥ アン ユカタ　キモノ　デテ

「日本人は花火大会に行くのが好きです．夏には国中いたるところで開催されます．そこでは，
多くの若者たちが夏の着物のゆかたを着ています．」

📖 Question 1 : **Qu'est-ce que** les Japonais aiment faire ?

応答例⇒ Ils aiment **aller voir les feux d'artifice**.

📖 Question 2 : **Où** est-ce qu'on organise les feux d'artifice ?

応答例⇒ On les organise **partout dans le pays**.

〰 Question 3 : Il y a **combien de** personnes qui portent un yukata ?

応答例⇒ Il y a **quatre** personnes. / Il y **en** a **quatre**.

〰 Question 4 : Il y a une femme au milieu. **Qu'est-ce qu'**elle a à la main ?

応答例⇒ Elle a **un appareil-photo.**

〰 Question 5 : Il y a un homme qui porte un chapeau. **Qu'est-ce qu'il fait** ?

応答例⇒ Il téléphone.

〈音読文の解説〉

　音読をわかりやすくするために文全体の発音を一番近い音のカタカナで表記します. また, 活用されている動詞は ☐ で囲みました.

　重要なポイントを押さえていきましょう. まず, les と organise, en と été の 2 箇所はリエゾンします. aiment と aller はリエゾンしてもしなくてよいケースですので, 普段通りに読みましょう. 動詞の活用形はすべて 3 人称の単数形と複数形です. 活用語尾の -ent の読み方に注意しましょう. 時制はすべて直説法現在です.

〈仏問仏答の解説〉

　ポイントを押さえながら, 1 つずつ応答例を解説します. また, 適切な発音の参考になるように質問文および応答例に読みのカタカナをつけます.

2次試験

📖 音読文に関する質問

Question 1 : **Qu'est-ce que** les Japonais aiment faire ?「日本人は何をするのが好きですか？」
<small>ケ ス ク レ ジャポネ エム フェール</small>

応答例⇒ Ils aiment **aller voir les feux d'artifice**.「彼らは花火大会に行くのが好きです．」
<small>イルゼム アレ ヴォワール レ フー ダルティフィス</small>

　「何をするのが好きか？」を尋ねているので，重要点は aller voir les feux d'artifice の部分ですが，主語と動詞を省かずに文にして答えましょう．冒頭の一文がそのまま答えになっています．その際に，主語の les Japonais（男性複数）は，主語人称代名詞の ils に言い換えることに気をつけましょう．さらに，Ils aiment を［イルゼム］とリエゾンすることも忘れてはいけません．［イレム］や［イルエム］と言ってしまうと，主語人称代名詞を間違えた誤答となります．

Question 2 : **Où** est-ce qu'on organise les feux d'artifice ?
<small>ウ エ ス コンノルガニズ レ フー ダルティフィス</small>
　　　　　「花火大会はどこで催されますか？」

応答例⇒ On les organise **partout dans le pays**.
<small>オン レゾルガニズ パルトゥ ダン ル ペイ</small>
　　　　　「国中いたるところでそれは開催されます．」

　où で「場所」を尋ねています．partout だけではあいまいですので，dans le pays まで答えましょう．

📈 イラストに関する質問

Question 3 : Il y a **combien de** personnes qui portent un yukata ?
<small>イリヤ コンビヤン ドゥ ペルソンヌ キ ポルトゥ アン ユカタ</small>
　　　　　「ゆかたを着ている人は何人いますか？」

応答例⇒ Il y a **quatre** personnes. / Il y **en** a **quatre**.「4人います．」
<small>イリヤ カトル ペルソンヌ イリヤンナ カトル</small>

　イラスト上の人やものの「数」を尋ねる « **Combien de (d') ＋名詞 y a-t-il ?** » の変形の質問です．答える際に，対象の名詞の personnes を使っても，また，代名詞の en で言い換えても OK です．後者の場合，il y en a ［イリヤンナ］と en と a をリエゾンしましょう．

Question 4 : Il y a une femme au milieu. **Qu'est-ce qu'**elle a à la main ?
<small>イリヤ ユヌ ファム オ ミリュー ケ ス ケラ アラ マン</small>
　　　　　「中央に1人の女性がいます．彼女は手に何を持っていますか？」

応答例⇒ Elle a **un appareil-photo**.「彼女はカメラを持っています．」
<small>エラ アンナパレイユ フォト</small>

　まず，イラスト上の人物を特定しています．そしてその人物が「手に何を持っているのか？」を尋ねています．この質問では，目的語の **un appareil-photo**「カメラ」という**基本単語**が思いつかなければアウトです．基本単語のおさらいをしましょう．un と appareil-photo のリエゾンに気をつけましょう．

90

Question 5 : <ruby>Il<rt>イリヤ</rt></ruby> <ruby>y a un homme<rt>アンノム</rt></ruby> <ruby>qui porte un chapeau.<rt>キ ポルトゥ アン シャポー</rt></ruby> **<ruby>Qu'est-ce qu'<rt>ケ ス キル</rt></ruby>il fait** ?
「帽子を被っている男性がいます．彼は何をしていますか？」

応答例⇒ Il <ruby>téléphone.<rt>イル テレフォンヌ</rt></ruby>「彼は電話をかけています．」

　まず，イラスト上の人物を特定して，「何をしているのか？」を faire を用いて尋ねています．この場合，動詞を新たに考えなければなりません．男性は携帯電話を持っていますから，「電話する」の téléphoner を使います．

 **練習問題 3** (▶本冊 p.176) **23**

<ruby>Ken<rt>ケン／ア</rt></ruby> a commencé <ruby>à étudier<rt>アエテュディエ</rt></ruby> <ruby>le<rt>ル</rt></ruby> <ruby>français.<rt>フランセ</rt></ruby> <ruby>Il<rt>イル</rt></ruby> <ruby>va<rt>ヴァ</rt></ruby> <ruby>dans une école<rt>ダンズュネコル</rt></ruby> <ruby>de<rt>ドゥ</rt></ruby> <ruby>langues<rt>ラング</rt></ruby> <ruby>étrangères<rt>エトランジェール</rt></ruby> <ruby>deux<rt>ドゥ</rt></ruby>

<ruby>fois par<rt>フォワ パル</rt></ruby> <ruby>semaine.<rt>スメーヌ</rt></ruby> <ruby>Heureusement,<rt>ウルズマン</rt></ruby> <ruby>il<rt>イル</rt></ruby> vient <ruby>de<rt>ヴィヤンドゥ</rt></ruby> <ruby>rencontrer<rt>ランコントレ</rt></ruby> <ruby>une étudiante française／<rt>ユネテュディヤントゥ フランセーズ</rt></ruby> <ruby>et<rt>エイル</rt></ruby> <ruby>il<rt></rt></ruby> voudrait

<ruby>bavarder<rt>バヴァルデ</rt></ruby> <ruby>en<rt>アン</rt></ruby> <ruby>français<rt>フランセ</rt></ruby> <ruby>avec elle un jour.<rt>アヴェッケルアンジュール</rt></ruby>

　「ケンはフランス語の勉強を始めました．彼は週に 2 回，外国語学校に通っています．彼はフランス人女子学生と出会ったばかりで，いつか彼女とフランス語でおしゃべりをしたいと思っています．」

📖 Question1 : **Qu'est-ce que** Ken a commencé à faire ?

応答例⇒ Il a commencé **à étudier le français**.

📖 Question 2 : **Qu'est-ce que** Ken voudrait faire un jour ?

応答例⇒ Il voudrait **bavarder en français avec une étudiante française**.

Question 3 : Il y a **combien de** personnes dans la salle ?

応答例⇒ Il y a **cinq** personnes. / Il y en a **cinq**.

〰 Question 4 : Le jeune homme, **qu'est-ce qu'il** fait avec son stylo ?

応答例⇒ Il écrit.

〰 Question 5 : **Quelle heure** est-il ?

応答例⇒ Il est **cinq heures moins le quart.**

応答例⇒ Il est **quatre heures quarante-cinq.**

〈音読文の解説〉

　音読を分かりやすくするために音読文全体の発音を一番近い音のカタカナで表記しています．カタカナ表記で使われている [／] は，リエゾン・アンシェヌマンをしてはいけないところです．活用されている動詞は [ ] で囲みました．

　細かくポイントを押さえていきましょう．まず，langues と étrangères はリエゾンしてもしなくてよいケースですので，普段通りに読みましょう．une と étudiante，avec と elle はアンシェヌマンで読みましょう．動詞の活用形は直説法複合過去，直説法現在，条件法現在の3通りが出ています．

〈仏問仏答の解説〉

　ポイントを押さえながら，1つずつ応答例を解説します．また，適切な発音の参考になるように質問文および応答例に読みのカタカナをつけます．

📖 音読文に関する質問

　　　　　　ケ　ス　ク　　ケン ア　　コマンセ　　アフェール
Question 1 : **Qu'est-ce que** Ken a commencé à faire ?

　　　イラ　　コマンセ　ア　エテュディエル　フランセ
応答例⇒ Il a commencé à **étudier le français**.

　「何をし始めたのか？」を尋ねているので，重要点は étudier le français の部分ですが，主語と動詞を省かずに文にして答えましょう．冒頭の一文がそのまま答えになっています．その際に，主語の Ken（男性単数）を主語人称代名詞の il に言い換えることに気をつけましょう．さらに，Il a を［イラ］とアンシェヌマンすることも忘れてはいけません．

　　　　　　ケ　ス　ク　　ケン　　ヴドレ　　フェール アンジュール
Question 2 : **Qu'est-ce que** Ken voudrait faire un jour ?
　　　　　　　「ケンはいつか，何をしたいと思っていますか？」

　　　イル　ヴドレ　　バヴァルデ アン　フランセ アヴェッキュネテュディヤントゥ フランセーズ
応答例⇒ Il voudrait **bavarder en français avec une étudiante française**.
　　　　　「フランス人女子学生とフランス語でおしゃべりをしたいと思っています．」

　音読文で un jour「いつか」と言って説明されているので，音読文のフレーズを使えばよいですね．ただ，音読文の avec elle の elle は une étudiante française にすることが必要です．うっかり代名詞 elle のまま答えてしまうと減点になりますので，気をつけて下さい．

Question 3：<ruby>Il<rt>イリヤ</rt></ruby> y a **combien de** personnes dans la salle？

　　　　　「教室のなかに何人いますか？」

応答例⇒ <ruby>Il<rt>イリヤ</rt></ruby> y a **cinq** personnes. / <ruby>Il y<rt>イリヤンナ</rt></ruby> **en a cinq**.

　　　　「5人います．」

　これも **combien de (d')** 〜 でイラスト上の人やものの「数」を尋ねる質問です．今までと同様に対象の名詞の personnes を使っても，また代名詞の en で言い換えても OK です．後者の場合，il y en a［イリヤンナ］と en と a をリエゾンすることを忘れずに．

Question 4：Le <ruby>jeune<rt>ジュノム</rt></ruby> homme, **qu'est-ce qu'**il fait avec son stylo？

　　　　　「若い男性はペンを使って何をしていますか？」

応答例⇒ <ruby>Il écrit<rt>イレクリ</rt></ruby>.「（字を）書いています．」

　若い男性が「ペンを使って何をしているのか？」を faire を用いて尋ねています．難しく考えることはありません．「（字を）書いている．」ということで，答えは単純に Il écrit. で十分でしょう．アンシェヌマンに気をつけて発音して下さい．また，後ろに quelque chose や dans son cahier をつけてもかまいません．

Question 5：**<ruby>Quelle heure<rt>ケルール</rt></ruby>** <ruby>est-il<rt>エティル</rt></ruby>？「今，何時ですか？」

応答例⇒ <ruby>Il est<rt>イレ</rt></ruby> **<ruby>cinq heures<rt>サンクール</rt></ruby> <ruby>moins le quart<rt>モワン ル キャール</rt></ruby>**.「5時15分前です．」

応答例⇒ <ruby>Il est<rt>イレ</rt></ruby> **<ruby>quatre heures<rt>キャトルール</rt></ruby> <ruby>quarante-cinq<rt>キャラントゥ サンク</rt></ruby>**.「4時45分です．」

　「時刻」を尋ねていますから，イラストのなかの壁に描かれた時計の時刻を答えます．通常，日常会話では30分を越える場合は moins を使って，**cinq heures moins le quart** というように答えるほうが一般的ですが，そのまま **quatre heures quarante-cinq** でも正解です．cinq heures のリエゾン，quatre heures のアンシェヌマンに気をつけましょう．「時刻」の表現は，本冊 p.172 を参考にして下さい．また，「時刻」表現で使われる数字は言えるようにしましょう．

　イラストに関する質問に関しては，これらの総合問題のイラストを用いて，さらに仏問仏答のシミュレーションができます．そのためにイラストには，意識的に時計台や天気の様子，そしてその他の人物やものなどを配置しています．どうぞ活用して下さい．

　では，模擬試験にトライして，本番に臨んで下さい．そして最後に，受験室に入室する前に大きく深呼吸をされることをお勧めします．気持ちが落ち着いて，確実にうまくいくはずです！

模 擬 試 験 （筆記試験　解答と解説）

第*1*問　(▶本冊 p.178)

(1) ①　(2) ⑥　(3) ②　(4) ③

(1)　Les prix ont augmenté (**de**) deux pour cent.「物価は 2％上昇した」

　　この de の後ろの数量や程度は「～（の）分だけ」ということを表します．ここでは物価が 2％分上がったということですね．年齢，金額，建物の高さの差を示したい時に使われます．

(2)　Tournez à gauche, et vous verrez la poste (**sur**) votre droite.「左に曲がれば，右手に郵便局があります（見えて来ます）．」

　　この sur は対象・目標・方向を表し，「～に対して，～に向かって，～の方に」という意味になります．ここでは「あなたの右の方向に」郵便局が見えるということですね．impôt sur le revenu「所得税」も同じ用法です．

(3)　Ne vous mettez pas (**en**) colère.「怒らないでください．」

　　この en は状態を表し，ここでは en colère で「怒っている」状態を示して，se mettre en colère で「怒り出す」という意味になります．en panne「故障中の」，en larmes「涙にくれて」，en grève「ストライキ中の」なども同じ用法です．

(4)　On voit le mont Fuji (**depuis**) la fenêtre.「窓から富士山が見えます．」

　　depuis の意味の基本は「～から」ですが，時間についてだけでなく，場所についても使われ，準 2 級ではこちらの用法に注意する必要があります．émission retransmise depuis Londres「ロンドンからの中継放送」も同じ用法です．なお，ここは de でも文法的には可能かもしれませんが，同じものを複数回用いることができないという条件付きですので，depuis を選ばなければいけません．

第*2*問　(▶本冊 p.179)

(1) (remercie)　(2) (place)　(3) (invite)　(4) (année)　(5) (idée)

(1)　Je vous (**remercie**) de* votre courriel.「メールをありがとうございます．」

　　« remercier à ＋人 ＋ de ＋名詞（動詞）» は「～を（してくれて）ありがとう」という意味です．過去に 2 回出題されたことがあります．それぞれ Je vous remercie vraiment.「大いに感謝します．」（18 年度春季），Je vous remercie de votre attention.「ご静聴ありがとうございました．」（06 年度春季）でした．remercier には「辞退する」という意味もありますので，ついでに次のような例文を覚えておくとよいでしょう．Encore un peu de vin ? ─ Je vous remercie.「ワインをもう少しいかがですか．─いいえ，結構です．」なお，「結構です．」の日本語訳で一般的な表現は Non merci. ですね．

(2)　À la (**place**) du* dessert, je prendrai du fromage.「デザートに代えてチーズにしよう．」

　　à la place de では，「～の代わりに」と「～の立場なら」の 2 つの日本語訳を押さえておきましょう．過去にこの両方の意味で出題がありました．フランス語はともに à ta place でしたが，「君の立場だったら」（14 年度秋季），「（君の）代わりに」（10 年度秋季）の日本語訳がつけられました．さらに Mettez-vous à ma place !「私の身にもなってください．」や Je n'ai pas le temps d'aller le voir, je lui écrirai un courriel à la place.「彼に会いに行く時間がないか

94

ら，代わりにメールを書くよ．」も覚えておくとよいでしょう．

(3)　Je t'(**invite**).「おごるよ．」
　　« inviter ＋人 » で「〜を食事に招く，〜に食事をおごる」の意味です．自分が相手の食事代を持つ，という時にはこのように言いますので，このまま覚えましょう．あわせて，Permettez-moi de vous inviter.「ご馳走させてください．」という表現も覚えておきましょう．同意表現には，Je vous [t'] offre. があります．Je vous offre un verre. は「一杯ご馳走します．」という意味です．また offrir を使った表現としては，店員さんが使う C'est pour offrir ?「ご進物用ですか？」という表現もみておくとよいですね．また，« inviter ＋人＋à＋不定詞 » は「〜に〜する気を起こさせる」という意味の熟語ですので覚えておくと，第 3 問の問題にも役に立ちます．

(4)　Bonne (**année**)!「あけましておめでとう！」
　　« Bon ＋時の表現 » では，「良い〜を（お過ごしください）．」と記憶していると思いますが，Bonne année ! は新年の挨拶として「あけましておめでとう！」と訳します．あわせて，Bonne journée !「良い一日を！」，Bonne semaine !「良い一週間を！」，Bon week-end !「良い週末を！」，Bonne soirée !「良い夕べを！」なども日本語とともに覚えておきましょう．なお，いずれの表現も別れるときにも使いますので，文脈によっては「さようなら」の日本語がつく可能性があります．

(5)　Aucune (**idée**).「何も思いつかないよ．」
　　これは Je n'ai aucune idée. の前の部分が省略されたものです．よく使われますから，このまま覚えましょう．idée には会話表現や熟語がいくつかありますので，この機会に 1 つでも多く辞書で確認しておきましょう．会話表現としては，C'est une bonne idée !「それは名案だ！」と Quelle idée !「なんてばかげてるんだ！」を暗記しましょう．

第*3*問 (▶本冊 p.180)

(1) a pris　(2) vous servir　(3) sortira　(4) continuent　(5) employait

　まず，選択肢の動詞の一般的な意味を確認しましょう．

appartenir　属する	continuer　続ける	employer　雇う
laisser　置いておく	prendre　とる，乗る，飲食する，注文する，買う	
se servir　使う，利用する	sortir　出る，出版（販売）される	

(1)　A　Ils ont mis longtemps à préparer le dîner.
　　B　La préparation du dîner leur (**a pris**) beaucoup de temps.
　　A「彼らは夕食を支度するのに長い時間を費やした．」
　　B「夕食の支度は彼らから多くの時間を（奪った）．」
　　A の文と B の文では，「彼ら」と「支度」の位置が入れ替わっています．A は，主語である「彼ら」に，述語表現の « mettre ＋時間＋à＋不定詞 »「〜するのに…の時間を費やす」が続き，その不定詞として préparer「支度する」が用いられています．一方，B では la préparation「支度」のほうが主語で，「彼ら」は（　　　）の動詞の間接目的語 leur となっています．ここで気をつけたいのが，leur を含む間接目的代名詞や，その元となる « à＋名詞 » は，「誰々に」の意味のほかに「誰々から」の意味もあるということです．On lui a pris son poste.「彼は自分の職を奪われた．（＜ 人が彼から職を奪った．）」における lui や，Je peux

95

t'emprunter cent euros ?「君から 100 ユーロ，借りられるかな？」における t'(< te) などがその例です．B の leur もそう考えれば，この文の内容は「支度が彼らから時間を（　　）」となり，（　　）にふさわしいのは「とる，奪う」を意味する prendre と言えます．これを複合過去にすれば正解です．この問題は「**4 つのタイプが複合している場合**」（本冊 p.66 〜 p.71 参照）に当たり，「**主語と目的語等が入れ替わっている場合**」（本冊 p.60 〜 p.66 参照）と「**空欄のあとが異なる場合**」（本冊 p.53 〜 p.57 参照）が合わされたものです．

(2)　A　Vous pouvez utiliser ma voiture.
　　　B　Vous pouvez (**vous servir**) de ma voiture.
　　　A「あなたは私の車を使うことができる．」
　　　B「あなたは私の車を（利用することが）できる．」
　　2 つの文は，助動詞 pouvez「〜できる」の直後に用いられる不定詞の部分以外はほぼ同じと考えられます．そのため，A に含まれる不定詞の utiliser「使う」と同義で，あとに前置詞 de を伴う動詞を選択肢から探し出せばよいことになります．se servir が条件に合いますね．もちろん不定詞となりますが，代名動詞であることに気をつけましょう．servir はそのままで，se を pouvez の主語に合わせて vous にします．問題のタイプは「**空欄以外はほぼ同じ形をしている場合**」（本冊 p.50 〜 p.53 参照）のタイプです．

(3)　A　Elle publiera son nouveau roman le mois prochain.
　　　B　Son nouveau roman (**sortira**) le mois prochain.
　　　A「彼女は新作の小説を来月出版するであろう．」
　　　B「彼女の新作の小説は来月（出版されるであろう）．」
　　A と B では，son nouveau roman「彼女の新作の小説」の立場が変わっています．A では他動詞 publier「出版する」が用いられ，「小説」はこの動詞の目的語となっているのに対し，B では「小説」が主語となり，文全体は「彼女の小説が（　　）」という内容になっています．小説は「出版」されれば世に「出る」ことになりますので，ここは sortir を選びましょう．これを単純未来にします．問題のタイプは「**主語と目的語等が入れ替わっている場合**」（本冊 p.60 〜 p.66 参照）です．

(4)　A　Les prix ne cessent de baisser depuis six mois.
　　　B　Les prix (**continuent**) à baisser depuis six mois.
　　　A「物価は半年前から下落が止まらない．」
　　　B「物価は半年前から下落し（続けている）．」
　　A，B ともに主語は les prix「物価」であり，また後半の baisser depuis six mois「半年前から下落する」も同じです．A の動詞部分が否定の ne を含む ne cessent de「〜が止まらない」であるのに対し，B の動詞部分には否定が加わっていません．そこで，B には「止まる」の対義語が入れば，A と同じ意味を表すことになります．選択肢の continuer「続ける」であれば，意味はもちろん，（　　）のあとの «à ＋不定詞» と構文的にも合いますので，これを選び，直説法現在にしましょう．問題のタイプは「**一方が肯定文で他方が否定文の場合**」（本冊 p.57 〜 p.60 参照）です．
　　なお，cesser と continuer は，本問のように «前置詞＋不定詞» を伴った On a cessé **de discuter**. / On a continué **à discuter**.「人々は話し合うことを止めた／続けた．」の代わりに，名詞を伴って On a cessé **la discussion**. / On a continué **la discussion**.「人々は話し合いを止めた／続けた．」のような同じような意味の文が作れます．また，cesser は，A の問題文のとおり，否定文にするときに pas の省略が可能で，むしろ文章体では省略する方が一般的です．そして continuer は，特に非人称構文で用いられるときには，不定詞の前の前置詞に de を使

96

い，Il continue **de** pleuvoir.「雨が降り続いている．」となる傾向があります．これらのことも合わせて覚えておきたいものです．

(5)　A　Deux centaines de personnes travaillaient dans cette compagnie.
　　　B　Cette compagnie (**employait**) deux centaines de personnes.
　　　A「200 人ほどがその会社で働いていた．」
　　　B「その会社は 200 人ほどを（雇っていた）．」
　　　A の文と B の文では，「200 人ほど」と「会社」の立場が反対になっています．A では「200 人ほど」deux centaines de personnes が主語となり，「会社」は dans cette compagnie「その会社で」の形で，彼らが travaillaient「働いていた」場所を表しています．一方，B では「その会社」のほうが主語で，「200 人」は（　）に入る動詞の目的語となっています．「200 人が働いていた」会社は，「200 人を（　）していた」と考えると，（　）に入るのは employer「雇う」でしょう．これを半過去にします．問題のタイプは「**主語と目的語等が入れ替わっている場合**」（本冊 p.60 ～ p.66 参照）です．

第4問　(▶本冊 p.181)

(1)⑥　(2)④　(3)①　(4)⑦　(5)③

(1)　⑥　— Vos élèves ne veulent pas faire une randonnée en montagne sous la chaleur ?
　　　　　「あなたの生徒たちは暑い中，ハイキングをしたがらないんじゃない？」
　　　　　— Si ! Ils sont (**tous**) très motivés.「いや！彼らは皆，とても乗り気だよ．」
　　　応答文をしっかり見てみましょう．否定疑問文である質問文に対して，Si ! と答えているので，応答文は肯定的な内容，つまりハイキングをしたがっている，ということになりますね．実際，Ils sont (　) très motivés.「彼らは（　），とても乗り気だよ」と答えているわけですが，この文から試みに（　）を取り除いてみても，文法的に 1 つの文として成立するものであることに気づけるかどうかが，正解へのポイントとなります．« être motivé à / pour ＋不定詞 »「（主語は）～する意欲がある，～したがっている」という言い回しは日常生活でもよく使われるものなので，覚えておきたいですね．さて，このように文法的に過不足のない，1 つの完全な文であるのに空欄が置かれている場合，まずは主語を強調する際に用いられる，同格表現が空欄部に入る可能性を考える必要があります．主語の ils は男性複数ですので（だから motivé にも s が付いているわけです），これと同格的に使用できる語を選択肢の中から探すと，tous が見つかります．というわけで，正解は⑥となります．

(2)　④　— Ils se disputent depuis tout à l'heure. Mais pourquoi ?
　　　　　「彼らはさっきから言い争いをしているよ．でも，何で？」
　　　　　— Je ne sais pas. Je ne comprends pas du tout de (**quoi**) il s'agit...
　　　　　「知らないよ．何が問題になっているのかさっぱり分からないんだ…」
　　　この問題を解くには，Je ne comprends pas du tout de (　) il s'agit「何が問題になっているのかさっぱり分からないんだ」という文の構造を分析する必要があります．まず，Je ne comprends pas du tout「さっぱり（まったく）分からない」の直接目的語になるべき語（名詞）が一見，見当たりませんね．にもかかわらず，そのあとに de (　) il s'agit という表現が続きます．ということは，後続の de (　) il s'agit が名詞節なのではないかと推察できます．名詞節というと，que という接続詞がまず頭に浮かびますが（たとえば，Il dit que や Je sais que など），ここでは前置詞の de があることから，他の可能性を探る必要があります．そのとき，« 疑問詞＋主語＋動詞 »，つまり間接疑問節の構造（たとえば，Je sais quand /

模擬試験

comment / pourquoi など）を思い出せるかどうかが鍵となります．その上で，il s'agit de 〜「〜が問題である，話題は〜のことである」という表現がこの文のベースになっていることから，前置詞の de と一緒になって使用できる疑問代名詞を探せば良い，という考えに行き着きます．その場合，de qui あるいは de quoi の 2 つが思いつきますが，de qui は人に対して，de quoi は事物に対して使いますから，文脈から考えて de quoi が適切だと判断できます．以上のことから，④が正解ということになります．ちなみに，De quoi il s'agit?「どうしたの？／何のこと？／何が問題になっているの？」は日常でよく使用される表現ですので，併せて覚えてしまいましょう．

(3) ① ― Qui est la présidente de cette réunion?「この会議の議長は誰ですか？」
  ― C'est la dame à (**qui**) tu as passé le micro tout à l'heure.
  「君がさっきマイクを渡したご婦人ですよ．」

まずは，応答文のベースになっているのが，« passer ＋もの／事柄＋ à ＋人 »「人に〜を渡す／伝える，パスする（回す）」という言い回しであることを見抜くかが重要です．この言い回しは，日常の会話に普通に登場します（例：Passez-moi le poivre, s'il vous plaît.「胡椒を取ってください」）ので，気づいた人も少なくないでしょう．ですが，passer のうしろにあるべき « à ＋人 » の部分（間接目的語）が一見，存在していないように見えます．そこで，空欄の直前に前置詞の à が置かれていることを思い起こせば，à ( ) が « passer ＋もの／事柄 ＋ à ＋人 » という表現の間接目的語に当たるものであると，比較的容易に推測がつくでしょう．そう言えば，à ( ) の直前に la dame「ご婦人，女性」という語句もありましたね．というわけで，関係代名詞の qui，つまり①を選択すればよいことになります．

(4) ⑦ ― Ils ont participé à la conférence de presse?「彼らは記者会見に参加しましたか？」
  ― Oui, presque tous. Mais (**certains**) d'entre eux n'étaient pas là.
  「はい，ほとんど全員．でも，彼らのうち数人はそこに居ませんでしたけれどね．」

「彼らは記者会見に参加しましたか？」という質問に対して，「はい，ほとんど全員．でも」と答えているわけですから，「彼ら」のうちの一部の人は参加していない，という内容が続くと想像できます．「一部」という意味を表すことができ，かつ「人」という意味も表せて，そのあとに続く 3 人称複数形になっている動詞に対応できる語は，選択肢中，certains しかありません．以上のことから⑦が正解ということになります．

(5) ③ ― Est-ce que vous voyez ces deux voitures qui sont garées à côté de l'église?
  「教会の脇に駐車してある，あの 2 台の車が見えますか？」
  ― Oui, mais laquelle est (**la vôtre**)?「はい，でもどちらがあなたのですか？」

質問文をしっかり理解しておかないと，正解を導き出せないかもしれません．他動詞である garer は，主に車に関連する動詞で，「〜を駐車させる／停める，〜を車庫に入れる」という意味です．これが受動態の形で質問文内に現れています（例：Notre voiture est garée là-bas.「僕らの車はあそこに駐車してある／停めてあるんだ」）．そこで，質問文の主たる話題が「（停車してある）2 台の車」であることをきっちり押さえておけば，これに続く応答文の冒頭に置かれている laquelle の正体を見抜くことができるでしょう．この応答文が疑問文の形をとっていること，そして先にも触れたように，質問文で「2 台の車」が話題になっていることから，この laquelle が疑問代名詞で，「どれが，どちらが」という意味であることが導き出せます．となると，「どちらの車があなたの車ですか？」という内容になると推察できることでしょう．意味のレヴェルで考えれば，空欄に入るのは votre voiture と言えますが，ここでは voiture の繰り返しを避けるために所有代名詞を使うことが可能です．「あなたのもの」ということになると，le / la vôtre となりますが，voiture が女性名詞であることから la vôtre，つまり③を選択すべきということになります．

第5問 (▶本冊 p.182)

(1) ② (2) ① (3) ③ (4) ① (5) ③

　日本とも係わりの深いフランスの牡蠣に対し，近年話題になることの多い地球温暖化が与える影響について述べたテキストで，総ワード数はおよそ160語です．

　第5問のテキストはふつう社会的あるいは文化的なテーマを扱っていますので，3人称で客観的に語られます．

　時制は直説法現在が中心ですが，それに同複合過去，同半過去，同単純未来，あるいは条件法現在がいくつか混在する形式が多く出題されています．このテキストは直説法現在が中心で，それに条件法現在2つ，直説法半過去1つ，同単純未来2つ―(4)の選択肢の解答1つを含む―，不定詞7つ―(3)の選択肢の解答1つを含む―が加わっています．実際のところ，第5問の本文では，あまり多様な時制が用いられるわけではありませんが，それでもこのような時制が混在するテキストでは，語られているそれぞれのことがらが現在のことなのか，過去のことなのか，未来のことなのかということを，きちんと把握しておくことが必要です．

　では，まず全体の流れを見ていきましょう．テキストの空欄を除いて，大意をつかむことから始めます．

　「昔からフランス人は牡蠣を生で食べている．この食の楽しみは近い将来，途絶えてしまうかもしれない．実際，地球の温暖化が牡蠣を脅かし始めている．夏の雨が減り，大地に降って，その栄養素を海に運ぶ雨水も減り，牡蠣がやせていく．さらに，海水温には冬に何らかの傾向があり，そのため病原菌が海に増え，牡蠣が病気になったり死んでしまう．「現在の状況が続くなら，牡蠣は何かしらのことになる」と専門家たちは言う．「絶滅を避けるため，牡蠣は季節ごとの恩恵が受けられる北方の海に移らなければならない．」」

　それでは，（　　）が含まれる文を1つずつ見ていきましょう．

(1)　②（ **Cependant** ），ce plaisir de la table pourrait être interrompu dans un proche avenir.
　　　「（しかしながら），この食の楽しみは近い将来，途絶えてしまうかもしれない．」
　　文頭に（　　）がある場合，前文脈とこの文をつなぐ語句が入る可能性があり，実際，選択肢には3つともそうした役割を担う接続詞が挙げられています．こうした場合，そのあとが前の文をさらに強める意味の文になるのか，反対の意味のことを表す文になるのかを意識しながら，読み進めると良いでしょう．前文に Depuis des centaines d'années, les Français mangent les huîtres crues.「何百年も前からフランス人は牡蠣を生で食べている．」とある一方で，この文は「その食の楽しみが将来途絶えてしまう」と述べており，両者は反対のことを示しています．（　　）に入り前後を結びつけることができる接続詞は逆接の意味のものです．
　　選択肢は① En outre「加えて」，② Cependant「しかしながら」，③ De toute façon「いずれにしても」ですので，ここは迷わず② Cependant「しかしながら」を選びたいところです．これまで牡蠣を食べてきたものの，「しかし（ながら）」将来は食べられなくなるというわけですから，話の流れに筋が通ります．① En outre「加えて」では，前から食べていることに「加えて」その楽しみが将来途絶えるということになり，話の流れがおかしくなります．また，③ De toute façon「いずれにせよ」は，2つ以上のことがらを述べたうえで「どちらでも～である」と結論を述べるものです．（　　）の前にそのような内容はありませんので，この（　　）には合いません．

(2) ① (**il en résulte que**) les huîtres deviennent petit à petit maigres.

　　「(その結果), 牡蠣は徐々にやせていくのである. 」

　(1) と同じくこの (2) でも (　) は文頭にありますので, 前文脈とこの文をつなぐ語句が入る可能性がありますが, 選択肢には (1) の語句よりも複雑な文に準ずる表現が挙げられています. 直前の文は Il pleut de moins en moins 〜 jusqu'à la mer diminuent aussi という大変長いものですが, 要約しますと「夏の降雨が減り, それゆえ大地に降ってその栄養素を海にもたらす雨水も減っている」ということです. この前文と (　) のあとの文で述べられている牡蠣がやせてゆくということがらの関係は, 海中の栄養素が減少 (＝原因) →牡蠣がやせる (＝結果) というもののはずですので, (　) にはこの因果関係を示す表現が入ります.

　選択肢は ① il en résulte que「その結果〜ということになる」, ② autrement dit「言いかえれば〜ということだ」, ③ c'est parce que「それは〜だからだ」です. ①であれば, (　) の前の栄養素の減少に対し, あとにある牡蠣がやせることを, 結果的に起こるできごととして結び付けられますので, これが正解です. ②が正しければ, 前後が実質的に同じ内容になるはずですが, 前半は栄養素の話で, 後半は牡蠣の話ですから, ②は合いませんね. また, ③は①の逆で, 前に述べたことに対して, その原因となることをあとにつづけるものであり, すなわち結果→原因の順で述べるための表現ですので, それでは牡蠣がやせることが原因で海中の栄養素が減少することになってしまいます.

(3) ③ En plus, la température de l'eau de mer a tendance à (**rester élevée**) même en hiver ...

　　「加えて, 海水温は冬でさえも (高いままとどまる) 傾向があり…」

　文頭に en plus「加えて」がありますので, この文は前文脈の話の内容を引き継ぎ, 温暖化が原因となっている問題について述べていることがわかります. ただし, 文末には en hiver「冬において」とありますので, 話題は夏に起こる問題から冬に起こる問題に移っています. この文の主語は la température de l'eau de mer「海水温」であり, 動詞は熟語的な avoir tendance à「〜する傾向がある」で, その「〜」の部分が (　) となっています. そのため (　) に入る語句は, 温暖化のもとでは海水温が冬にどのような傾向を持つのかを考えて選びます.

　選択肢は① changer chaque jour「日ごとに変わる」, ② descendre bas「低くなる」, ③ rester élevée「高いままとどまる」です. ①については, 海水温が一日単位で変化することは考えにくいので候補から外し, ②と③について考えましょう. ふつう海水温は冬になれば低くなるものですが, même en hiver「冬においてでさえ」とあり, その後に「病原菌が増える」とあるので, 牡蠣が住む海では温暖化により従来とは反対のことが起こっているわけです. これを表すのは③です.

(4) ① Si les situations actuelles durent pendant longtemps, les huîtres qui nous amusaient le goût (**nous quitteront un jour ou l'autre**)

　　「もし現在の状況が長引くようであれば, 私たちの味覚を楽しませてきた牡蠣は (いつの日か私たちのもとから姿を消してしまうであろう)」

　Si「もし〜ならば」で始まるこの文は certains spécialistes「専門家」の見解であり, 前半は仮定のことがらで, 後半はその帰結です. (　) はその帰結のなかの「〜であろう」の部分に当たります. 前半の仮定に含まれる les situations actuelles「現在の状況」とは, この前の文脈の内容から危機的な状況ですね. 一方 (　) のあとの文脈には, 専門家の話のつづきとして Pour éviter leur disparition...「絶滅を避けるために…」という文言があります. つまり, (　) を含むこの文の前後の話の内容は「危機的状況にある」→「現在の状況 (＝危機的状況) が続くと牡蠣は (　) する」→「絶滅を防ぐために…」という流れになっています.

選択肢は① nous quitterons un jour ou l'autre「いつかそのうち私たちのもとから姿を消すであろう」，② augmenteront partout dans la mer「海のなかの至る所に増えるであろう」，③ se vendront bon marché「安値で売られるであろう」です．いずれも条件次第では牡蠣の身に起こり得ることですが，そもそも冒頭から，牡蠣が食卓から消えるかもしれないという前提で話が始まっている点を考えても，（　）には①が妥当でしょう．

(5)　③ «Pour éviter leur disparition, les huîtres devraient déménager dans les régions du nord où elles pourront jouir d'une mer (**riche en nourriture**) en été et bien propre en hiver. »
「絶滅を避けるために，牡蠣は夏に（栄養に富む）とともに，冬には澄み渡る海の恩恵が受けられる北方の地域に移り住まなければならないであろう．」

この文は専門家の見解の続きであり，現在の状況が改善されないときに危惧される leur disparition「絶滅」を避けるのに必要なことが語られています．（　）の部分は，あとの bien propre en hiver「冬には澄み渡る」とともに，牡蠣が生き残るために必要な海の特徴を述べています．しかも直後に en été「夏には」とありますから，夏における海の特徴ですね．ここは話の流れを大きく振り返りましょう．文章の半ばで，夏には海に栄養素が不足し，冬には病原菌が増殖するという危機的状況が述べられていたことが思い出せれば（　）に入る語句も見当がつきます．

選択肢は① plus fraîche que jamais「かつてないほど冷えた」，② très calme「とても穏やかな」，③ riche en nourriture「栄養に富んだ」です．牡蠣が夏の海に必要とする特徴は，もちろん③ですね．

それでは以下に本文および選択肢の和訳を示しますので，もう一度フランス語の文章と照らし合わせて内容を確認しておいてください．

〈本文和訳〉

何百年も前からフランス人たちは牡蠣を生で食べている．しかしながら，この食の楽しみは近い将来，途絶えてしまうかもしれない．実際，地球の温暖化がフランス産の牡蠣を脅かし始めているのだ．

夏には雨が少なくなり続けており，それゆえ大地に降り，そこに含まれる栄養素を海にもたらす雨水もまた減る．その結果，牡蠣は徐々にやせていくのである．加えて，海水温は冬でさえも高いままとどまる傾向があり，このことから病原菌が海の中に増え，結果として多くの牡蠣が病気になり，一部は死んでしまうのだ．

「もし現在の状況が長引くようであれば，私たちの味覚を楽しませてきた牡蠣はいつかそのうち私たちのもとから姿を消してしまうであろう」とある専門家たちは言う．「絶滅を避けるために，牡蠣は夏に栄養に富むとともに，冬には澄み渡る海の恩恵が受けられる北方の地域に移り住まなければならないであろう．」

〈選択肢和訳〉

(1) ① 加えて
　　② しかしながら
　　③ いずれにしても

(2) ① その結果～ということになる
　　② 言いかえれば～ということだ
　　③ それは～だからだ

(3) ① 日ごとに変わる
　　② 低くなる
　　③ 高いままとどまる

(4) ① いつかそのうち私たちのもとから姿を消すであろう
　　② 海のなかの至る所に増えるであろう
　　③ 安値で売られるであろう

(5) ① かつてないほど冷えた

101

② とても穏やかな
③ 栄養に富んだ

第6問 (▶本冊 p.184)

(1) ②　(2) ②　(3) ①　(4) ②　(5) ①　(6) ①

　総ワード数約170の，ここ最近の傾向を意識した長さのテキストです．今回は，ある登場人物の日常生活でのちょっとしたエピソードを取り上げました．語りの形式は3人称，過去時制が主体となったテキストです．内容は，Zoé（ゾエ）という出版社で働く女性とその夫であるStéphane（ステファンヌ）の，新居探しにまつわるエピソードです．それでは，問題を1つずつ見ていきましょう．

(1)　② 問題文 Zoé est pleinement satisfaite de son appartement à Paris. の訳は「ゾエはパリの自分のマンションに十分満足している」です．これに対して，本文の第1段落第2文に，Mais Zoé voulait acheter une maison car elle pensait sérieusement à l'avenir de sa famille「しかしゾエは家を買いたがっていた，というのも真剣に家族の将来を考えていたからだ」とあります．家族の将来のことを考えているゾエが今のマンションに不満を持っているのは明らかなので，問題文の内容と一致していないことになり，正解は②ということになります．ちなみに，問題文にある pleinement は，形容詞 plein(e) が副詞になったもので「十分に，完全に，まったく」と強調の意味を持ちます．また，前文の説明や理由を示す接続詞 car は parce que と置き換えが可能なことが多いですが，car で始まる節が文頭に置かれることはなく，本文のように必ず後ろに配置されることも知っておきましょう．

(2)　② 問題文 Le mari de Zoé est contre le projet d'achat d'une maison. の訳は「ゾエの夫は家の購入計画に反対している」です．これに対応する箇所は，本文の第2段落の冒頭の1文，Un jour, elle en a parlé à Stéphane et il était bien d'accord avec elle.「ある日，彼女がそのことについてステファンヌに話したところ，彼は大いに賛成した」です．問題文にある être contre 〜「〜に反対である」と，本文にある être d'accord avec 〜「〜に賛成である」は対義的関係になっています．というわけで，問題文と本文の内容がくい違っているので，正解は②となります．

(3)　① 問題文 Le mari de Zoé est très occupé. Donc, il ne l'aide pas dans ses visites aux agences immobilières. の訳は「ゾエの夫はとても忙しい．だから彼は，彼女の不動産屋回りを手伝っていない」です．これに対して，本文の第2段落第3〜4文に，Cependant, il ne participait pas du tout aux recherches en raison de son travail. En effet, il travaillait dans une entreprise étrangère et il était très pris en semaine.「しかしながら，仕事を理由にして彼は物件探しにまったく協力しなかった．実際，彼は外資系企業で働いており，平日はとても忙しかったのだ」との記述があります．問題文の être occupé「忙しい」という表現は，本文中にある prendre の過去分詞に由来した être pris「(場所や時間が) 塞がっている，忙しい」という表現と呼応しています．また，問題文の aider ＋人「人を助ける，手伝う」という表現も，本文中の participer à 〜「〜に参加する，協力する」という表現と呼応しています．以上のことから両者の内容が一致していることが分かります．つまり，正解は①です．本文の対応部分にある en raison de 〜「〜の理由で」や en semaine「平日に」といった表現は，日常生活でもよく使用されるので，しっかり押さえておきましょう．

(4) ② 問題文 Zoé prend un congé pour chercher la maison. の訳は「ゾエは仕事を休んで家を探している」です．本文で参照するべき箇所は第2段落第5文，Zoé, qui pourtant travaillait elle aussi à plein temps dans une maison d'édition, se rendait régulièrement dans les agences immobilières.「ゾエも出版社でフルタイムで働いていたのだが，まめに不動産屋に足を運んでいた」でしょう．問題文にある congé は「休み，休暇」という意味の男性名詞です．なので，prendre un congé「休み／休暇を取る」という意味になるのですが，prendre congé (de ＋ 人)「(人に) 別れを告げる」という表現もあるので，congé に対する不定冠詞の有無には注意が必要です．他方，本文の方ですが，Zoé を先行詞とする関係代名詞節が「,」(ヴィルギュル) で囲まれていますね．このように2つの「,」で囲まれた部分は挿入句であるケースが多いことを頭にしっかりと留めて置きましょう．今回のケースも，関係代名詞節は Zoé について付加的な説明を加える挿入句であり，この文章の主節はあくまで se rendait régulièrement dans les agences immobilières. の方であることを意識的に押さえてください．さて語彙面ですが，本文中の travailler à plein temps「フルタイムで働く」については，travailler à mi-temps「パート (タイム) で働く」という対の表現があります．そして，se rendre ＋ 場所／à ～「～へ行く，赴く」という表現は覚えておくべきでしょう．以上のことから，問題文と本文の内容は一致していない，という結論が導き出せます．正解は②というわけです．

(5) ① 問題文 Après une dispute, Zoé et Stéphane recommencent à chercher la maison. の訳は「喧嘩のあと，ゾエとステファンヌは再び家を探し始める」です．これに直接対応する箇所を探してみると，第3段落第1文と第3文，Au bout d'un mois, Zoé s'est finalement disputée avec Stéphane et lui a reproché de ne rien faire concernant leur projet. [...] Depuis ce jour-là, Zoé et Stéphane ont repris ensemble les recherches.「ひと月して，ゾエはついにステファンヌと喧嘩をし，家の購入計画に関して彼が何もしないことを責めた．[...] その日以来，ゾエとステファンヌは一緒になって物件探しを再開した」が見つかります．まず，問題文の冒頭にある Après une dispute「喧嘩のあと」が，第3段落第1文を圧縮した内容になっていることに気づくことでしょう．そして問題文中の recommencer à ＋不定詞「また～し始める」も，本文にある他動詞 reprendre「～を再び始める，再開する」に呼応していることが分かります．というわけで，問題文と本文の双方の内容は一致していますので，正解は①となります．なお，本文にある au bout de ＋期間「～のあとに，～の終わりに」という表現や，se disputer avec ＋人「人と言い争う，喧嘩する」，reprocher à ＋人 de ＋不定詞「人が～することを非難する」，そして前置詞の concernant「～に関して，～について」などは難易度が少し高かったかもしれませんが，知っておいて損のないものでしょう．

(6) ① 問題文 Une demi-heure en train suffit pour aller de Paris à leur nouvelle maison. の訳は「パリから彼らの新居に行くには電車で30分あれば十分だ」です．これに対しては，本文の第3段落末尾の1文である，Ils ont fini par trouver une jolie maison en banlieue, à 30 minutes en train de Paris.「彼らは最終的に，パリから電車で30分の郊外に素敵な家を見つけた」を参照すべきでしょう．問題文にある Une demi-heure「30分」という語や，suffire pour ＋不定詞「～するのに十分である」という表現を知っていれば，正解へと比較的楽に辿り着けたことでしょう．というわけで，問題文と本文の内容は一致しており，正解は①です．ちなみに，本文の対応部分中の en banlieue「郊外に」という表現は，日常生活でよく出てくるので押さえておきたいものです．

〈全訳〉

ゾエとその夫ステファンヌ，そして彼らの娘は，パリでマンションを借りて生活していた．し

かしゾエは家を買いたがっていた，というのも真剣に家族の将来を考えていたからだ．いまのマンションは小さ過ぎるし，家賃が少々高過ぎだったのだ．

ある日，彼女がそのことについてステファンヌに話したところ，彼は大いに賛成した．なので，ゾエは家を探し始めた．しかしながら，仕事を理由にして彼は物件探しにまったく協力しなかった．実際，彼は外資系企業で働いており，平日はとても忙しかったのだ．ゾエも出版社でフルタイムで働いていたのだが，まめに不動産屋に足を運んでいた．

ひと月して，ゾエはついにステファンヌと喧嘩をし，家の購入計画に関して彼が何もしないことを責めた．彼は彼女に謝り，もっと努力することを約束した．その日以来，ゾエとステファンヌは一緒になって物件探しを再開した．彼らは最終的に，パリから電車で30分の郊外に素敵な家を見つけた．

第7問 (▶本冊 p.186)

(1) ①　　(2) ②　　(3) ③　　(4) ①　　(5) ①

空欄を除いた語数が約100語の対話文で，近年では標準的な長さの問題です．練習問題で確認した通り，第7問は対話者の仕事や趣味などをテーマとして空欄を補充する語句を選ぶものです．具体的に問題を解くためには，何をテーマとしているかを頭に入れて，全体の流れを掴みながら問われている空欄の前後を丁寧に読むことが重要です．疑問文と応答文のどちらかに空欄がある場合は，何を問い，答えているのか，さらに次の会話の文にどう繋がっているのかを見ることがポイントになります．また，第2問の章（本冊 p.21〜41）で学習した「日常使われる表現」を覚えておくことは，この第7問でも大変役に立つので，よく確認しておいて下さい．

アニメの専門学校で勉強するアレクシが，知り合いのイザベルから質問される会話文です．

(1) ①（ **Qu'est-ce que tu apprends**) dans l'école ? — Par exemple, comment tracer une ligne précisément, ou concevoir des personnages, etc.

「学校では何を学んでいるの？」「たとえば，どのように正確に線を引くかとかキャラクターをどうデザインするか，などです．」

イザベルの問いに空欄があって，それに対するアレクシの答えが上記の通りで，学校で勉強する内容になりますから，当然①の Qu'est-ce que tu apprends ?「何を学んでいるの？」が正解です．②は Comment as-tu trouvé は，後に目的語があれば「どう思ったの」で，③の Qu'as-tu trouvé は「何を見付けたの？」となり，ここは当てはまりません．ただ trouver の使い方は問われることが多いので気を付けてください．

(2) ② Tu (**étais fort en**) arts plastiques dans l'école primaire ? — Oui, mais ça ne suffit pas pour être animateur.

「あなたは小学校のとき，図画工作は得意だったの？」「はい，でもアニメーターになるには，それだけでは十分ではありません．」

イザベルの質問にアレクシは Oui と答えて，「アニメーターになるには，それだけでは十分ではない」と言っていますから，選択肢の中から選ぶなら，図画工作については得意だったという答えしか考えられません．③は「苦手でしたか？」ということで，当てはまらず，また①は否定疑問で「苦手ではなかったですよね？」くらいの意味で，内容は大きく矛盾しないにしても，苦手でなく得意ならば Oui でなく Si と答えなければいけないので，当てはまりません．もちろん，②の étais fort en が正解です．なお，この en は第1問の章で学習した

「抽象的場所，領域」を示す用法で，よく使われますので再度確認しておいて下さい．

(3)　③（**Qu'est-ce qu'il faut**）? — L'on doit comprendre le mouvement du corps de l'homme ou des animaux.
　　「何が必要なの？」「人間や動物の体の動きを理解しなければいけないんです．」

　　(2)で触れたように直前に「アニメーターになるには，それだけでは十分ではない」とアレクシが言っていることに対するイザベルの質問が問いです．その後のアレクシの台詞が「人間や動物の体の動きを理解しなければいけないんです．それは中学や高校のデッサンの時間には習いませんからね」というものですから，③の Qu'est-ce qu'il faut?「何が必要なの？」が正解となります．① Comment tu l'as appris? は「どうやってそれを身につけたの？」となり，l' 「それ」が前の何を指しているのかが分からないので適切ではないでしょう．② Pourquoi tu n'as pas fait ça「なぜそれをしなかったの？」も ça「それ」がわからず，文脈にも合いませんね．

(4)　①　Comment as-tu décidé pour apprendre l'animation ? — （**J'ai été séduit par**）les films de l'animation japonaise ces derniers temps.
　　「どうしてアニメを学ぼうと決めたの？」「このごろの日本のアニメ映画に魅せられたのです．」

　　文脈から，イザベルの質問に対して，アニメに肯定的な印象を持ったという内容のことを答えているはずです．①の être séduit は séduire「…の心をそそる，魅了する」の受動形ですから，「魅了される」「魅せられる」の意味で，日本のアニメ映画が気に入ったという意味になりますから，これが正解です．② Je n'ai pas su は「(日本のアニメ映画を) 知らなかった」となるので文脈に合いませんし，③ J'ai réalisé も「(日本のアニメ映画を) 制作した」となるので，今学校に行っているアレクシには当てはまりませんね．

(5)　①　Alors, （**il faut que tu ailles**）au Japon ? — Oui, c'est mon espoir.
　　「それでは，日本に行かなくてはいけないわね？」「はい，それが僕の望みです．」

　　日本アニメ映画の良さを聞いたイザベルの質問に対して，アレクシは「それが僕の望みです」と答えているので，日本への関わりを肯定するような質問を選ぶことになります．② il n'est pas nécessaire d'aller は「日本に行く必要はないわね」となりますし，③ on nous recommande d'aller は nous「私たちに」が出てくる意味がわかりません．もちろん，① il faut que tu ailles「日本に行かなければいけないわね」が正解になります．

〈全訳〉
アレクシ：僕はアニメの学校に行っています．
イザベル：ああ，そうなの？　アニメーターになりたいのね．
アレクシ：はい．
イザベル：学校では何を学んでいるの？
アレクシ：たとえば，どのように正確に線を引くかとか，キャラクターをどうデザインするか，などです．
イザベル：小学校では図画工作が得意だったのですか？
アレクシ：はい，でもアニメーターになるには，それだけでは十分ではありません．
イザベル：何が必要なの？
アレクシ：人間や動物の体の動きを理解しなければいけないんです．それは中学や高校のデッサンの時間には習いませんからね．
イザベル：どうしてアニメを学ぼうと決めたの？

模擬試験

アレクシ：最近の日本のアニメ映画に魅せられたのです．すごく凝っていて，大変心が惹かれます．

イザベル：それでは，日本に行かなくてはいけないわね？

アレクシ：はい，それが僕の望みです．

〈選択肢和訳〉

(1) ① 何を学んでいるの
    ② どう思いましたか
    ③ 何を見つけたのですか

(2) ① 〜は苦手ではなかったのですか
    ② 〜は得意だったのですか
    ③ 〜はすごく苦手だったのですか

(3) ① どうやってそれを学んだの
    ② なぜそれをしなかったの
    ③ 何が必要なの

(4) ① 僕は〜に魅せられた
    ② 僕は〜を知らなかった
    ③ 僕は〜を制作した

(5) ① 行かなければならない
    ② 行く必要はない
    ③ 私たちは行くことを奨められている

模 擬 試 験 （書き取り・聞き取り試験　解答と解説）

書き取り試験（▶本冊 p.188） **24**

Aujourd'hui, j'ai pris mon petit déjeuner à sept heures avec mon père. Puis, nous sommes partis ensemble au travail. Nous avons attendu l'autobus à peu près une heure. Comme il y avait un embouteillage, il n'arrivait pas. Enfin, nous sommes rentrés à la maison pour chercher la voiture.

「今日は7時に父と一緒に朝食を取りました．それから，私たちは一緒に仕事に出かけました．バスを1時間ぐらい待ちました．交通渋滞だったので，バスはいっこうに来ませんでした．しまいには，私たちは車を取りに家に帰りました．」

では，もう一度順を追って注意点を，丁寧に見ていきましょう．攻略ポイントの項目ごとにマークをつけて区別しやすくしました．

Aujourd'hui, j'ai pris mon petit déjeuner à sept heures avec mon père. Puis, nous sommes partis ensemble au travail. Nous avons attendu l'autobus à peu près une heure. Comme il y avait un embouteillage, il n'arrivait pas. Enfin, nous sommes rentrés à la maison pour chercher la voiture.

活用している動詞は6つで時制は直説法複合過去と直説法半過去の2種類です．主語が主に1人称複数なので動詞の過去分詞の語尾の性・数の一致（2箇所）に気をつけましょう．過去分詞やembouteillageなどのスペルが正確かどうかのチェックも忘れないで下さい．リエゾンは2箇所で，アンシェヌマンは5箇所です．なお，実際の試験で「数は算用数字で書いてください．」と指示がある場合は，septは7，uneは1と書きましょう．

聞き取り試験

第 1 問（▶本冊 p.189）**25**

(1) vus　　　　(2) tennis　　　(3) rien, spécial
(4) grands-parents　(5) sur, très　(6) 6 (six)

総ワード数が150を超える程度の会話文です．親しい友人同士であるAlexとLénaの電話での会話です．文法，語彙ともに，準2級としては標準的なレベルで，動詞の時制は直説法現在，直説法複合過去，直説法半過去，直説法単純未来そして命令法です．

〈読まれるテキスト〉

Alex : Allô, Léna ? C'est moi, Alex.

Léna : Tiens, Alex. Qu'est-ce qui se passe ? Mais on s'est **vus** tout à l'heure !

Alex : Je viens d'avoir une bonne idée ! Tu m'as dit que tu voulais faire du **tennis**.

Léna : Oui. Et alors ?

模擬試験

Alex : Écoute ! Tu as quelque chose à faire ce week-end ?

Léna : Ce week-end ? Non, je n'ai **rien** de **spécial** à faire.

Alex : Bon, on va aller chez mes **grands-parents** à Versailles. Ça te dit quelque chose, n'est-ce pas ?

Léna : Oui ! Je vois ! Tu parles du centre de sport à Versailles. C'est super !

Alex : Exactement ! Comme il y a un service en ligne, on peut réserver un court de tennis **sur** Internet **très** simplement.

Léna : Génial ! On va en faire toute la journée samedi et dimanche.

Alex : Oh là là ! Quelle sportive ! OK, je m'en occupe. Et on part samedi matin très tôt, vers **six** heures. Ça va comme ça ?

Léna : D'accord. Tu passeras chez moi vers six heures. Bonne nuit !

Alex : Bonne nuit ! À samedi !

〈全訳〉

アレックス：もしもし，レナ？　ぼくだよ，アレックス．

レナ　　　：あらっ，アレックス．どうしたの？　だけど，さっき会ったわよね！

アレックス：いいことを思いついたんだよ．テニスしたいと言ってたよね．

レナ　　　：うん，それで？

アレックス：ねぇ，今週末何かすることあるの？

レナ　　　：今週末？　ううん，特別なことは何もないわ．

アレックス：よし，ヴェルサイユのぼくの祖父母の家へ行こうよ．どう，分かるかい？

レナ　　　：ええ！　分かったわ！　ヴェルサイユのスポーツセンターのことを言ってるのね．すばらしいわ！

アレックス：その通り！　オンラインシステムがあるから，ネットでとても簡単にコートを予約できるよ．

レナ　　　：すごいわ！　土曜日も日曜日も一日中やるわよ．

アレックス：おやまぁー．なんてスポーツウーマンなんだ！　オーケー，まかしてくれ．それで，土曜日の朝はとても早く，6時頃に出発するよ．それでいいかい？

レナ　　　：了解よ．6時頃うちに寄ってね．お休み！

アレックス：お休み．土曜日にね！

　会話文は3回，質問文は2回読まれます．その間にどのように対処すれば，うまく正解にたどり着くのでしょうか．それでは，問題を1つずつ順番に検討していきましょう．

(1)　質問文　Quand est-ce que Léna et Alex se sont vus ?
　　　　　　「レナとアレックスはいつ会いましたか？」
　　　解答文　Ils se sont (**vus**) tout à l'heure. 「彼らはさっき会いました．」
　　　疑問副詞 quand「いつ」を使った疑問文です．しかし，解答文中の（　　）は，動詞の一部分を抜いています．会話文中の該当箇所では，主語が on のために se voir の直説法複合過去形が s'est vus となっています．ですから，解答文と会話文の共通項は tout à l'heure で，それがこの問題でのキーワードです．また，（　　）の前に Ils se sont と直説法複合過去形をつ

くる助動詞があることから，過去分詞が入ることが予測できます．それを踏まえて，2回目に会話文が読まれるときに tout à l'heure の直前に注意を払えば，難なく過去分詞 vus を突き止められます．このときに se voir は相互的用法で，再帰代名詞 se は直接目的語であるため，過去分詞の vu には，再帰代名詞 se (= ils 男性複数) と性・数を合わせて s がつきます．気をつけましょう．

(2) 質問文　Qu'est-ce que Léna veut faire ?「レナは何をしたいのですか？」
　　解答文　Elle veut faire du (**tennis**).「彼女はテニスをしたいのです．」
　　qu'est-ce que ～ faire「何をする」の疑問文に対する答えです．ここでキーワードになるのは faire です．会話文と質問文の共通項は faire です．ここで少し難しいのは，会話文の該当個所が間接話法になっている点です．しかし，普段からよく耳にする質問文であることと，会話文中の faire du tennis も聞き慣れている語句ですから，すぐに合致するはずです．また，解答文の (　　) は，直前の部分冠詞の du から男性名詞単数形であると予測ができますね．会話文の中の faire du のあとに続く語を注意していればすぐにわかります．ただし，正解はアレックスのセリフのなかにあるので，主語の違いに惑わされないようにしましょう．

(3) 質問文　Léna a quelque chose à faire ce week-end ?
　　　　　　「今週末レナは何かすることがありますか？」
　　解答文　Non, elle n'a (**rien**) de (**spécial**) à faire.
　　　　　　「いいえ，彼女は何も特別なことはありません．」
　　会話文でアレックスがレナに Tu as quelque chose à faire ce week-end ?「今週末何かすることはあるの？」ときいています．レナはそれに対して，Non, je n'ai **rien** de spécial à faire.「うん，特別なことは何もないわ．」と答えています．質問文も解答文も，この受け答えの文の主語が3人称単数に置き換えられただけのそっくりの文です．こういうケースはかなり多く見られますので，やはり最初に会話文を聞いた時に書き取りの要領でメモ（たとえカタカナででも）をしておくことが有効ですね．1回目の質問文のときに，会話文にそっくりの箇所があると気づいたら，そのメモが役に立つでしょう．メモがなかったとしても，2回目に読まれる会話文を注意して聞いていれば大丈夫です．また，共通点の quelque chose が分かれば，解答文は否定ですので，その反対の rien を思いつきやすいでしょう．そして，最初の (　　) に rien が入ると，前置詞 de をはさんで続く2つ目の (　　) には，形容詞の男性単数形が入ることが予測できます．こうした予測を念頭において集中して聞いていれば，難なく rien と spécial が思いつきます．このとき，spécial の '（アクサン・テギュ）を忘れないように気をつけましょう．

(4) 質問文　Léna et Alex vont aller chez les parents d'Alex ce week-end ?
　　　　　　「レナとアレックスは今週末アレックスの両親の家へ行きますか？」
　　解答文　Non, ils vont aller chez ses (**grands-parents**) à Versailles.
　　　　　　「いいえ，彼らはヴェルサイユの彼の祖父母の家に行きます．」
　　この質問文は，疑問詞を用いない疑問文です．それに対しての解答文の冒頭が non で始まっているのに，後ろには肯定文が続いています．ということは，この解答文は質問文の内容の一部を，違う語句により置きかえて答えていることになります．つまり，会話の内容をしっかり把握しなければならないということです．ここでは，解答文の (　　) の前後に，前置詞の chez「～の家で」と地名の Versailles があることに注目しましょう．この2つの単語がヒントになるはずです．そして，会話文中のアレックスのセリフの on va aller chez mes **grands-parents** à Versailles に気づけば，もう簡単に正解が引き出せますね．ただし，grands-parents という単語は，grand の後ろにも s がつきますので，気をつけて下さい．

(5)　質問文　Comment est-ce qu'on peut réserver un court de tennis ?
　　　　　　　「どのようにしてテニスコートを予約できますか？」
　　　解答文　On peut réserver un court de tennis (**sur**) Internet (**très**) simplement.
　　　　　　　「ネットでとても簡単にコートを予約できます。」

　疑問副詞 comment「どのように」を使った疑問文です．手段を尋ねていますが，この問題は，解答文とまったく同じ文が会話文のなかに含まれていることに気づけば，難しくありません．やはり，書き取りの要領でメモを取っておくことが重要になります．1番目の（　　）のなかは，位置を表す前置詞の sur が入ります．2番目の（　　）のなかに入る très は後続の simplement の強めです．ちなみに Internet は，常に冠詞なしの大文字で扱われます．

(6)　質問文　Vers quelle heure est-ce que Léna et Alex partent samedi matin ?
　　　　　　　「レナとアレックスは土曜の朝，何時頃出発しますか？」
　　　解答文　Ils partent samedi matin très tôt, vers (**6 / six**) heures.
　　　　　　　「彼らは土曜の朝，とても早く6時頃出発します。」

　時間を尋ねるときの quelle heure「何時」を使った疑問文です．この問題は，解答文を一目見た瞬間に（　　）の後ろの heures が時刻を表すことが分かりますね．つまり，2以上の数字が入ることは容易に予測できるのです．この点に気をつけて聞けば，会話文を初めて聞いた時点で，その文中の数字が正解になります．幸いにも，会話文のなかに数字は1つしか登場しません．数字は必ずメモを取っておきましょう．特に，heure(s)，an(s)，euro(s) の単語の前には数字がつくことを常に意識しておくといいでしょう．リエゾンにも要注意です．また，会話文では主語に on が使われていましたが，質問文，解答文ともに主語が3人称複数になっています．しかし，それ以外の samedi matin très tôt, vers 6 (six) heures は共通していますので，最後まで会話文をよく聞いていれば，（　　）のなかの 6 (six) は聞き取れます．

　この聞き取り第1問は，とにかく落ち着いて読まれるフランス語を聞き取ることが大切です．その間，できるだけメモを取ることも重要です．そして，最後に読まれる会話文（3回目）を聞きながら，解答用紙に書いたフランス語をチェックして，次に見直しの30秒で，きちんと性・数の一致やつづり字記号の確認を行って下さい．

第 *2* 問　(▶本冊 p.190) 💿 **26**

(1) ②　(2) ②　(3) ①　(4) ①　(5) ②　(6) ①　(7) ②　(8) ①　(9) ①　(10) ②

　総ワード数が約120の比較的短いテキストです．メールという特殊な形式のテキストですが，2006年度春季から2018年度秋季までの過去問題で4回，手紙形式のテキストが出題されたので，この形式のテキストにも慣れておきましょう．

　手紙やメールの場合，1人称，2人称，3人称とすべての人称が揃いますので，誰が誰に宛てて，何についてあるいは誰について話しているかをしっかりと聞き取らなくてはなりません．そのためには，まず冒頭でアナウンスされる「Brigitte（ブリジット）が Miki（ミキ）に宛てて書いたメール」ということをきちんと頭に入れて，リスニングに臨む必要があります．さらに，時制も現在，過去，未来が混在しますので，その点にも注意しましょう．

　今回のテキストでは，je はブリジット，tu はミキ，elle はシルヴィです．設問は3人称で固有名詞が使われますので，誰が何をした（する）のかを把握するということを念頭に，リスニングをすることが大切になります．

それでは，まず，読まれるテキストとその全訳をあげておきます．読まれるテキストには，リエゾンとアンシェヌマンの箇所を明示しておきますので，**音読練習をして音のつながりに慣れて**おきましょう．

〈読まれるテキスト〉

Bonjour Miki.

Je t'écris pour te donner des nouvelles de Sylvie. Maintenant, elle est à l'hôpital. Elle a une jambe cassée. Tu sais comment cela est arrivé ? Sous la pluie, en descendant l'escalier, elle a glissé sur une marche et elle est tombée.

Elle a eu une opération à la jambe droite il y a une semaine. Et elle ne pourra pas sortir de l'hôpital avant la fin du mois. Pour Sylvie, qui faisait du jogging tous les jours, je crois que ce n'est pas facile de rester tout le temps au lit.

Si tu as le temps, va la voir. Son hôpital n'est pas loin de ton bureau. Ça lui fera plaisir.

Je te laisse et je t'embrasse très fort.

Brigitte

〈全訳〉

こんにちは，ミキ．

あなたにシルヴィの近況を知らせるために，お便りするわ．今，彼女は入院しているのよ．彼女，足を骨折してるの．それがどんなふうに起こったか分かる？　彼女，雨のなか，階段を下りていて，足を踏み外して転んだの．

彼女ね，1週間前，右足を手術したのよ．月末まで退院できないでしょうね．毎日，ジョギングしていたシルヴィにとって，ずっとベッドにいるのはたやすいことじゃないわ．

もし時間があったら，彼女に会いに行ってあげて．彼女の病院は，あなたの会社から遠くないのよ．彼女，喜ぶと思うわ．

さようなら，キスを送るわ．

ブリジット

(1)　② Sylvie donne de ses nouvelles à Miki.「シルヴィは自分の近況をミキに知らせます.」
　　　読まれたテキストでは，Je t'écris pour te **donner des nouvelles de Sylvie.**「あなたに**シルヴィの近況を知らせる**ために，お便りするわ.」と言っています．この je は Brigitte（ブリジット）で，tu は Miki（ミキ）です．これは Brigitte（ブリジット）が Miki（ミキ）に Sylvie（シルヴィ）の近況を知らせるメールなので，内容は一致していないことになります．« donner des nouvelles de A à B »「B に A の近況を知らせる」という表現を覚えておきましょう．

(2)　② Sylvie est sortie de l'hôpital.「シルヴィは退院しました.」
　　　読まれたテキストでは，Maintenant, **elle est à l'hôpital.**「今，彼女は入院しているのよ.」と言っています．この elle は Sylvie（シルヴィ）ですから，この問題は内容が一致していません．

(3)　① Sylvie s'est cassé la jambe.「シルヴィは足を骨折しました.」
　　　読まれたテキストでは，Elle **a une jambe cassée.**「彼女，足を骨折してるの.」と言っています．elle は Sylvie（シルヴィ）ですね．« avoir ＋身体の部位＋ cassé(e)(s) »「〜を骨折して

いる」と « se casser ＋身体の部位 » 「～を骨折する」は同意表現です．これは，同意表現を使った言い換えです．この場合，過去と現在と時制に違いはありますが，内容的には，一致していると判断します．

(4) ① Sylvie descendait l'escalier sous la pluie et elle a fait une chute en glissant.
「シルヴィは雨のなか，階段を下りていて，滑って転落しました．」
　読まれたテキストでは，**Sous la pluie, en descendant l'escalier**, elle **a glissé** sur une marche et **elle est tombée**．「彼女，**雨のなか，階段を下りていて，足を踏み外して転んだのよ**．」と言っています．elle はつねに Sylvie（シルヴィ）です．これもまた，同意表現を使った言い換えです．sous la pluie の位置を動かして語順を入れ替えたり，ジェロンディフを en descendant の代わりに，en glissant にしたりして，難しい問題のように思いますが，実際には，大きな違いは 1 箇所だけです．tomber を faire une chute で言い換えたところです．文が長いので，正誤の判断に困るかもしれませんが，落ち着いて，全体の意味を把握するように聞くと，大意が同じであることが分かります．したがって，この問題は，内容が一致しています．

(5) ② Sylvie aura une opération au pied gauche dans une semaine.
「シルヴィは 1 週間後に左足の手術をします．」
　読まれたテキストでは，Elle **a eu** une opération à **la jambe droite il y a** une semaine.「彼女ね，1 週間**前，右足**を手術**したの**．」と言っています．繰り返すまでもなく，elle は Sylvie（シルヴィ）ですね．テキストの時制は過去で，未来の時制とは明らかに異なっているうえ，本文の il y a une semaine は「1 週間前」，dans une semaine は「1 週間後」を表しているので，すぐに正誤の判断はつきます．それ以外にも，手術をする身体の部位が jambe droite「右足」から pied gauche「左足」に変わっていますね．このことからも，この問題は内容が一致していないことが分かります．

(6) ① Sylvie devra rester à l'hôpital jusqu'à la fin du mois.
「シルヴィは月末まで入院していなければなりません．」
　読まれたテキストでは，Et elle **ne pourra pas sortir de l'hôpital avant la fin du mois**.「彼女，**月末まで退院できない**でしょうね．」と言っています．2 つの文の違いは，一方が肯定文で，他方が否定文ということです．同じ「月末まで」の表現が，肯定文のときには jusqu'à を使い，否定文のときには avant を使うことが分かっていれば，比較的分かりやすい言い換えです．今回のようなテキストでは，「退院できない」ということは，すなわち「入院していなければならない」ということになりますので，内容が一致していると判断できます．

(7) ② Sylvie marchait tous les matins.「シルヴィは毎朝，ウォーキングをしていました．」
　読まれたテキストでは，Pour elle qui **faisait du jogging tous les jours**「**毎日，ジョギングしていた彼女にとって**」と言っています．大きな違いは，faire du jogging と marcher です．それ以外にも，tous les jours が tous les matins になっています．この問題の判断は簡単ですね．内容は一致していません．

(8) ① Il est difficile pour Sylvie de rester au lit.
「シルヴィにとってベッドにいるのは辛いことです．」
　読まれたテキストで関係があるのは，je crois que **ce n'est pas facile de rester** tout le temps **au lit**「**ずっとベッドにいるのはたやすいことじゃないわ**」のところです．これは，否定文を対義語で肯定文にして，少し言い回しを変えた言い換え問題です．まず，« ce n'est pas facile de ＋不定詞 »「～するのはたやすいことではない」を同意表現である « il est difficile de ＋不定詞 »「～するのは大変なことだ」に変えて，さらに副詞などを省略して短くしたものです．

これも全体の意味を把握するように聞くと，大意が同じであることが分かります．したがって，この問題は，内容が一致しています．

(9) ① Brigitte dit à Miki d'aller voir Sylvie.
「ブリジットはミキに，シルヴィに会いに行くように言っています．」

　　読まれたテキストでは，Si tu as le temps, **va la voir**.「もし時間があったら，**彼女に会いに行ってあげて**．」と言っています．問題文のほうは，テキストの直接話法を間接話法にしています．一見，難しそうな問題ですが，テキストの命令法（直接話法）のところで，誰が誰に何を言ったのかが分かれば，それほど難しくはありません．まず，tu は Miki（ミキ）で，その Miki（ミキ）に命令しているのが Brigitte（ブリジット）です．la は Sylvie（シルヴィ）のことです．となると，「ブリジットがミキにシルヴィに会いに行って」と言っていることが分かりますので，内容は一致しています．手紙形式のテキストでは，この種の話法を変えた問題が出題されますので，日頃から慣れておきましょう．

(10) ② L'hôpital de Sylvie est près de chez Miki.
「シルヴィの病院はミキの家の近くにあります．」

　　読まれたテキストでは，Son hôpital n'est pas loin de **ton bureau**.「彼女の病院は，**あなたの会社**から遠くないのよ．」と言っています．son は Sylvie（シルヴィ）を，ton は Miki（ミキ）を指しています．質問文の « être près de ＋場所 »「～の近くである」と，読まれたテキストの « ne pas être loin de ＋場所 »「～から遠くはない」はほぼ同じ意味です．しかし，問題文ではその場所が chez Miki「ミキの家」で，読まれたテキストは ton bureau「あなた（＝ミキ）の会社」になっています．したがって，この問題は内容が一致していないということになります．

(▶本冊 p.191)
 27

ピエール フェ デゼテュドゥ ダール ア リュニヴェルスィテ イラビットゥ ダン ラ バンリュー ドゥ パリ イル
Pierre 「fait」 des études d'art à l'université. Il 「habite」 dans la banlieue de Paris. Il

パン スヴァン デ ペイザージュ ダン ソン カルティエ イル ネ パ トゥージュール ファスィル ドゥ パンドル ドゥオール
「peint」 souvent des paysages dans son quartier. Il n'「est」 pas toujours facile de peindre dehors

ア コーズ デュ モヴェ タン
à cause du mauvais temps.

「ピエールは大学で芸術の勉強をしています．彼はパリの郊外に住んでいます．彼は近所で，
よく風景画を描きます．悪天候のため，外で絵を描くことは必ずしも容易ではありません．」

Question 1 : **Qu'est-ce que** Pierre étudie à l'université ?

応答例⇒ Il étudie **l'art**.

Question 2 : Pierre, **où** habite-t-il ?

応答例⇒ Il habite **dans la banlieue de Paris**.

Question 3 : Le jeune homme, **qu'est-ce qu'**il a à la main gauche ?

応答例⇒ Il a **un sac** (à la main gauche).

Question 4 : **Combien d'**oiseaux y a-t-il ?

応答例⇒ Il y a **quatre** oiseaux. / Il y **en** a **quatre**.

Question 5 : **Quel temps** fait-il ?

応答例⇒ Il **pleut**.

114

〈音読文の解説〉

　音読をわかりやすくするためにフランス語文全体の発音を一番近い音のカタカナで表記し，活用されている動詞は□で囲みました．

　細かくポイントを押さえていきましょう．まず第一文の des と études は必ずリエゾンします．Il と habite はアンシェヌマンで読みましょう．動詞の活用形は直説法現在の 3 人称単数形です．活用語尾の発音は大丈夫ですね．

〈仏問仏答の解説〉

　ポイントを押さえながら，1 つずつ応答例を示して解説します．また，適切な発音の参考になるように質問文および応答例に読みのカタカナをつけます．

📖 音読文に関する質問

Question 1 : **Qu'est-ce que** Pierre étudie à l'université ?
　　　　「ピエールは大学で何を勉強していますか？」

応答例⇒ Il étudie **l'art**.

　　　「彼は芸術を勉強しています．」

　qu'est-ce que (qu') は「何を」という意味の出題頻度の高い疑問代名詞ですね．étudier という動詞を使って質問されているので，答えも Il étudie l'art. と答えるのが本筋ですが，問題文と同じく Il fait des études d'art. と言っても大丈夫です．

Question 2 : Pierre, **où** habite-t-il ?「ピエールはどこに住んでいますか？」

応答例⇒ Il habite **dans la banlieue de Paris**.「パリの郊外に住んでいます．」

　基本的な質問ですね．問題文に答えがあるので，発音に注意すれば大丈夫です．Il habite のアンシェヌマンに気をつけましょう．Il habite à Paris. という答えでは正解になりません．

〰 イラストに関する質問

Question 3 : Le jeune homme, **qu'est-ce qu'**il a à la main gauche ?
　　　　「若い男の人は左手に何を持っていますか？」

応答例⇒ Il a **un sac** (à la main gauche).「（左手に）かばんを持っています．」

　やはり qu'est-ce que (qu')「何を」という疑問代名詞を用いた質問です．動詞が avoir なので，答えも il a と avoir を使えばよいです．à la main gauche があるほうが丁寧ですが，答えの中心になることだけ答えられれば十分です．

Question 4 : **Combien d'**oiseaux y a-t-il ?「鳥は何羽いますか？」

応答例⇒ Il y a **quatre** oiseaux. / Il y en a **quatre**.「4 羽います．」

イラスト上の人やものの「数」を尋ねる《 **combien de (d') ＋名詞 y a-t-il?** 》の質問です．答える際に，対象の名詞の oiseaux を使っても，または代名詞の en で言い換えても OK です．後者の場合，il y en a［イリヤンナ］と en と a をリエゾンしましょう．

Question 5 : **Quel temps** fait-il?「どんな天気ですか？」

応答例⇒ Il **pleut**.「雨です．」

　「天候」を尋ねていますから，イラストの雨を見て答えます．Il fait mauvais.「天気が悪い．」と答えても部分点はもらえるかもしれません．「天候」の表現は，本冊 p.172 を参考にして下さい．

2022．7．1　改訂版2刷発行